社労士との連携で、
早期に適切なアドバイスを！

弁護士として知っておきたい

労働事件予防
の実務

編著

山下眞弘（弁護士／大阪大学名誉教授）

半田望（弁護士）

著者

大浦綾子（弁護士）、**野田雄二朗**（弁護士）、
佐藤有美（弁護士）、**川田由貴**（弁護士）、
井寄奈美（特定社会保険労務士）、**濱田京子**（特定社会保険労務士）

第一法規

はしがき

本書の特色

　本書は、社労士との適切な連携により、弁護士として労働問題の法的紛争化を防ぐ唯一の書であり、本書によって経験が浅い弁護士でも企業に対する適切なアドバイスが可能となる。労働紛争は労使双方にとって不幸であり、両当事者の間に立ち、紛争を防止し、早期に解決するにはどうするか。これが**本書の狙い**である。その前提として、紛争を生じさせない環境づくりが重要で、その実現に社労士の活躍が期待される。類書にみられない本書の**第1の特色**としては、弁護士と社労士との協働による実務書という点が挙げられる。もちろん、裁判手続に関わる解説も充実させて、労使双方の弁護士による主張論争も展開する。

　本書では、「労働審判」にも注目し、独立の章として実務経験をもとに詳しく解説する。集団的労使関係については、「労働委員会」の活用に注目し、公益委員の経験等をもとに、独立の章を立てて解説する。その中で、全国の状況も浮き彫りにすることで、実務界の実情が理解できる。これらも類書にはない**第2の特色**といえる。

　弁護士は、裁判だけに関与する実務家と一部で誤解されているが、本書では、裁判の場面に至る前に、労使紛争の予防に焦点を合わせ、紛争予防の場面で弁護士が社労士と協働する世界を描く工夫をしている。社労士は、企業にアドバイスすると同時に、労基署での相談に応じた経験や労働局のあっせん委員の経験も執筆に生かし、本書は労使双方に寄り添う内容となっている。これが本書の**第3の特色**である。

本書の主たる読者

　本書の読者として想定されるのは、主として弁護士であるが、その他に本書は、社労士などの実務家をはじめ、中小企業の経営者及び労働者の双方にも読んでいただきたい実務書である。本書によって経験の浅い実務家に実際の臨場感を味わっていただくほか、中堅実務家にとっても参考となる基本的な内容と高いレベルの情報も、本書には盛り込まれている。

弁護士と社労士の役割分担

　弁護士に期待される役割としては、法律・判例の知識を一般論としてクライアントに説明するだけではなく、それらの知識を実務の現場で生かせるよう、素人にもわかりやすく伝えることを心がけるべきである。そして、紛争に発展しないよう交渉過程にも関与し、クライアントをサポートすることが重要である。さらに万一の裁判にも備えて、過去の判例を基に、「使用者が、本件と異なり○○という対応をとっていれば、有効となり得た」「労働者には、本件と異なり、○○という選択肢もあった」といったような検証をすることが有益であろう。本書では、このような点にも目配りをしている。そのうえで、本書は、労使双方の代理人による主張内容の特色にも目を向けている。

　このような弁護士の役割に対して、社労士は、特に最新の行政通達や労基署等の実際の運用についても、専門家としての知見が深く、各制度の内容も熟知している。また、関係する諸手続についての経験も豊富で、例えば、社会保険や年金関係の手続なども効率的に行うことが期待できる。したがって、社労士の専門分野については、不慣れな弁護士よりも社労士に委ねるのがクライアントのためになる。さらに、社労士は経営者のみならず従業員の個性や特徴もよく把握しているので、就業規則等の整備や労務管理の場面でも、それぞれの個別事情を考慮して、適切な対応やアドバイスがなされることも期待できる。このように、役割の異なる弁護士と社労士が連携することは、労使の双方にとってメリットとなる。

本書の構成

　各章の冒頭に**具体例**を挙げ、現在の中小企業が抱える具体的な労働紛争あるいは紛争の芽となる事象を設例形式で示し、次に**検討事項**として紛争を未然に防ぎ解決する際、法的問題の現在を踏まえ、弁護士や社労士として検討・留意すべき核心となる視点を簡潔に示している。さらに、紛争に備え**当事者の主張**を整理して掲げたうえで、**基本情報**として解説を行っている。本論の中でも必要に応じ具体例を挙げて解説し、留意すべき箇所を**太字**で強調している。なお、随所に**コラム**欄を設け、労使双方の代理人の主張内容として注目すべき点を浮き彫りにし、また、本文に関わる最新情報や判例学説の踏み込んだ議論等を紹介し、さらに近年、新たに生じた諸問題についても解

説している。なお、各章末には入手が容易な最新の〈参考文献〉を掲げてある。

本書の背景

　編者の山下が長年労働委員会の公益委員として、多数の労働事件に関わった経験からいえることは、もう少し使用者が労働者との話合いに誠意を示していたなら、「団交応諾義務違反」という紛争は避けられたのではないか、あるいは、労働者がそこまで敵対的にならず、使用者の立場にも理解を示し交渉に臨んでいたら、労働委員会への申立ては必要なかったのではないか、という事例が珍しくなかったということである。いずれも双方の代理人の姿勢が肝心なのである。

　そこで、いかにして紛争を予防するかという視点に着目して、実務家向けの書物を世に出したいと願うに至ったのが、本書を企画した理由である。その実現に向け、労働問題に詳しい実務家として、新進気鋭及び中堅の弁護士、さらにベテランの社労士にも共同執筆を依頼し、熱心な協議を重ねて本書が完成した。とりわけ、大浦弁護士からは、その豊富な実務経験をもとに、本企画の構想段階から数々の斬新なアイデアと実務情報を提供いただいた。さらに、半田弁護士には、情報提供のほか当初から編集実務を担当いただき、執筆項目の調整など細部にわたって編集に尽力いただいた。このような協力態勢のもと、山下と半田の共編として、本書を世に出すことができた。

　本書の刊行については、第一法規株式会社編集部の三ツ矢沙織氏と柴田真帆氏をはじめ、スタッフの皆さんに大変お世話になった。特に企画構想の段階から具体化に至るまで、同編集部の三ツ矢氏には、細部にわたってご配慮をいただいた。ここに記して謝意を表したい。

2024年10月

執筆者を代表して　山下眞弘

編著者紹介

山下眞弘　弁護士／大阪大学名誉教授・関西大学博士（法学）

主要な著書

『相続税実務のための "知らない" では済まされない相続法』共編著、ぎょうせい（2023年）／『事業譲渡および会社分割の法理と法務　円滑な事業承継をめざして』信山社（2023年）／『米・中・東南アジアとの取引を中心に理解する　弁護士として知っておきたい国際企業法務』共編著、第一法規（2023年）／『企業の悩みから理解する　弁護士として知っておきたい中小企業法務の現在』編著、第一法規（2021年）／『税理士のスキルアップ民商法　ひとまず読みたい実践の書』税務経理協会（2021年）／『中小企業の法務と理論　労働法と会社法の連携』共編著、中央経済社（2018年）／『会社事業承継の実務と理論　会社法・相続法・租税法・労働法・信託法の交錯』法律文化社（2017年）／『会社法の道案内　ゼロから迷わず実務まで』編著、法律文化社（2015年）／『やさしい商法総則・商行為法〈第3版補訂版〉』法学書院（2015年）／『やさしい手形小切手法〈改訂版〉』税務経理協会（2008年）／『はじめて学ぶ企業法』法学書院（2006年）／『中小企業の会社法・実践講義』税務経理協会（2006年）／『税法と会社法の連携〈増補改訂版〉』共編著、税務経理協会（2004年）／『会社訴訟をめぐる理論と実務』共編著、中央経済社（2002年）／『営業譲渡・譲受の理論と実際　営業譲渡と会社分割〈新版〉』信山社出版（2001年）／『会社営業譲渡の法理』信山社出版（1997年）／『国際手形条約の法理論』信山社出版（1997年）ほか

半田　望　弁護士（半田法律事務所）旧61期
立命館大学法学部卒業、立命館大学大学院法学研究科博士前期課程修了（法学修士）、京都大学法科大学院中退
佐賀大学経済学部　客員教授（2011年〜2024年）

著書・論文等

『企業の悩みから理解する　弁護士として知っておきたい中小企業法務の現在』共著、第一法規（2021年）／『接見交通権の理論と実務』共著、現代人

文社（2018年）

著者紹介

大浦綾子　弁護士（野口＆パートナーズ法律事務所）57期
京都大学法学部卒業、米国ボストン大学ロースクール修了（LL.M.）

著書・論文等

『実務家・企業担当者が陥りやすい　ハラスメント対応の落とし穴』共著、新日本法規出版（2023年）／「労働分野における差別禁止と実務上の留意点」労働法学研究会報2795号（2023年）4頁／「『働く場所』についての現代的課題」労働法学研究会報2790号（2023年）4頁／「テレワークをめぐる法的課題　在宅勤務を労使にメリットのある働き方へ」日本労働法学会誌136号（2023年）189頁／『裁判例・指針から読み解く　ハラスメント該当性の判断』共著、新日本法規出版（2021年）／「同一労働同一賃金のこれから　最近の最高裁判例を踏まえて　令和2年10月の最高裁判決以前の裁判例の内容」経営法曹研究会報101号（2021年）8頁／『実務家・企業担当者のためのハラスメント対応マニュアル』共著、新日本法規出版（2020年）／『女性活躍推進法・改正育児介護休業法対応 女性社員の労務相談ハンドブック』共著、新日本法規出版（2017年）

野田雄二朗　弁護士（野田アジア国際法律事務所）59期
京都大学法学部卒業、名古屋大学大学院法学研究科博士後期課程満期退学
愛知大学法科大学院非常勤講師（民法・会社法・中国法）

著書・論文等

「多様な人材活用：外国人の雇用・活用／性的マイノリティの雇用・活用（共同講演）」経営法曹会議会報104号（2022年）31頁／『航空機産業 海外ビジネスのヒントと知財対策 ～展示会・商談会からのステップアップ～』第4章「海外ビジネスでの知財リスク」中部経済産業局（2016年）／『弁護士が分析する　企業不祥事の原因と対応策』共著、新日本法規（2012年）／『入門 法科大学院　実務法曹・学修ガイド』共著、弘文堂（2012年）

佐藤有美　弁護士（西脇法律事務所）65期

名古屋大学法学部法律政治学科卒業、南山大学大学院法務研究科法務専攻修了

著書・論文等

「中途採用時における実務上の留意点」経営法曹研究会報111号（2024年）3頁／「多様化する労働者の労務管理」経営法曹研究会報104号（2022年）3頁／「判例研究①業務中負傷の症状固定約2カ月後になされた解雇の有効性等―東京キタイチ事件（札幌高裁令和2年4月15日判決）―」経営法曹209号（2021年）21頁／「多角的に考える両立支援の実践―改正育介法対応」労働新聞2021年7月5日号～12月27日号・連載第4回、第8回、第13回、第18回、第22回、第23回

川田由貴　弁護士（北浜法律事務所・外国法共同事業）66期

京都大学法学部、京都大学法科大学院卒業
ロンドン大学クイーン・メアリー校ロースクール修了（LL.M.）

著書・論文等

『総務部門必携のWEB法律辞典　会社の法律　キーワードWEB』共著、第一法規（2019年）

井寄奈美　特定社会保険労務士（井寄事務所）

関西学院大学文学部英文学科卒業、関西大学大学院法学研究科博士前期課程修了（法学修士）、大阪大学大学院法学研究科博士後期課程単位取得退学
日本労働法学会員　毎日新聞【経済プレミア】執筆者（2016年～）

著書・論文等

『中小企業の法務と理論　労働法と会社法の連携』共著、中央経済社（2018年）／「労働者の自殺をめぐる労災認定に関する問題点」阪大法学67巻3、4号（2017年）701頁／『小さな会社の女性社員を雇うルール』日本実業出版社（2016年）ほか

編著者・著者紹介

濱田京子　特定社会保険労務士（エキップ社会保険労務士法人代表社員）
聖心女子大学卒業、東京紛争調整委員会委員（2018年〜）、株式会社ゴルフ
ダイジェスト・オンライン社外監査役（2018年〜）、株式会社ディア・ライ
フ社外取締役（2023年〜）

著書・論文等

『やさしくわかる　職場のハラスメント対策』アニモ出版（2024年）／『こ
れだけは知っておきたい！リストラ・休職・解雇の実務と手続き』アニモ出
版（2022年）／『副業・兼業制度　導入・運用マニュアル』日本法令（2022
年）／『M&A労務デューデリジェンス標準手順書』共著、日本法令（2019
年）／『給与計算の最強チェックリスト〈新訂版〉』アニモ出版（2018年）
／『最適な労働時間の管理方法がわかるチェックリスト』アニモ出版（2017
年）／『労働時間を適正に削減する法』共著、アニモ出版（2016年）／『労
務管理の最強チェックリスト〈改訂2版〉』アニモ出版（2019年）／『社会
保険・労働保険の届出・手続き最強チェックリスト』アニモ出版（2014年）

凡　例

1．内容現在について

特段の注記のない限り、2024年8月現在のものである。

2．法令名等略語

育児・介護休業法	育児休業、介護休業等育児又は家族介護を行う労働者の福祉に関する法律
厚年法	厚生年金保険法
高年齢者雇用安定法	高年齢者等の雇用の安定等に関する法律
雇用機会均等法	雇用の分野における男女の均等な機会及び待遇の確保等に関する法律
下請法	下請代金支払遅延等防止法
社労士法	社会保険労務士法
障害者雇用促進法	障害者の雇用の促進等に関する法律
職安法	職業安定法
独占禁止法	私的独占の禁止及び公正取引の確保に関する法律
入管法	出入国管理及び難民認定法
パート有期法	短時間労働者及び有期雇用労働者の雇用管理の改善等に関する法律
派遣法	労働者派遣事業の適正な運営の確保及び派遣労働者の保護等に関する法律
民訴法	民事訴訟法
労安法	労働安全衛生法
労安則	労働安全衛生規則
労基法	労働基準法
労基則	労働基準法施行規則
労契法	労働契約法
労災保険法	労働者災害補償保険法
労審法	労働審判法
労審則	労働審判規則
労組法	労働組合法

労組令	労働組合法施行令
労働施策総合推進法	労働施策の総合的な推進並びに労働者の雇用の安定及び職業生活の充実等に関する法律
労働契約承継法	会社分割に伴う労働契約の承継等に関する法律
労保審法	労働保険審査官及び労働保険審査会法

3．告示・通達略語

厚労告	厚生労働省告示
基発	厚生労働省労働基準局長通達
雇均発	厚生労働省雇用環境・均等局長通達
雇児発	厚生労働省雇用均等・児童家庭局長通達

4．判例出典略語

民集	大審院民事判例集、最高裁判所民事判例集
裁判集民	最高裁判所裁判集民事
判タ	判例タイムズ
判時	判例時報
金判	金融・商事判例
労判	労働判例
労経速	労働経済判例速報

5．判例の書誌事項の表示について

　判例には、原則として判例情報データベース「D1-Law.com 判例体系」（https://han-dh.d1-law.com/）の検索項目となる判例 ID を〔　〕で記載した。

例：最判平成28年2月19日民集70巻2号123頁〔28240633〕

もくじ

はしがき ………………………………………………………………… i

編著者・著者紹介 ……………………………………………………… iv

凡例 ……………………………………………………………………… viii

序章　弁護士と社労士の連携による紛争予防 ……………… 2

具体例 ………………………………………………………………… 2

検討事項 ……………………………………………………………… 2

基本情報 ……………………………………………………………… 3

　1. 弁護士と社労士の業務範囲 …………………………………… 3

　　(1) 弁護士の業務範囲 ………………………………………… 3

　　(2) 社労士の業務範囲 ………………………………………… 3

　　(3) 弁護士業務と社労士業務の対比 ……………………… 3

　　(4) 業務分野・専門性の違い ……………………………… 4

　2. 弁護士と社労士が連携する意義 …………………………… 5

　　(1) 弁護士の視点から ………………………………………… 5

　　(2) 社労士の視点から ………………………………………… 6

　　(3) 当事者の視点から ………………………………………… 7

　3. 具体的な連携の場面 …………………………………………… 7

　　(1) 就業規則や雇用契約 …………………………………… 7

　　(2) 給与計算等の労務管理 ………………………………… 8

　　(3) 休職・退職 ………………………………………………… 9

　　(4) 労災対応 …………………………………………………… 10

　4. 小括 ……………………………………………………………… 10

第1章　フリーランス従事者との適正な関係構築 ……… 12

具体例 ………………………………………………………………… 12

検討事項 ……………………………………………………………… 13

当事者の主張 ………………………………………………………… 13

基本情報 ……………………………………………………………… 14

弁護士として知っておきたい　労働事件予防の実務

　　　１．フリーランスをめぐる最近の動き ……………………………… 14

　　　２．フリーランス新法の概要 …………………………………………… 15

　　　３．フリーランスの報酬に関するトラブル（具体例①ア） ……… 18

　　　COLUMN　フリーランスの労働者性 ……………………………… 21

　　　４．契約解除、発注停止に関する紛争（具体例①イ） ………… 21

　　　５．成果物の帰属に関する紛争（具体例①ウ） ………………… 23

　　　６．フリーランスとの団体交渉（具体例②） …………………… 24

　　　７．労災事案への対応（具体例③） ……………………………… 25

　　　８．紛争予防のポイント …………………………………………… 26

　　　　（1）前提となる契約関係の割り振り …………………………… 26

　　　　（2）フリーランス新法対応 ……………………………………… 27

第**2**章　**外国人等一定の配慮を要する従業員への対応** …………… 29

　　具体例 ……………………………………………………………… 29

　　検討事項 …………………………………………………………… 29

　　当事者の主張 ……………………………………………………… 30

　　基本情報 …………………………………………………………… 31

　　　１．外国人雇用に関する指針等 ………………………………… 31

　　　２．採用時の明示事項（具体例①） …………………………… 31

　　　３．賃金格差に関する事項（具体例②、③） ………………… 33

　　　COLUMN　外国人労働者特有の税務・社会保険の手続 ……… 34

　　　４．労災教育に関連する事項（具体例④） …………………… 35

　　　５．宗教上の配慮に関する事項（具体例⑤ア） ……………… 36

　　　６．LGBTqに対する配慮（具体例⑤イ） …………………… 37

　　　COLUMN　経産省事件最高裁判決

　　　　　　（最判令和 5 年 7 月11日労判1297号68頁〔28311980〕） ……38

第**3**章　**育児に携わる労働者の法的保護と処遇決定** ……………… 41

　　具体例 ……………………………………………………………… 41

xi

検討事項 ………………………………………………………… 41
基本情報 ………………………………………………………… 42
 1．育児に携わる労働者に対する法的保護 ………………… 42
  (1) 育児・介護休業法による育児休業制度等 …………… 43
  (2) 雇用保険制度・社会保険制度による法的支援 ……… 48
 2．最高裁による「不利益取扱い禁止」の違法性判断 …… 50
  (1) 事案の概要 ……………………………………………… 50
  (2) 最高裁の判示事項……………………………………… 50
 3．最高裁判決（補足意見）を受けて発出された
  行政通達とその影響 ……………………………………… 52
  (1) 育児・介護休業法10条他違反となる
   不利益取扱いに対する行政解釈 ……………………… 52
  (2) 最高裁判決補足意見と行政解釈の差異 …………… 52
 4．育児に携わる労働者の処遇決定に対する
  違法性判断と企業の対応……………………………………… 53
  (1) 裁判例の検討 …………………………………………… 53
  (2) 育児に携わる労働者の処遇決定に関する企業の対応 ………… 58

第4章　待遇格差解消のための賃金制度変更 …………… 61

具体例 …………………………………………………………… 61
検討事項 ………………………………………………………… 61
当事者の主張 …………………………………………………… 62
基本情報 ………………………………………………………… 63
 1．均衡待遇規制について ………………………………… 63
  (1) パート有期法8条の要件 …………………………… 63
  (2) パート有期法8条違反の効果……………………… 63
  (3) 「同一労働同一賃金ガイドライン」について ……… 64
  (4) 裁判例について ……………………………………… 65
  (5) パート有期法14条2項に基づく説明義務……… 68
 2．賃金の不利益変更について ……………………………… 69

（1）社会福祉法人Ｂ事件の概要 ································ 69

（2）賃金にかかる労働条件の不利益変更の有効性についての
判断枠組み ·· 70

（3）パート有期法8条や14条への対応を契機として行った
賃金の不利益変更の合理性 ································ 71

3．各種手当見直しの実務的手法 ································ 72

第5章　労働時間の管理と把握—残業代に関する紛争対応を中心に········ 75

具体例 ·· 75

検討事項 ·· 75

基本情報 ·· 75

1．労働時間規制と働き方改革関連法の概要 ···················· 75

2．労働時間規制の内容 ·· 76

（1）労働時間の上限規制 ···································· 76

（2）労働時間と割増賃金 ···································· 77

（3）割増賃金・勤怠管理に関する主な注意点 ················ 78

3．労働時間に関する論点 ······································ 80

（1）労働時間該当性 ·· 80

（2）残業命令の有無 ·· 81

（3）労働時間管理方法の例外 ································ 81

COLUMN　1か月単位変形労働時間制—適正な運用が必須 ········ 82

4．訴訟における労働時間の主張・立証方法 ···················· 86

（1）主張立証責任の所在 ···································· 86

（2）きょうとソフトの活用 ·································· 87

（3）労働時間の立証方法 ···································· 87

第6章　適切な労働時間管理と労働時間の算定方法
—短時間労働者への適用方法 ···························· 89

具体例 ·· 89

検討事項 ·· 89

1．労働時間管理の原則と例外 ·································· 89

xiii

2．正しい時間外労働の算定方法 ……………………………… 89

3．短時間労働者への対応方法 ……………………………… 90

基本情報 …………………………………………………………… 90

1．労働時間管理方法の原則 ……………………………… 90

2．労働時間管理方法の例外 ……………………………… 91

  （1）変形労働時間制とは ……………………………… 91

  （2）フレックスタイム制とは ……………………………… 91

  （3）裁量労働制とは ……………………………… 91

3．勤務形態に応じた適切な労働時間管理 …………………… 92

  （1）変形労働時間制の導入により実現可能なこと ………… 92

  （2）変形労働時間制の導入要件 ……………………… 93

  （3）変形労働時間制運用における注意点 …………………… 93

  （4）フレックスタイム制の導入により実現可能なこと ……… 94

  （5）フレックスタイム制の導入要件 …………………… 94

  （6）フレックスタイム制運用における注意点 ………………… 94

4．変形労働時間制又はフレックスタイム制の導入により
時間外労働の削減になるのか …………………………… 95

5．労基法における用語と社内用語で意味が異なる
「時間外労働」と「休日労働」 ……………………… 96

6．テレワークの場合にみなし労働時間制の導入は可能か …… 97

7．短時間勤務の正社員の労働時間管理、賃金決定の留意点 … 99

  （1）フルタイムから短時間勤務とする場合の労働時間管理 … 100

  （2）1日の所定労働時間を短くする場合 …………………… 100

  （3）所定労働日数を少なくする場合 …………………… 100

  （4）月給制から時給制への変更 ……………………… 100

  （5）定額の時間外労働手当を支給している場合 …………… 101

第7章　定年後の労働条件切下げ ………………………… 103

具体例 ……………………………………………………………… 103

検討事項 ………………………………………………………… 103

当事者の主張 …………………………………………………… 104

基本情報 ··· 105

　1．定年制が存在するのはなぜか ··· 105

　　（1）定年制の意味 ··· 105

　　（2）年功賃金と定年制 ··· 105

　2．高年齢者雇用安定法 ··· 105

　　（1）改正の変遷 ··· 105

　　（2）高年齢者雇用安定法の改正 ·· 106

　COLUMN　高齢者の能力活用に向けた企業の取組み ································ 107

　3．有期雇用と無期雇用―働き方改革関連法 ·· 108

　　（1）均衡・均等待遇の規制 ··· 108

　　（2）パート有期法9条 ·· 108

　　（3）パート有期法9条の適用問題 ··· 109

　　（4）パート有期法9条と会社側の対応 ·· 109

　COLUMN　労契法旧20条の削除とパート有期法への統合 ·························· 110

　COLUMN　労契法旧20条に関する最高裁判決とパート有期法への

　　　　　　解釈適用 ··· 114

　COLUMN　定年前の6割未満でも不合理とはいえないとされた事例··· 116

第**8**章　人事異動命令に関する近時の留意点 ················· 118

具体例 ··· 118

検討事項 ··· 118

当事者の主張 ··· 119

基本情報 ··· 119

　1．人事異動に関する命令（配転命令・担務変更など）とは ········ 119

　　（1）配転命令とは ··· 119

　　（2）担務変更とは ··· 119

　　（3）配転命令、担務変更命令の限界 ··· 120

　2．私生活と仕事の両立の観点による調整 ·· 120

　　（1）育児介護と仕事の両立の観点 ··· 120

　　（2）治療と仕事の両立の観点 ·· 121

xv

3．職場限定、職種限定の合意について ……………………………… 121

　　(1) 合意の効果とその成否 ……………………………………… 121

　　(2) 裁判例の状況 ………………………………………………… 122

　　(3) 実務上の留意点 ……………………………………………… 122

4．配転命令を発出する際の留意点、配慮すべき要素 …………… 123

　　(1) 労使間の予測可能性向上 ………………………………… 123

　　(2) 配転命令拒否に対する対応─懲戒解雇を検討する前に …… 124

5．労働者の経済的不利益を伴わない配転命令や業務変更について

　　（事例）……………………………………………………………… 125

　　(1) 近時の裁判例 ……………………………………………… 125

　　(2) 育児休業復帰後の配置（裁判例）……………………… 125

　　(3) 「キャリア形成」への言及（裁判例）………………… 126

　　(4) 労働者の「キャリア形成」への配慮は必要か ……… 126

第9章　従業員の傷病・治療と休職制度の運用 …………… 128

具体例 ……………………………………………………………… 128

検討事項 ………………………………………………………… 128

当事者の主張 …………………………………………………… 129

基本情報 ………………………………………………………… 129

1．（私傷病）休職制度とは ……………………………………… 129

　　(1) 意義 …………………………………………………………… 129

　　(2) 制度設計が重要 …………………………………………… 130

2．休職命令を発出する要件 …………………………………… 130

　　(1) 休職要件の定め方 ………………………………………… 130

　　(2) 問題事例：出勤と欠勤を繰り返す従業員への対応 ………… 131

　　(3) 私傷病再発時の休職期間通算の必要性 ……………… 132

3．休職命令発令時から休職期間中の取扱い ……………… 132

4．私傷病休職からの復職可否判断 ………………………… 133

　　(1) 復職判断時に行うべき情報収集 ……………………… 133

　　(2) 留意点 ……………………………………………………… 135

第 10 章　休職期間満了時における労使紛争の防止 ·················· 137

具体例 ·············· 137

検討事項 ·············· 137

基本情報 ·············· 138

　1．休職制度に関する説明内容と規定例 ·············· 138

　　（1）医師の診断書の提出命令 ·············· 138

　　（2）休職発令のタイミングの説明 ·············· 139

　　（3）休職期間及び復職に関する説明 ·············· 140

　2．休職期間中の処遇に関する説明と案内文例 ·············· 141

　　（1）休職期間に対する賃金の支払の有無 ·············· 144

　　（2）休職中の労働者負担の社会保険料・税負担の処理 ·············· 144

　　（3）社会保険制度からの傷病手当金請求手続 ·············· 144

　　COLUMN　労働者とのやりとりの記録と健康情報の取扱い ·············· 146

　3．休職期間満了による退職扱いの相当性判断 ·············· 146

　　（1）判断根拠としての医学的見地の重要性 ·············· 147

　　（2）労働者の復職に向けての配慮義務 ·············· 149

第 11 章　懲戒処分の制度設計と発令時の留意点 ·················· 153

具体例 ·············· 153

検討事項 ·············· 153

当事者の主張 ·············· 153

基本情報 ·············· 154

　1．懲戒処分とは ·············· 154

　　（1）意義 ·············· 154

　　（2）根拠 ·············· 154

　2．懲戒権の限界 ·············· 155

　　（1）懲戒権濫用法理 ·············· 155

　　（2）懲戒処分の根拠規定としての就業規則の規定と適用 ·············· 155

　　（3）罪刑法定主義類似の原則 ·············· 155

　3．制度設計の工夫 ·············· 155

（1）各懲戒事由の定め方 ……………………………………… 155

（2）懲戒処分の種別と懲戒事由の関係 ……………………… 156

4．懲戒処分発令時の留意点 ……………………………………… 157

（1）事実調査段階 ……………………………………………… 157

（2）手続段階 …………………………………………………… 159

5．近時の問題点 …………………………………………………… 159

（1）非違行為を指摘するとメンタルヘルス不調を訴える労働者 159

（2）注意指導や事実調査について繰り返しハラスメントを訴える

　　従業員 ……………………………………………………… 161

第12章　能力不足の従業員への対応と留意点 ………… 163

具体例 ……………………………………………………………… 163

検討事項 ………………………………………………………… 163

当事者の主張 …………………………………………………… 164

基本情報 ………………………………………………………… 165

1．試用期間中の従業員に対する解雇・本採用拒否 …………… 165

2．降格 ……………………………………………………………… 167

（1）役職・職位の降格と職能資格・役割等級等の降格の区別 … 167

（2）役職・職位の降格 ……………………………………… 168

（3）職能資格・役割等級等の降格 ………………………… 169

3．退職勧奨 ………………………………………………………… 171

4．普通解雇 ………………………………………………………… 172

第13章　従業員の非行による解雇と退職金の扱い ……… 178

具体例 ……………………………………………………………… 178

検討事項 ………………………………………………………… 178

当事者の主張 …………………………………………………… 179

基本情報 ………………………………………………………… 179

1．使用者は非行による解雇は容易でないとまず意識すべき ……… 179

2．事実認定・調査上の問題点 …………………………………… 180

3．業務上の非行か私生活上の非行かという区別の意識 ………… 180

4．業務上の非行と懲戒解雇 ………………………………………… 180

　　5．私生活上の非行と懲戒処分 …………………………………… 182

　　6．企業の名誉・信用毀損を重視する傾向とその問題点 ……… 182

　　7．公務員の懲戒基準より ………………………………………… 185

　　8．私生活上の非行に関する懲戒処分の裁判例と実際上の考慮要素… 186

　　9．退職金支給の要否とその程度（具体例④について） ……… 188

　　10．各ケースの検討 ……………………………………………… 188

第14章　労働条件・変更に関する労働者の同意・承諾 ………… 190

具体例 ………………………………………………………………… 190

検討事項 …………………………………………………………… 190

当事者の主張 ……………………………………………………… 190

基本情報 …………………………………………………………… 191

　　1．労働者の同意や承諾が問題となる局面 …………………… 191

　　　　(1) 山梨県民信用組合事件判決の判旨 …………………… 191

　　　　(2) 労働条件の不利益変更（賃金以外） ………………… 191

　　　　(3) 業務内容の変更 ………………………………………… 192

　　　　(4) その他 …………………………………………………… 192

　　2．労働者の同意を限定的に解釈する根拠 …………………… 192

　　　　(1) 実質的根拠 ……………………………………………… 192

　　　　(2) 論理的根拠 ……………………………………………… 193

　　3．労働者の同意の有効性の考慮要素と認定 ………………… 193

　　　　(1) 最高裁の判断枠組み …………………………………… 193

　　　　(2) 山梨県民信用組合事件判決の射程 ………………… 194

　　　　(3) 労働者の同意取得における実務上の留意点 ……… 195

　　4．（付言）労使間の合意、コミュニケーションによる紛争の予防方策 197

第15章　有期雇用契約の労務管理 ……………………………… 200

具体例 ………………………………………………………………… 200

検討事項 …………………………………………………………… 200

　　1．有期雇用契約と試用期間 …………………………………… 200

xix

2．有期雇用契約における労務管理の基本 ……………………… 200

3．無期転換権に関する事項…………………………………………… 200

基本情報 ……………………………………………………………… 201

1．試用期間とは……………………………………………………… 201

2．有期雇用契約ではなく試用期間だと判断されるケース………… 201

3．有期雇用契約における労務管理の基本事項…………………… 202

4．有期雇用契約締結時における留意事項 ……………………… 203

5．契約更新の問題 ………………………………………………… 204

6．試用期間の活用方法 …………………………………………… 206

7．無期転換権が発生する具体的なタイミング…………………… 207

8．有期雇用契約において明示しなければならない事項 ………… 207

9．無期転換した労働者の労働条件と就業規則…………………… 208

10．定年再雇用者に対して5年を超えて継続雇用をする場合の課題 … 208

11．有期雇用契約の更新上限の設定方法 ………………………… 209

第16章　トラブル防止のための有期雇用契約の運用 ……………… 211

具体例 …………………………………………………………………… 211

検討事項 ………………………………………………………………… 211

当事者の主張 …………………………………………………………… 212

1．労契法19条1号、2号該当性をめぐる主張・反論 ……………… 212

2．労契法19条の合理性・相当性をめぐる主張・反論 …………… 212

(1) 問題行動があるとの主張に基づく雇止めをめぐる
紛争について ……………………………………………… 212

(2) リストラ局面での労働者の雇止めをめぐる紛争について … 213

3．労契法19条各号該当性と、合理性・相当性の相関関係について … 213

基本情報 ………………………………………………………………… 213

1．労契法19条1号、2号該当性について ……………………… 213

(1) 労契法19条1号該当性について ……………………… 213

(2) 労契法19条2号該当性について ……………………… 214

(3) 該当性判断は総合考慮 ………………………………… 214

2．雇止め法理の適用により、雇止めが無効となる場合について　214

（1）問題行動がある労働者の雇止め ……………………………… 215

（2）リストラ局面での労働者の雇止め …………………………… 216

3．紛争解決の方法 ……………………………………………………… 217

4．雇止めトラブルを防止するための有期労働契約の運用について… 218

5．更新上限の合意の効果について …………………………………… 219

（1）初回の有期労働契約締結時に更新上限の
合意がなされている場合 ……………………………………… 219

（2）2回目以降の更新のタイミングで更新上限の
合意がなされている場合 ……………………………………… 219

（3）更新上限を設けることによる採用への影響 ……………… 221

6．限定正社員制度について …………………………………………… 221

（1）正社員に付する「限定」の内容を明確にすること ……… 222

（2）パート有期法上の均等待遇・均衡待遇規制の考慮 ……… 222

7．社内で運用を徹底することが重要 ……………………………… 223

第17章　ハラスメントの申立てに対する適切な対応 …………… 225

具体例 ……………………………………………………………………… 225

検討事項 ………………………………………………………………… 225

当事者の主張 …………………………………………………………… 226

基本情報 ………………………………………………………………… 226

1．職場におけるハラスメント …………………………………… 227

（1）法規制の概要 …………………………………………………… 227

（2）セクシュアルハラスメント ………………………………… 228

（3）パワーハラスメント ………………………………………… 230

2．ハラスメント調査に関する留意事項 ……………………… 232

（1）調査遂行過程での留意事項 ………………………………… 232

（2）事実認定に関する留意事項 ………………………………… 234

3．懲戒処分 ………………………………………………………………… 236

4．人事異動 ………………………………………………………………… 236

5．再発防止策の重要性 ……………………………………………… 237

COLUMN　弁護士による相談窓口担当者研修の実施を ………… 238

xxi

第**18**章　労災と企業責任 ································ 240

具体例 ··· 240

検討事項 ··· 240

基本情報 ··· 240

　1．労働災害 ·· 240

　　（1）労働災害の発生状況 ······························ 240

　　（2）長時間労働に起因する労災 ······················ 241

　　（3）ハラスメントと労災 ···························· 243

　　（4）結果と業務との関連性（業務起因性） ············ 244

　2．労災事故における企業責任の内容 ····················· 244

　　（1）民事責任 ·· 244

　　COLUMN　テレワークと安全配慮義務 ················ 246

　　（2）刑事責任 ·· 249

　3．労災事件への弁護士の関与 ·························· 249

　　（1）被災労働者側の代理人として ···················· 249

　　（2）使用者側の代理人として ························ 253

第**19**章　労災保険制度と企業の災害防止措置
　　　　　　　　　─精神障害事案における検討 ················ 256

具体例 ··· 256

検討事項 ··· 256

基本情報 ··· 257

　1．労災保険制度の概要 ································· 257

　　（1）制度の内容 ······································ 257

　　（2）適用単位 ·· 257

　　（3）保険料負担 ······································ 258

　　（4）労災保険制度と他の社会保険制度との給付の差異 ··········· 259

　　（5）労災保険給付と使用者の災害補償責任及び災害防止義務 ··· 260

　2．「業務起因性」判断をめぐる労使の利害関係の対立 ············· 261

　　（1）「業務起因性」の判断基準 ······················ 261

　　（2）「業務上外」決定をめぐる労使間の利害関係の対立 ········· 263

(3) 「業務上外」決定に対する使用者の関与の限界と
　　　使用者に対する救済制度の不備 ················· 263
　3．労災保険給付の請求手順―精神障害の場合 ················· 269
　　(1) 精神障害に関する労災認定基準と業務上外決定 ················· 269
　　(2) 労災保険給付の請求手順 ················· 270
　4．「業務による心理的負荷評価表」を用いた職場環境整備 ················· 272

第20章　会社分割・事業譲渡と労働契約 ················· 274

具体例 ················· 274
検討事項 ················· 274
当事者の主張 ················· 275
基本情報 ················· 275
　1．会社分割と労働契約の承継―日本IBM事件最高裁判決 ················· 275
　　(1) 5条協議と7条措置 ················· 275
　　(2) 日本ＩＢＭ事件は会社分割なのか ················· 276
　　(3) 日本ＩＢＭ事件の判旨 ················· 276
　　(4) 日本ＩＢＭ事件の問題点 ················· 277
　2．事業譲渡と労働契約の承継 ················· 278
　　(1) 合併・会社分割との対比 ················· 278
　　(2) 解決策の一案 ················· 279
　　(3) 移転先の採算性と労働者保護 ················· 279
　3．会社法と労働法の交錯 ················· 280
　　(1) 会社法における労働者の位置付け ················· 280
　　(2) 労働法学からの批判 ················· 281
　　(3) 会社分割における労働者保護 ················· 281
　　(4) 事業譲渡と労働契約承継法類推適用の当否 ················· 281
　　(5) 倒産時の事業譲渡と承継される労働者 ················· 281
　4．労働契約承継法に係る規則・指針改正の影響 ················· 282
　　(1) 労働契約承継法に係る規則・指針 ················· 282
　　(2) 施行規則・指針改正後の実務対応 ················· 283
　COLUMN　労働契約承継法の現場 ················· 283

xxiii

第21章　労働審判手続の活用と対応策 ································· 286

具体例 ··· 286

検討事項 ··· 286

基本情報 ··· 286

1．労働審判制度の概要 ·· 286

2．労働審判の審理 ·· 287

（1）対象事件 ··· 287

（2）審理の進行と実情 ··· 289

（3）証明の程度 ·· 292

（4）調停及び審判 ·· 292

（5）通常訴訟への移行 ··· 294

3．労働者側の対応 ·· 294

（1）どのような場合に労働審判を利用するか ··············· 294

（2）申立てまでの留意点 ·· 296

（3）期日進行のポイント ·· 297

COLUMN　労働者側代理人を経験して ····················· 298

4．使用者側の対応 ·· 299

（1）労働審判の申立てを受けた場合の対応 ················· 299

（2）期日進行における留意点 ···································· 300

第22章　労働委員会の役割―不当労働行為を中心に ··················· 302

具体例 ··· 302

検討事項 ··· 302

基本情報 ··· 303

1．労働委員会 ··· 303

2．労働争議の調整 ·· 304

（1）調整事項 ··· 304

（2）調整方法 ··· 304

3．不当労働行為 ·· 305

（1）労組法7条 ··· 305

（2）不当労働行為の審査手続 ···································· 306

xxiv

COLUMN　労委による誠実交渉命令と裁量権の範囲 ……………………… 307

4．元公益委員からの提言 ……………………………………………… 308

（1）どの段階で心証が形成されるか ……………………………… 308

（2）書面提出の遅延は致命的である ……………………………… 309

（3）和解による解決が合理的である ……………………………… 309

（4）労働紛争を未然に防ぐための具体策…………………………… 310

（5）労働委員会による行政救済制度の見直し …………………… 312

5．労働者側代理人からのコメント……………………………………… 312

（1）労働者側の立場での労働委員会の活用 ……………………… 312

（2）不当労働行為の類型 …………………………………………… 313

（3）不当労働行為に対する労働者側での対応の注意点 ………… 315

6．使用者側代理人からのコメント……………………………………… 316

（1）使用者側における集団的労使紛争とは ……………………… 316

（2）不当労働行為救済手続と私法上の司法救済の相違 ………… 316

（3）複数の交渉や手続が並行する場合 …………………………… 317

（4）和解による解決 ………………………………………………… 318

事項索引　………………………………………………………………… 320

社労士との連携で、
早期に適切なアドバイスを！

弁護士として知っておきたい

労働事件予防
の実務

| 序　章 | **弁護士と社労士の連携による紛争予防** |

具体例

　X社は、顧問弁護士Ａ及び顧問社労士Ｂに対し、働き方改革関連法や同一労働・同一賃金をめぐる議論、パワハラ防止法（労働施策総合推進法）の中小企業への適用など、最新の労働法制に対応し労働紛争を予防できるような規定の整備を相談した。Ａ及びＢは、各々の専門分野の知見を生かして労働紛争発生を予防するためにどのような活動ができるか。

検討事項

　労働事件は突然起こるのではなく、労務管理や就業規則等に問題がある場合や使用者側の労働法規に関する理解不足などに端を発することが多い。労働事件がひとたび発生すると労働者・使用者ともに紛争対応に多大な労力を必要とし、どのような結論になろうとも禍根を残すことは想像に難くない。労働者保護の観点からも、使用者の経営上のリスク回避の観点からも労働事件を未然に防止する必要があり、そのためには平時から労働紛争の予防を意識した対応が必要となる。

　企業の平時における労務管理は就業規則の整備や各種申請等の事務代理を行う社労士が担っているが、いざ紛争が生じた場合に判例等の動向を踏まえない、又は紛争時の対応を意識しない規定整備や手続がなされていた場合には紛争が深刻化し企業にとって不測の損害を生じさせる危険性がある。そのため、**平時の労務管理においても紛争予防の見地から弁護士と社労士が連携することが有効である**。また、社労士側にとっても弁護士の知見やリスク評価が事業主や労務担当者への説明・説得の一助となると思われる。

　弁護士の業務でも、例えば労災事件における労災保険給付申請等の本来の委任事務に附帯して生じる事務手続について社労士の知見を必要とする場合がある。また、社労士の専門領域である労働社会保険諸法令に関する知見が労働事件の処理に不可欠となる場合もあり、社労士との連携が求められる機会は少なくない。

　そこで、本章では上記の問題意識に基づき総論として弁護士と社労士の業

務範囲を確認したうえで、相互の協働・連携の必要性や有効性を検討する。

基本情報

1. 弁護士と社労士の業務範囲

（1）弁護士の業務範囲

　弁護士は法律事務全般を取り扱うことができ（弁護士法3条1項）、労働分野でも社会保障分野を含む法律事務全般を取り扱うことができる。また、弁護士となる資格を有する者は別途試験を受けることなく社労士として登録することができる（社労士法3条2項）。しかし、一般的には社労士の主たる業務である社会保険関係や労働保険関係の制度や事務を熟知している弁護士は必ずしも多くない。

（2）社労士の業務範囲

　社労士は労働社会保険諸法令に基づく申請書等の作成や提出代行、労働社会保険諸法令に基づく申請等の事務代理、労働社会保険諸法令に基づく帳簿書類の作成、各種助成金などの申請代理、事業における労務管理その他労働に関する事項や社会保険に関する相談を主な業務としている（社労士法2条1項）。また、補佐人として労働社会保険に関する行政訴訟や個別労働関係紛争に関する訴訟の場面で弁護士とともに裁判所に出頭し陳述することができる（同法2条の2第1項）。さらに、特定社労士の認定を受けている社労士は一部のADR手続における代理権が認められている。

（3）弁護士業務と社労士業務の対比

　平時の場面、すなわち就業規則等の規定整備や労務管理、各種申請代理の場面では弁護士と社労士が同様の活動を行うことが可能である。しかしながら、すべての弁護士が社会保険や年金分野の知見を有するものではないため、当該分野に特化した専門家である社労士がより高い専門性を有するといえる。実際も平時の労務管理や各種申請代理は主に社労士が担当している。

　他方、具体的な紛争が生じた場合には両者の職務範囲に大きな相違がある。

個別的労使紛争の場面では弁護士はすべての事案について代理人として相手方との交渉や訴訟手続を行うことができ、また相談を受けることもできる。他方、特定社労士ではない一般の社労士については示談交渉やそのための相談を行う権限を認める根拠規定がないため、当該業務を行うことはできない（弁護士法72条）。特定社労士は ADR 手続の代理権を有するので、当該手続の中で代理人として示談交渉を行うことは認められるが、手続外での代理活動や相談を行うことはできない。また、社労士は訴訟や労働審判の代理権を有さず、これらについての相談を受けることもできない。

　集団的労使紛争の場面でも弁護士はすべての場面において代理人として活動し、相談を受けることができるが、社労士に集団的労使紛争に関与する権限を認める規定はなく、社労士が集団的労使紛争についての相談や代理業務を行うことはできない。

（4）業務分野・専門性の違い

　社労士は行政通達に基づき行う業務が主であるため、**行政解釈に従った行動・判断が基本**となる。より具体的にいえば労働基準監督署（以下、「労基署」という）の判断がどうなるかを判断軸として行動せざるを得ない立場にある。そのため、通達のない事項や判例が確立されていない論点、判例の射程が及ぶかどうかの分かれ目の事案についての解釈を考え、対応方針を検討することは紛争対応を行う弁護士の専門に属する事項といえる。

　また、弁護士は紛争を前提とした個別事例の法律・判例への当てはめや事実認定、事件解決における見通しやリスクの判断を日常的に行っている。個別事案における**紛争や訴訟を見据えた将来のリスク予想**、事実認定がどうなるかを見据えた**対応の検討**は弁護士が専門とする分野である。紛争対応の経験を踏まえた**交渉における戦略・戦術立案**も弁護士の得意分野といえる。

　他方、社労士は**労働社会保険諸法令の専門家**として最新の行政通達や労基署の運用については弁護士より知見が深く、具体的な制度の内容も熟知している。手続についての経験も豊富であり、実際の社会保険や年金関係の手続は弁護士が行うより正確かつ効率的に行うことができる。弁護士もこれらの手続を行うことはできるが、慣れない業務をすることは望ましいとはいえないため、社労士の専門分野については社労士に委ねることが重要である。

　また、社労士は一般的に業務において顧客である会社や経営者のみならず

従業員の個性や特徴も把握するため、就業規則等の整備や労務管理の場面において**個別事情を考慮した対応**が可能である。また、個別紛争の対応においても社労士が有する当事者の情報を活用することも有益である。

2. 弁護士と社労士が連携する意義

（1）弁護士の視点から

前項で述べたとおり弁護士は労働分野全般を取り扱うことができるが、実際は紛争発生後に弁護士に相談がなされる場合が多い。しかし、実際の紛争は労務関係規定の不備や具体的な労務管理の瑕疵、使用者の労働法規の誤った理解による問題行為など、平時の問題に端を発するものである。そのため、労働紛争を解決するためには単に具体的紛争への対応にとどまらず、平時から**紛争発生を見据えた労務管理や労働関係規則の整備をすることが不可欠**である。平時での対応に不備がある場合、弁護士はそれを前提にした事件対応しかできず、極めて不利な立場での活動を強いられることになる。このような事態を防ぐためには、紛争発生前段階、具体的には規定の整備や労務管理の段階から弁護士の知見を活用することが必要である。

労働事件に対する**企業の相談ニーズ**は高く、顧問弁護士が的確に労働相談に応じることは顧問先の満足を得るためにも有益である。しかし、相談内容は採用時の条件設定や就業規則の作成・改定、問題社員への対応など、弁護士と社労士の専門領域が交錯する部分が多いことが予想される。弁護士がそのような相談ニーズに応えるためには、弁護士において社労士業務に対する理解を深めるとともに、必要に応じて社労士と連携し規定の改正など積極的な提案をすることが望ましい。また、弁護士は会社の実情や人間関係を十分に把握しているとは限らないため、具体的な紛争対応時はもちろん、労働事件予防の場面でも社労士が有する当該会社の情報を取得し、実情に応じたきめ細やかな対応を心がける必要がある。他方、社労士が会社や経営者の意向を過度に忖度し柔軟に対応しすぎている場合には紛争予防の見地からリスクの予想や提示を行い、**行き過ぎた運用に対してブレーキをかける役回り**も求められる。

すべての弁護士が労働社会保険制度を熟知しているとは限らない。特に労

働社会保険諸法令は技術的な部分も多いほか、政令や通達等により頻繁な運用の変更もなされるため、弁護士においてこれらを熟知しておくことは必ずしも容易ではない。そのため、このような知見が必要となる場面においては積極的に社労士へ協力・協働を求める必要がある。例えば労災事故を原因とした損害賠償請求の場面で被災労働者から依頼を受けた場合、使用者への損害賠償を行うとともに、労基署に対し労災保険給付として治療費や休業損害、後遺症認定の請求を行うなど、具体的な紛争の場面においても労働社会保険制度や具体的な手続の知見が求められる場面はある。このような場面においても、弁護士と社労士が連携することができればより労働者の保護に資するといえる。

(2) 社労士の視点から

社労士は自らが関与した規則や手続の瑕疵により依頼者である使用者が不利になることはできるだけ避けたいと考えている。しかし、個別紛争に関与できないという限界がある以上、社労士の知見のみでは雇用契約や就業規則の解釈の場面で**裁判所がどう考えるか**という判断や、**具体的な事実認定の場面での判断予測**を行うことは一般的には必ずしも容易ではないと思われる。例えば従業員の解雇を検討する場面で使用者側が主張する解雇理由が認定できるだけの証拠があるかどうかや、訴訟で認定されると考えられる事実関係を前提とした主張の構成、必要な証拠の判断は弁護士でないと難しい部分といえる。**手続上の瑕疵を生じさせないための対応**も同様である。このような場合には社労士から弁護士に協力を打診し、紛争を見据えた対応をする必要がある。その他にも給与計算において労働時間と支払われた残業代に齟齬がある（未払残業代がある）ことに気づいたときや、従業員の退職に関する相談を受けている際に、実質的な解雇であり無効となる可能性を察知した場合などにおいて、早期に弁護士と連携をすることで重大な問題の発生を回避することが可能であろう。

具体的な紛争発生時の事件対応は弁護士が行うこととなるが、社労士の業務分野の知見や具体的な活動を通じて**弁護士の訴訟対応を支援**することが可能である。弁護士にとっても、技術的な部分について社労士のサポートが受けられれば訴訟対応に注力することが可能となり、双方の業務の効率化が期待できる。

社労士が使用者の対応や意見に問題があると感じた場合に、弁護士が訴訟リスクを提示して説明することで使用者が説得に応じてくれるという話も聞いている。**弁護士の視点や経験を付加する**ことで、より紛争予防に向けた社労士の業務が万全になるものと考えられる。

なお、社労士はその職務範囲や、労使双方との関係が密であることもあり、労使間で対立関係が生じた場合に双方から頼られてしまい中立的な対応がしにくい場面があるという話もある。このような場合でも社労士から双方に弁護士を代理人とし対応することを案内するなど、中立性を損なわないようにすることが求められる。

(3) 当事者の視点から

弁護士と社労士の連携は労使双方のメリットにもつながる。瑕疵のない規則や手続は労働紛争を未然に防止する機能がある。いったん紛争が生じた場合、労使双方の紛争対応に要する負担は重く、労使双方の利益保護の観点からも紛争を未然に防止できる方が望ましい。紛争を予防し、労使の調和のとれた労働環境を実現するためには、平時の段階から弁護士と社労士が緊密に連携し、**紛争予防を意識した労務管理や規定整備**を行うことが極めて有益である。

また、従業員対応や説明の場面においても弁護士の知見と社労士の知見を併せて用いることによりきめ細やかな説明が可能となり、従業員の安心や満足につながるといったことも期待される。特に弁護士が従業員との対応を行う場合、どうしても従業員側が身構えてしまい円滑なコミュニケーションができない場合がある。半面、社労士は労務管理の場面で日常的に従業員と接しており一定の信頼関係が構築されていることもあるため、社労士も同席してフォローをすることで**円滑なコミュニケーションが実現する**という意見もある。

3. 具体的な連携の場面

(1) 就業規則や雇用契約

中小企業においては、就業規則の制定や改正、採用時の雇用契約書（労働

条件通知書）の作成は社労士が関与することが大半であるが、作成時に使用者の意向をくみ入れすぎた結果、内容に疑義のある就業規則や雇用契約書が作成されることがある。また、固定残業代制度や変形労働制など、有効とされるための要件が厳格な制度や裁判例の内容を十分に把握していないと有効性を担保できない制度も存在する。多くの使用者は労働法の知識が十分ではなく、規程の文言や判例等を自分に都合よく解釈するので、使用者の意向をそのまま制度に組み入れた結果、使用者が不利な立場に陥ってしまうことは珍しくない。このような事態の発生を防ぐためには、社労士において使用者の意向に問題を感じた場合や有効要件が厳格な規定を導入する場合、事前に弁護士にも相談し、必要があれば弁護士からも見通しやリスクを示すことが有益である。

　また、退職金の減額などの労働条件の不利益変更がなされる場面で社労士が手続に関与することがある。これが社労士の業務範囲か否かという問題はあるが、仮に通常の労務相談の延長として適法であるとしても、先に述べたとおり適切なリスク計算ができない危険性のほか、判例を踏まえた必要な手続が行われず、最悪の場合無効とされる危険性もある（山梨県民信用組合事件・最判平成28年2月19日民集70巻2号123頁〔28240633〕参照）。このような場合には弁護士も関与し、手続が確実に履践されているかどうかをチェックすることが必要である。

　このように**後々の紛争が予想される場面**においては、弁護士がその知見に基づき必要な要素や見通しを示したうえで相互に連携して慎重に手続を行う必要がある。特に就業規則の整備段階で相談を受けた弁護士としては、関連法規や判例を精査し疑義の生じない内容を提案することが必要であるとともに、使用者の誤った理解やご都合主義的な解釈が認められた場合には、訴訟手続までを視野に入れてその危険性を説明し必要な説得を行うことが求められよう。また、社労士においても就業規則や雇用契約において**解釈の問題が生じる可能性がある場合**や、**手続の適法性が問題となる場合**には弁護士にも協力を求めることが望ましい。

（2）給与計算等の労務管理

　給与計算業務も社労士の主な業務の1つであるが、その過程において**労働紛争の芽を発見する**ことが可能である。例えば、極端に残業時間が増えてい

る場合には残業時間制限超過について必要な注意喚起を行う必要があるほか、長時間労働による労災発生の可能性についても注意喚起を行うことで事故発生を防止することが期待できる。また、社労士に対して離職票の作成が依頼された際、社労士が離職理由や経緯を詳細に確認することで無効となる危険性がある解雇がなされたことを発見し、弁護士との連携により必要な対応をとった例もある。このような**労働紛争の芽**は顧問弁護士だけでは発見が困難であるので、日々の労務管理を行う社労士が弁護士と連携をして早期の対処を実現することが肝要である。

また、労働者から未払残業代請求がなされた場合、争点となっている労働時間の管理の内容が適正に行われているかどうかの確認や、労働者側による残業代計算の妥当性の検証などを社労士が行うなど、訴訟対応においても弁護士と社労士が協働することも期待される。

(3) 休職・退職

従業員の休職・退職に伴う種々の手続においても社労士が問題を早期に察知して弁護士と連携をすることで**労働紛争を予防する**ことが可能である。例えば、社労士が問題社員対応の相談を受けた場合において「どうしても当該社員を辞めさせたい」という経営者の意向が強いが適法な解雇理由を見いだし難い場合、訴訟となった場合には敗訴するリスクが高いことを弁護士から示し、配置転換や勤務態度の改善勧告などのソフトランディングに向けた提案をすべきである。また、当該従業員への具体的な対応の場面においても、事実認定や判例に関する弁護士の知見を生かしてハラスメントや違法な退職勧奨等がなされる危険性を可能な限り低減させる方法を提案すべきである。

従業員の休職手続においても、復職の可否の判断や復職手続などの手続を適正に行わないと将来の紛争の種になり得る事項があるが、これについても弁護士の知見は有用である。他方、休職・退職に関する事務手続については社労士が専門とする分野であり、細かな事務手続は社労士が行うことが便宜である。また、社労士において労働者に対し休職・退職後の公的保障の制度やそのための必要な手続を適切に教示することが労働者の不信感を払拭することにつながり、紛争を未然に防ぐことも可能となる。

（4）労災対応

労災給付の申請手続は社労士の専門分野である。

他方、労基署が行う事業主に対する調査は、罰則が適用される可能性があるという点を含めて刑事事件の捜査と類似する部分がある。調査への対応や調査の進捗を踏まえた見通しを立てることは、刑事事件の知見を有する弁護士が得意とする場面である。

また、労災が認定された場合には使用者の責任問題も生じるため、将来の賠償請求に備えて使用者側で必要な調査を行う等の事前対策や請求を受けた場合の対応は弁護士が行うべき場面であるが、例えば労災手続における平均賃金の算定の場面における残業代未払があった場合の処理など、技術的かつ難解な問題も存在するため、このような点については社労士の専門性が求められる場面として積極的に協力を求めることが必要である。

労働者の立場からは、労災の有無や具体的な労災の内容の認定場面、及び後遺症認定の場面において認定される事実によって結果が左右されることが多い。そこで、弁護士が労働者の代理人として労基署に対し事実認定や調査方法・対象についての意見書を提出するなどの活動をするに当たり、社労士の知見や経験を活用するとも考えられる。また、申請手続について社労士の助力を求めることも有益である。

4. 小括

本章では総論として、労働紛争の予防や解決のために弁護士と社労士との連携・協働がどのような役割を果たすのかを概括した。これまで整理したとおり、社労士は規定整備や各種申請代理を担い、弁護士は有事対応を行うことが多いが、このような枠組みにこだわることなく、**双方の得意分野を生かした連携・協働**が必要である。

社労士が平時から弁護士と連携して適切な規則整備、労務管理を行っていれば紛争を早期に察知し対処することが可能となる。また、紛争発生時でも労働社会保険分野の手続については専門家である社労士が担当・支援することにより、弁護士が紛争対応に専念することが可能となるばかりでなく、適切な事務処理がなされることで当事者の不利益を最小限にすることも可能で

ある。

　次章以下では具体的な論点について問題の所在を示すとともに、弁護士及び社労士の視点からの問題分析や解決に向けた提案を行う。弁護士・社労士や企業の労務担当者が、本書を活用して他専門職との連携を行うきっかけとなれば幸いである。なお、本章で述べた弁護士と社労士との連携場面の具体例や社労士の視点からの提案は、本書共著者である井寄奈美社労士、及び執筆者の知己で弁護士と社労士との共同事務所を運営し、日常業務においても社労士との連携をしている大坪孝聡弁護士（長崎県弁護士会所属）からの情報を参考にさせていただいた。

半田望（はんだ　のぞむ）　弁護士

| 第1章 | フリーランス従事者との適正な関係構築 |

具体例

　X社は旅行に関する記事をウェブサイト上に掲載し、広告収入を上げることを主たる収益事業としている会社である。X社は掲載する記事を作成してくれるライターと業務委託契約を締結し、記事を納入してもらい、記事の量に従って基準に応じた報酬を支払っている。

①　X社とライターAとの間で次のようなトラブル等が生じたが、どのように対応すべきか。

ア　ある記事の作成を依頼したが、その内容がとても掲載に堪え得るようなレベルではなく、X社の編集者においてたびたび記事の修正依頼を行った。ところがそれでも十分な修正がないため、やむなくX社の編集者において大幅に記事の原稿を修正して掲載した（原稿の修正内容自体とその記事を掲載することにはAも同意しているものとする）。X社としては、当該記事にかかる報酬の支払を拒否したいと考えている。

イ　Aとの契約は1年間、納入予定の記事数は最低12本と合意されていた。しかし、アの事情から、X社は半年、6本の記事を納入した時点でAとの契約を解除するか、少なくとも新規の記事発注は中止したいと考えている。

ウ　X社とAとの契約では、記事の著作権及び記事と同時にX社に提供された写真の著作権はすべてX社に帰属すると定められており、著作権をX社に帰属させることについて特に明確な対価は合意されていなかった。AはX社との契約解消後に当該記事を自分自身のウェブサイトに掲載しようと考えているようであり、それを不可とするなら、対価を支払うようにX社に求めている。

②　①イで、X社は結局Aとの契約を打ち切ったが、Aはこれに対して不満であり、労働組合Bに加入して、契約の不当解除と未払報酬を団交事項として、X社に団体交渉を求めた。

③　Aは記事作成中、肘から指先へしびれと痛みが生じ、医療機関で診断

を受けたところ腱鞘炎と診断された。このため1か月間は記事を書く仕事もできなくなり、治療費の負担も生じた。Aが腱鞘炎に罹患したのは記事作成業務が過重だったからだと主張し、労働基準監督署に対して労災認定を申請し、併せてX社に対して治療費や慰謝料等の損害賠償を求めた。

検討事項

いずれもフリーランス（以下、本章では実態が雇用契約であるかどうかを問わず、発注者から契約を受注して業務に従事する受注者をこのように称する。また「受注者」と表記する場合もある）をめぐって発生する典型的な紛争事例である。

まず、①アは、ライターとの契約がそもそも雇用契約なのか、あるいは準委任契約又は請負契約なのか、成果物としての記事はどのような水準のものか等が問題となる。

次に①イは、継続的業務委託契約の解除という問題であり、解除に制限はないのか、どのような制限があるのか等が問題となる。

①ウは、フリーランスに経済上の利益を提供させる等の問題に該当するかが問題となる。

②はフリーランスとの団交応諾義務の存否について、Aの労組法上の労働者性の有無が問題となる。

③は業務起因性やX社の安全配慮義務違反の存否が問題となる。

当事者の主張

まず、①アは、契約の性質という点に関し、発注者は、指揮命令権がない、一定の水準を満たした記事の納入という仕事の完成を目的としている等として、請負契約だと主張することになる。受注者であるライターA側は、指揮命令権がある等として雇用契約である、仮に雇用契約でないとしても、記事の水準などは曖昧かつ主観的で合意もされておらず、準委任契約であると主張することになろう。さらに、記事の水準に関してその合意内容と拘束力について双方が主張することになる。なお、雇用契約であるとすれば、A側は、違法な賃金の不払である等と主張することになる。

次に①イは、受注者A側は、信頼関係破壊法理等によって解除は許されな

いと主張し、Ｘ社側はこれを争いつつ、仮に業務委託契約自体の解除は認められないとしても、個別の記事制作発注までの義務はないと主張することになろう。

①ウは、Ａ側は対価の定めなく無償で記事等の著作権等をＸ社側に帰属させることは、経済的利益を提供させる行為に該当すると主張する。Ｘ社側は自己で自由に記事の転載や継続掲載を行うためにも合意で著作権等を移転させることは問題ないと主張するであろう。

②は、Ａは前提として労組法上の労働者性は比較的緩やかに認められるべきであることを、そして実際の当てはめとして雇用契約でなくとも交渉力等の格差からして労働者性はあると主張することになる。Ｘ社は労組法上の労働者性の認定を緩和すべきではないこと、交渉力の格差等は存在しない等の主張をするであろう。

③は、Ａは腱鞘炎が業務に起因するものであるし、Ｘ社の委託業務が過剰であったなどとして安全配慮義務違反があると主張することになる。Ｘ社はそもそも安全配慮義務を負うべき地位にないし、腱鞘炎の既往症の存在など業務起因性を否定する方向の事実を主張するであろう。

基本情報

1. フリーランスをめぐる最近の動き

周知のように、2023（令和5）年5月12日、特定委託事業者に係る取引の適正化等に関する法律（いわゆるフリーランス新法。以下、本章では条文番号のみで引用する）が公布され、2024（令和6）年11月1日に施行される。

フリーランスをめぐる動きは、最近の労働法・独占禁止法関連のホットイシューであり、以下主だったものを概略しておく。

2005/09/25	厚労省「今後の労働契約法制の在り方に関する研究会報告書」
2014/03/13	岡山県労委、セブンイレブン加盟店と本部との団交応諾を命令
2017/03	経産省「雇用関係によらない働き方に関する研究会報告書」
2018/02/15	公取委「人材と競争政策に関する検討会報告書」

2018/03/30	厚労省「『雇用類似の働き方に関する検討会』報告書」
2019/02/06	中労委、上記岡山県労委命令取消し
2020/07/17	首相官邸「成長戦略会議」、政府として一体的にフリーランス保護ルールの整備を行うこととする
2020/11	厚労省ほか「フリーランス・トラブル110番」委託事業開始
2021/03/26	内閣官房・公取委・中小企業庁・厚労省「フリーランスとして安心して働ける環境を整備するためのガイドライン」
2023/05/12	フリーランス新法公布

　古くは2005（平成17）年の労契法制定論議のなかでフリーランスのあり方も検討に上がっていた。2014（平成26）年に岡山県労委が一般的には独立した事業者そのものであるコンビニエンス・ストア加盟店に対し、本部の団交応諾義務を認める判断を行ったのは衝撃的であった。これは後に中労委で覆され（中労委平成31年2月6日労判1209号15頁）、その後東京地裁（東京地判令和4年6月6日労判1271号5頁〔28302377〕）、高裁（東京高判令和4年12月21日労判1283号5頁〔28311469〕）、最高裁（最決令和5年7月12日令和5年（行ヒ）115号公刊物未登載〔28313363〕。上告不受理等）でも加盟店の労働者性は否定されることとなる。しかし、**この間各省庁でもフリーランスの保護のあり方などに関する議論が活発化し、それが内閣官房ほか3省庁共同で定めるガイドラインへと結実し、さらにフリーランス新法の制定へと進んだ。**ごく簡単にいえば、コンビニ加盟店に代表されるような労働法上の保護のはざまにある存在の保護が意識され、下請法を含む独占禁止法法制と労働法の2法域において、ガイドライン、立法という両側面から保護が拡充されるに至ったものである。そして、その方向性は、ガイドラインがそうであるように省庁横断的なものであることにも注意を要し、実際フリーランス新法は独占禁止法的規制と労働法的規制のパートごとに主管官庁がそれぞれ公取委・中小企業庁と厚労省に分かれている。

2. フリーランス新法の概要

　フリーランス新法の公布・施行に伴い、政令に委任された細則が公布さ

れ、かつ関連省庁によるガイドライン又は指針などが定められている。紙幅の関係と本書の性質上、網羅的な説明をすることはできない。**短時間で要点を把握するには、まず公取委及び厚労省のホームページで概要をつかみ、**個別に検討すべき事項、とりわけ取引条件の明示（３条関係）、禁止事項（５条）関係、的確表示（12条）関係などについては、**適宜政令を参照しながらガイドライン及び指針を読み込んでいくことをおすすめする。**また、フリーランス新法等制定に先立ち実施されたパブリックコメントに対して示された「考え方」（下記「パブコメ回答」中の「考え方」の部分）も示唆に富んでいるので、具体的な問題ごとに適宜参照されたい。

　下表では、フリーランス新法による規制の概要についてまとめておく。また、以下、表中及び本文を含め、下記〈政令・ガイドライン等〉記載の略語を用いる。

　なお、表中に記載はないが、フリーランス新法による保護対象になる「特定受託事業者」は、個人のみならず、他に役員・従業員がいない法人も含む（２条１項）。

〈政令・ガイドライン等〉
・施行令：特定受託事業者に係る取引の適正化等に関する法律施行令（令和６年政令200号）
・公取規則：公正取引委員会関係特定受託事業者に係る取引の適正化等に関する法律施行規則（令和６年公正取引委員会規則３号）
・厚労省規則：厚生労働省関係特定受託事業者に係る取引の適正化等に関する法律施行規則（令和６年厚生労働省令94号）
・ガイドライン：公取委・厚労省「特定受託事業者に係る取引の適正化等に関する法律の考え方」（令和６年５月31日）
・指針：厚労省「特定業務委託事業者が募集情報の的確な表示、育児介護等に対する配慮及び業務委託に関して行われる言動に起因する問題に関して講ずべき措置等に関して適切に対処するための指針」（令和６年厚生労働省告示212号）
・パブコメ回答：内閣官房新しい資本主義実現本部事務局「『特定受託事業者に係る取引の適正化等に関する法律施行令（案）』等に対する意見の概要及びそれに対する考え方」（令和４年10月12日）

規制類型	規制・条文	具体的内容	備考
下請法的（中小企業庁・厚労省管轄）	書面等（電磁的方法を含む）による取引条件の明示（3条、公取規則1条1項）	①当事者の名称等 ②業務委託日 ③給付内容 ④給付受領期日等 ⑤給付等受領場所 ⑥検査完了日（要検査の場合） ⑦報酬額及び支払期日 ⑧その他	下請法3条とほぼ同内容。**電磁的方法はLINE等SNSを含む。**筆者の個人的見解だが、**後に見直すことを考えると極力避け、避けられない場合もベタ打ち・PDFファイル添付などの併用が望ましい。**
	報酬支払期日の設定・支払（4条）	給付受領日・役務提供日から起算して60日以内のなるべく早い日に報酬を支払うべき義務	再委託の場合、委託元からの支払期日から30日以内であれば可とする例外。
	禁止事項（5条）	①成果物の受領拒絶 ②報酬減額 ③返品 ④買いたたき ⑤購入又は役務提供の強制 ⑥経済的利益の提供等 ⑦やり直し	下請法4条とほぼ同内容。ガイドラインも下請法のガイドラインに類似する。
労働法的（厚労省管轄）	募集情報の的確表示（12条、施行令2条）	虚偽・誤解を生じさせるような表示の禁止、正確かつ最新の情報に保つ。 〈表示内容〉 ①業務内容 ②従事場所、期間等 ③報酬 ④契約解除・不更新の場合 ⑤募集者	表示内容は、職安法5条の4とほぼ同内容。表示方法及び注意事項は、取引条件の明示方法に準じる。

	育児介護等への配慮（13条、厚労省規則2条）	申出により「育児介護等の状況に応じた必要な配慮」。 ①申出内容の把握 ②配慮内容や選択肢の検討 ③配慮内容の伝達と実施、不実施の場合は不実施理由	継続的業務委託（無期限又は6か月以上）に限られる（施行令3条）
	ハラスメントに係る体制整備（14条）	セクハラ、マタハラ、パワハラの相談対応への体制整備	**シンプルには、従業員と同等の扱い（窓口利用、相談対応等）**
	中途解除等の事前予告（16条、厚労省規則4条〜6条）	継続的業務委託の解除・不更新時は、原則30日前までに予告をする義務	継続的業務委託の意義は育児介護への配慮と同じ。 予告方法は取引条件の明示方法に準じる。

3. フリーランスの報酬に関するトラブル（具体例①ア）

　厚労省「フリーランス・トラブル110番の実績について」によれば、2021（令和3）年2月から2022（令和4）年8月の相談7,643件の相談内容のうち、**約3分の1が報酬に関するもの**であったようである。内容としては、報酬全額・一部の不払、報酬支払遅延に関するもののようである。不払の範囲や理由も様々で、フリーランス側から契約解除をしたことを理由とするもの、損害賠償金や違約金等との相殺を理由とするもの、理由不明なものなどがあるとされている（森田茉莉子「フリーランス・トラブル110番（厚労省委託）の意義」季刊労働法276号（2022年）93頁参照）。

　理由なくあらかじめ合意された報酬を不払とすることが問題であることはいうまでもない。また、フリーランスへの再委託の場合で、元委託業者からの支払がないため支払えないと主張されることがあるのは、現実問題としては全く理解できないわけではないが、支払拒否の理由にはなり得ない。なお、そのような場合に備えて、再委託であることを事前に明示しておくこ

とで、元委託代金支払から30日以内の支払とすることが可能となっているから、今後の実務的には注意を要する（4条3項）。

　ただ、実際には使用（発注）者側からの相談を受けていると、**具体例①ア**
のようにフリーランス側がきちんとした成果物を納入してくれず、報酬支払
拒否にも相応の合理性があると感じられる事案に接することもある。同じようなことは、**システム開発関係業務やデザイン業務**などでも当てはまることがある。ライター業務同様に、発注時において詳細な仕様を決定することは困難で、むしろ大枠は決められるものの詳細の仕様や内容についてまさにフリーランス側の才覚が求められている類型である。

　前述したように、ここでは業務内容、特に成果物の明示（3条）があったといえるか否かに連動し、不当なやり直し、受領拒否、報酬減額等の禁止（5条）への該当性が問題となる。ガイドライン第2部第2・2(2)ア(ウ)①では「3条通知に委託内容が明確に記載されておらず、又は検査基準が明確でない等のため、特定受託事業者の給付の内容が委託内容と適合しないことが明らかでない場合」は、受注者側の責めに帰するべき事由がなく、給付の受領拒否はできないとされている。

　ただ、**具体例①アのように委託内容を具体的に明示することが困難な場合**
はあり、この場合は正当な理由があるとして明示を要さないとされる（未定事項。3条1項ただし書、公取規則1条4項参照）。未定事項につき、内容が定められない理由及び未定事項の内容を定めることとなる予定期日を当初の明示として明示する必要があり（公取規則1条4項）、かつ十分な協議をしたうえで、速やかに定めなくてはならず、定めた後は、直ちに明示しなければならない（ガイドライン第2部第1・1(3)ケ(イ)）。

　具体例①アに即していうと、記事の文字数や大筋の内容等の仕様、写真の要否や枚数、誤字脱字のないこと、また1記事ごとや文字数に応じた報酬、アクセス数に応じた報酬などを明示することは可能であるから、正当な理由は認められないであろう。

　記事の質については、オリジナルであること、信頼性があること（より具体的には、求められれば内容について担保する合理的な資料の提出を要するなど）など、ある程度客観性を担保できる部分は明示すべきであり、このような明示をしていることが、上記のような責めに帰すべき事由が認められることにつながるであろう。それ以上の記事の質については本来的に明示不能

と考えられる。ただ、当初記事の内容が不確定であったとしても、受注者と打ち合わせのうえ、あるいは取材の結果記事の内容がある程度固まっていくはずなので、その旨を当初明示したうえで、固まった段階で改めて明示することがガイドラインに沿った対応にはなる。このあたりは実際にはやや煩雑であるが、**後日受注者と「追加の注文だ」等の行き違いやトラブルになりそうな部分を重点的に対応するのが実務感覚であろう。**

　また、労働者とは異なり、フリーランスの場合発注者と受注者で違約金の合意をすること自体は禁止されていない。違約金の発生条件をできる限り明確にしたうえで、違約金等の定めを行い、あらかじめ受注者に明示しておくことも考えられる。例えば、記事の納期を何日徒過するごとに、報酬の何%相当額を違約金として取得するという要領である。ただし、あくまでもフリーランス側に帰責性があることが前提である（ガイドライン第2部第2・2(2)イ参照）。帰責性がなければ、不当な報酬減額とされてしまうことに注意すべきである。

　以上、具体例①アについては、記事の質についても明示可能な部分は明示があったことを前提に、その質を満たさないということであれば、受領を拒否し、やり直しを命じること、あらかじめ明示した違約金を差し引いて減額することも可能であろう。明示にやや不十分な点があったとしても、合意によって報酬を減額することは禁じられていないから、具体例①アのような場合、誠実に交渉して一定の減額に同意してもらうように目指すことは可能である。

　具体例①アの問題については、結局従来の下請法適用業者である請負人の発注時の問題と重なるところがある。例えばシステム開発契約などでは、その性質上発注時に完全に仕様を確定することが困難である事情があるが、仕様変更に伴う追加費用の負担を下請人が押し付けられるというようなトラブルはよくみられるところである（公取委「ソフトウェア業の下請取引等に関する実態調査報告書」（令和4年6月）58頁参照）。上記報告書の中でも言及があるが、仕様変更の度に具体的な内容を書面で明確にし、受注者の署名押印を取得しておくというように、都度マメな対応が必要であろう。

　まとめると、具体例①アのように発注時点で委託内容を一義的に確定することが困難である場合は、**⑦確定可能な部分をできる限り確定して明示すること、④確定困難な部分についてできる限り客観的な基準をもって明示する**

第1章　フリーランス従事者との適正な関係構築

ことを検討すること、⑰未定事項が確定し次第、明示のうえ受注者と合意をすること、などが紛争予防にとって有益である。

COLUMN

フリーランスの労働者性（半田望 弁護士 執筆）

　フリーランスをめぐる労働問題においては、団交応諾義務の有無のほか、最低賃金の適用や労災保険の適用などの点で、労基法・労組法上の労働者ではないかが争点となることがある。特に近時ではAmazon配達員等の軽貨物運送やUber Eats配達員などのいわゆるギグワーク従事者で問題となっている。

　労働者性の判断に関しては本章で摘示された報告のほか、厚生省1985（昭和60）年12月19日付労働基準法研究会報告「労働基準法の『労働者』の判断基準について」でも考え方が示されていた。また、厚労省が2023（令和5）年12月21日に「貨物軽自動車運送事業の自動車運転者に係る労働者性の判断事例について」と題する資料を公表した。労基法上の「労働者」に該当するか否かは契約の形式や名称にかかわらず、実体を勘案して総合的に判断することとされているが、上記資料は今後の事例の判断においても参考となると思われる。

---

4. 契約解除、発注停止に関する紛争（具体例①イ）

　具体例①イでは「1年間」の期間を定めているから、本件のような契約は16条の適用がある「継続的契約」に該当する。**6か月以上という期間は基本契約の期間をもって判断される**（ガイドライン第2部第2・2(1)ア）。したがって、解約するためには30日前までの予告が必要になる（16条1項）。ただ、前述のように、**中途解約それ自体を禁じる規定はフリーランス新法には存在しない**ため、契約上定めた解約事由に該当すれば原則として解約は認められることになろう。ただし、実態として雇用契約だと認定されることや、

21

受注者の発注者に対する依存度の強さや解約の合理性などの比較考慮によって、信頼関係破壊理論等で解約が制限されることはあり得る。紛争の予防としては、具体例①アで検討したような違約金の対象となる事項（記事の納入遅れ、手直しの回数）などを契約書になるべく具体的に規定しておくべきである。

　仮に基本契約を直ちに解約できなかったとしても、「Aとの契約は1年間、納入予定の記事数は最低12本と合意されていた」こととの関係は別途問題となる。「最低12本」という合意の趣旨が、発注者は12本分の記事の作成を必ず発注しなければならない、というほどに拘束力が強いものであれば12本の発注をしなければ債務不履行になろう。その場合の損害は、実際は難しい問題はあるが、単純計算すれば残り6本分の記事を作成した際に支払われるべき報酬額ということになる。ただ、実務的には「最低12本」という合意が明確でない、あるいは一種の目安にすぎず、「毎月1記事くらいのペースで発注します」という予定程度の意味合いであることも少なくない。**結局、契約書（ないし発注書・請書等）の体裁、文言、締結時の説明状況などによって拘束力を判断する**ということになろう。

　また、具体例とは若干離れるが、フリーランス・トラブル110番に寄せられた相談としては、フリーランス側から契約を解消したいが、発注者側から解消を認めてもらえないとか、多額な違約金を請求される（かつ未払報酬と相殺される）という相談が多かったということである（森田・前掲95頁）。特に運送業では、車両をリースしている場合において、残リース料相当額を違約金として支払うことを求められ、辞めるに辞められないという事例もあるようである。使用者（発注者）側の立場からすれば、一種奴隷拘束的な過剰な違約金の契約は慎むべきであり、やる気のある人材を確保するという観点からも合理性があるとは思われない。フリーランス側の立場からすれば、労働者性を主張したうえで相殺禁止や損害賠償予定の禁止に該当する、あるいは**禁止された報酬の一方的減額に該当すると主張していく**ことになろう。ただ、誤配達など受注者の責めに帰すべき事由を前提に合理的な違約金を定めることは、必ずしも禁じられているわけではなかろう。

　以上、具体例①イについては、**30日の予告期間をおかなければ基本契約を解約することはできないことを前提に、解約事由の定めがあるか、その事由に該当するかによって解約の可否が決まる**ことになる。解約ができなかった

第1章　フリーランス従事者との適正な関係構築

としても、残る6本の記事を発注しなければならないかどうかは、契約の趣旨によることになる。

5. 成果物の帰属に関する紛争（具体例①ウ）

具体例①ウのように、デジタルクリエイター系のフリーランスでは、成果物の著作権等知的財産権を発注者に帰属させる旨の合意がなされる場合がある。このように業務遂行過程において知的財産権が発生する場合で、業務委託の目的たる使用を超えて「知的財産権を自らに譲渡・許諾させることを『給付の内容』とすることがある」（ガイドライン第2部第1・1(3)ウ参照）。具体例①ウでいうなら、記事と写真の著作権は業務委託の目的たる使用でいえば著作権の譲渡までは必ずしも必要なく、譲渡まで受けることは、目的たる使用を超えた譲渡に該当し得るであろう。

このような場合に関連するガイドラインの規定を整理すると次のとおりである。

①　発注者は「3条通知の『給付の内容』の一部として、当該知的財産権の譲渡・許諾の範囲を明確に記載する必要がある」（第2部第1・1(3)ウ）

②　①の場合、報酬の明示として「当該知的財産権の譲渡・許諾に係る対価を報酬に加える必要がある」（同1(3)キ(イ)）

③　対価を定めるに当たって「（受託者と）協議することなく、一方的に通常支払われる対価より低い額を定めること」は、禁止される買いたたきに該当する（同第2・2(2)エ(ウ)8）

④　上記給付の内容として明示されていなかった場合に当該知的財産権を無償で譲渡・許諾させることは「不当な経済上の利益の提供要請に該当する」（同2(2)カ(ウ)）

要するに、事前に譲渡・許諾の範囲とそれにかかる対価を明示しなければならず（①②）、対価を決定するに際しては、一方的に決定するのではなく受託者と協議しなければならない（③）。事前の明示がないのに譲渡・許諾を受ければ、不当な経済上の利益提供に該当するということである。

以上からすると、具体例①ウでは、記事と写真の著作権をX社に帰属させると契約において定めていた点で、給付内容の明示について問題はない。ただ、著作権の移転自体の対価について明確に定めていなかったことは問題で

23

ある。難しい問題であるが、上記ガイドラインが「当該知的財産権の譲渡・許諾に係る対価を報酬に加える必要がある」としていることから、業務提供の対価部分と知的財産権の対価部分を明確に分けて明示されている必要があるというのが1つの考えであろう。ただ、特許権や意匠権などの登録を要する知的財産権と異なり、記事の作成を委託するについて、著作権が発注者に帰属することも明示されている場合ならば、業務委託報酬は著作権移転についての対価の趣旨も含むと解することもできよう。したがって、明確に分けて明示されていなくとも、上記ガイドラインには反しないと解される。

なお、フリーランス新法違反が直ちに私法的効力を持つわけではないから、上記で仮に分けて明示すべきと考えるとしても、直ちにAのX社に対する著作権料に相当する対価の支払請求が認められることにはならないので、この点には注意を要する。

具体例①ウではなお買いたたきに該当しないと考えることも可能であるが、一般に成果物に関する知的財産権を発注者に帰属させておきたい場面は多いわけであるから、**重要なのは、知的財産権の帰属及び対価を明確に定めること、また対価については受注者としっかり交渉したうえで、その交渉の経過を記録に残すなど、ガイドラインを意識した対応を行うことである。**

6. フリーランスとの団体交渉（具体例②）

労組法上の労働者該当性の判断基準については、基本的に厚生労働省・労使関係法研究会報告書「労働組合法上の労働者性の判断基準について」（平成23年7月）を参照されたい。基本的に裁判例もこれに従っている。

セブンイレブン加盟店との団体交渉に応じるように命じた岡山県労委の救済命令が中労委で取り消されたことは冒頭で触れた。これは裁判でも維持され確定している。これによって、**フリーランスの労組法上の労働者性の問題については解決し、独占禁止法やフリーランス新法上の保護のみを考えればよいとするのは早計である。**

近時でも、労基法的には労働者性が認められないか、少なくとも認められない可能性が高い者に対しても、なお労組法上の労働者性を認めた救済命令が出されている。その1つは公文教育研究会事件（都労委令和元年5月28日労判1207号58頁）で、フランチャイズ契約を締結し、いわゆる公文式の教室

を開設している教室指導者の労組法上の労働者性を認めたものである。もう1つは Uber Japan 不当労働行為審査事件（都労委令和4年10月4日令和2年（不）24号中労委 HP）で、Uber Eats 事業における配達パートナーの労組法上の労働者性を認めたものである。詳細は両事件の評釈類に譲るが、上記**労使関係研究会報告書で労働者性の判断の阻害的判断要素とされている「顕著な事業者性」をいずれも否定しているところが1つのポイント**となっていると思われる。

　実務的な対応としては、フリーランスから団体交渉の申入れがあった場合に、直ちに労働者性が否定されるとして団交を拒否するよりも、団交応諾義務を認めるか否かは別論として、事実上協議の場を持つなど、事案に即した柔軟な対応が必要である。

7. 労災事案への対応（具体例③）

　まず、労災保険への特別加入者の資格は近時随時拡大されており、フリーランス新法の施行にあわせて、フリーランス全業種にわたって特別加入可能となるように省令の改正がなされた。発注者側としても、フリーランスに対して特別加入制度を案内し、加入を促すなどの対応が検討に値する。

　そして、特別加入未了であったとしても、一見フリーランスだからといって直ちに労災保険の適用がないとされるわけではないことに注意を要する。例えば Amazon の配達員について労災認定された事案が報道されている（令和5年10月24日各新聞報道参照）。現実的に、特別加入未了のフリーランスについて、労災認定がなされた場合、労災民事訴訟で責任を否定することは負担が大きくなる。

　具体例③は業務起因性、因果関係が非常に微妙な事案である。同様なことはセクハラ・パワハラによる精神疾患など、疾病型の労災全般に当てはまる。フリーランス側が労災申請を行った場合、労働基準監督署からの調査が行われることになる。形式的な資料の提出に応じるべきなのはもちろんのこと、「使用者報告書」という報告書の形で意見を述べることになるが、業務起因性や因果関係を否定するのであれば、十分な調査と証拠資料とともに説得的に訴える必要がある。この時点で企業としては社労士又は弁護士のような専門家の協力を仰いで対応するべきであろう。前述のように、労働基準監

督署により労災認定がなされてしまえば、労災民事訴訟において責任を否定することは困難になってしまう。

具体例③のように、安全配慮義務違反を理由に損害賠償を求められた場合の対応も基本的には労災申請時における労働基準監督署対応と同様に、慎重な調査と証拠の収集を前提に的確に対応することが必要になる。なお、**フリーランスと発注者の関係であっても安全配慮義務は発生し得るし**、それは契約締結前の交渉中の段階においても同様である（アムールほか事件・東京地判令和4年5月25日労判1269号15頁〔28302388〕）。ただし、アムールほか事件の事案は発注者としての立場を利用した悪質かつ継続的なセクハラ行為が認められたものであり、安全配慮義務という概念を持ち出さずとも不法行為が成立し得るもので、発注者側に損害賠償責任を認めた結論は当然といえる。実際にはフリーランスの従事している業務内容、労災事故の業務関連性の程度なども問題となる。冒頭の具体例③の場合、年間最低12本という合意に関し、納入できなかった場合には、受注者が多額の違約金を支払う旨が定められているというような事情がない場合には労災該当性を否定する方向性の事情として強く働くであろう。

以上の労災事案への対応の詳細は、第18章を参照されたい。

8. 紛争予防のポイント

（1）前提となる契約関係の割り振り

そもそも**契約形態を雇用にするのか、委任や請負といったフリーランス形態にするのか、企業としてはよく考える必要がある**。筆者が企業側の相談に応じていると、解雇規制等、その他労働法上の規制を嫌うあまりに業務委託という名目に走りがちな企業が散見される。企業側としては、まず「フリーランスであれば指揮命令関係が認められない」という大前提をよく理解して、契約形態を検討すべきであろう。在宅ワークが多く、その意味で労務管理が厳格に行き届かなくなるからといって直ちに業務委託が適するとは限らない。決められた時期に勤務を命じられる意味で指揮命令関係がある雇用契約はやはり有用であるし、有期雇用などを活用すればミスマッチの場合のリスクも相当程度軽減できる。

他方で、指揮命令から解放された働き方に満足しているフリーランスも多いということは注目に値する。一般社団法人プロフェッショナル＆パラレルキャリア・フリーランス協会「フリーランス白書2024」によれば、1,296名にオンラインアンケートを実施した結果、**約7割のフリーランスが今の働き方「全般」に対して満足している**ということである。**就業環境（働く時間／場所など）、仕事上の人間関係、プライベートとの両立などの項目ではおおむね6、7割のフリーランスが満足**と回答している。自由な時間や場所で、上司同僚等職場の人間関係に影響されず、プライベートとの両立も可能となるフリーランスという働き方に満足している人も多い。重要なのは、そのように指揮命令から解放された自由な就労環境を望むフリーランスを有効に活用するという姿勢であろう。このような姿勢で契約関係を適切に割り振っていけば、おのずから紛争の発生も抑えられる。

（2）フリーランス新法対応

　企業としてもフリーランス新法の内容については熟知しておくべきであるといえる。従来下請法の適用があり得る企業については、単純には従来対象となる下請に行ってきた対応を他の事業者、フリーランスに対して拡大することになろう。ただし、募集事項の的確表示や、契約解消時の期間制限などの下請法にない規制については注意を要する。

　従来下請法の適用対象でなかった企業にとっては、対応負担は重いものとなるかもしれない。しかし、**まずは書面発注を原則としつつ、報酬の遅滞ない支払を行う、また報酬の減額や成果物の納入拒否など、フリーランスの弱みにつけこんだ不当な行為を行わないという意識を持つことが重要である**と思われる。他の独占禁止法関係の行政対応や、労働行政でも似たところがあり、悪質な行為は厳しい指導等の対象になるが、過失や無知による行為についてはまずは軽い行政指導から行われるであろう。実際、フリーランス新法によって格段に増加するはずの行政需要に対応する人員の拡充がなされているかには疑問がある。

　他方で、**フリーランス110番のような相談窓口や、フリーランス向けの弁護士費用保険が開発されていることにも注意を要する**（「特集　フリーランス新法の成立と今後の展望」niben frontier 227号（2023年）25頁）。**フリーランス側の権利意識の高まりと相まって、前述のようにフリーランスの弱み**

につけ込んだ不当な行為については、民事的にも手痛いしっぺ返しがあると予想しておくべきものである。

〈参考文献〉

本文中に引用したもののほか、

細川良「労働法が保護の対象としているのは『会社員』だけなのか？　労働法の適用範囲のあり方を問い直す」法律時報95巻3号（2023年）123頁

國武英生「全世代型社会保障検討会議フリーランスガイドライン案の意義と課題」季刊労働法272号（2021年）30頁

野田雄二朗（のだ　ゆうじろう）　弁護士

第2章　外国人等一定の配慮を要する従業員への対応

具体例

　X社は機械部品の製造を業とする、従業員200人程度、うち外国人従業員が50人程度の会社である。

① 　新規に外国人を雇用したが、その際、労働条件通知書や就業規則は日本語のものだけを交付した。後日、給与から社会保険料や労働保険料を控除して支給すると、当該外国人からそのようなものを控除するという説明は受けていないと抗議された。どのように対処すべきか。

② 　折からの人材不足で、特定技能外国人従業員を多数受け入れることとした。外国人労働者に対しては、渡航費用の負担や教育指導を外国語で行うなど日本人従業員よりコストがかかる。そこで、日本人よりも給与水準を下げたいが、これは可能か。どのようにすればよいか。外国人労働者のみを非正規雇用とすることは可能か。

③ 　②に関連し、ビザ取得時には取得の便宜のために日本人労働者と同水準の賃金で届け出ていたのが、実際の契約時にはそれより低い賃金額で契約を締結していたところ、労働者からビザ取得時に届け出た水準の賃金を支払うように求められた場合はどのように対処すべきか。

④ 　プレス機械の扱いに従事する外国人が、誤作動が多発するために赤外線センサーのスイッチをたびたびオフにしてしまっているようである。労災予防全般を含め、どのように対処すべきか。

⑤ 　次のような要求があった場合、どのように対処すべきか。

　ア　イスラム圏の従業員から、礼拝スペースの確保、食堂のハラルメニューの確保等を求められた。

　イ　MtF（Male to Female＝男性から女性への性転換者）の従業員から、女性更衣室及び女性トイレの利用を求められた。

検討事項

　少子高齢化社会の進行、技能実習制度導入及びその見直しの動向など、**今後企業規模を問わず外国人労働者の重要性は増してくる**。そういう時代動向

を踏まえつつ、いかなる対応が望ましいのかは、困難な問題となる。具体例は、外国人雇用（⑤イについては、関連する性的マイノリティ雇用）に関し、その契約締結から履行に関連し、よく問題となる場面をピックアップしたものであり、典型事例を通じて外国人雇用にまつわる問題を検討する。

　まず、①については、外国人労働者に対してよく誤解を招きやすい社会保険料等の控除等について題材にしているが、必ずしも日本語を完全に理解しない外国人労働者との関係で、いかなる場合に労働条件の「明示」（労基法15条1項）及び就業規則の「周知」（同法106条）がなされたといえるのか、そのあり方が問題になる。

　②については、実務的には「安い労働力が欲しい」という観点から、需要のある事例であるが、いわゆる同一労働同一賃金の原則との関連性等が問題となる。

　③については、②と同一の実務的関心上にあるが、例えば「特定技能」の在留資格においては、ビザ申請の際の要件として「外国人に対する報酬の額が日本人が従事する場合の報酬の額と同等以上」であることが要求されているため（特定技能雇用契約及び1号特定技能外国人支援計画の基準等を定める省令1条1項3号）、申請の際に申告した報酬額と実際の契約時の報酬額が異なる場合がある。その場合の扱いが問題となる。

　④については、外国人労働者との関係で、望ましい労災防止教育や措置は何かという点が問題となる。かつ、万一実際に労災が発生してしまった際の対応も検討を要する。

　最後に⑤については、宗教的多様性、性的多様性など、近時ますます進んでいく労働者の多様化と、使用者側の対応の限界についてが問題となる。

当事者の主張

　まず、①については、賃金からの控除について、外国人労働者が理解できるような説明が十分にはなされなかったと主張されることになろう。使用者側としては逆に十分説明したと反論がなされることになる。

　②については、労働者側からは同一労働同一賃金の原則に反するという主張がなされることになるであろう。使用者側からは賃金格差は不合理な理由によるものではないと反論がなされることになる。

　③は、労働者側からビザ申請時に申告した報酬額に拘束力があるとの主張

がなされることになる。

④については、労災紛争化した場合、労働者側からは「言葉がわからなかったから、スイッチを切ってはいけないとわからなかった」等、言語能力に関連する主張がなされる可能性が高い。対する使用者側としては、「指導は十分であり、労働者は十分に理解していた」等の反論を行うことになる。

最後に、⑤については、労働者側の要望に対して、使用者側は「対処には経済的、場所的問題や、他の従業員との平等性に鑑みると限界がある」と主張することになる。

基本情報

1. 外国人雇用に関する指針等

外国人雇用に関しては労働施策総合推進法7条において、使用者に対して、外国人がその能力を有効に発揮できるよう、職業適応を容易にするための措置その他の雇用管理の改善を図るべき努力義務を定める。これを受け、厚労省が「外国人労働者の雇用管理の改善等に関して事業主が適切に対処するための指針」（平成19年厚労告276号。以下、「指針」という）というガイドラインを作成している。そこでは①外国人労働者の募集及び採用の適正化、②適正な労働条件の確保、③安全衛生の確保、④労働・社会保険の適用等、⑤適切な人事管理、教育訓練、⑥解雇等の予防及び再就職の援助の項目に分けて、具体的な指針を定めている。

さらに厚労省は「外国人雇用のルールに関するパンフレット」を作成し、指針の内容もわかりやすく説明している。外国人労働者を雇用する企業としては必読の内容といえよう。

2. 採用時の明示事項（具体例①）

指針は、労働条件の明示に関し、「**賃金、労働時間等主要な労働条件**」について「**母国語その他の当該外国人が使用する言語又は平易な日本語**」など、「**当該外国人が理解できる方法**」によるべき努力義務を定めている。実際のトラブルを避ける意味でも、この指針を意識して労働条件を明示すべきであろう。他方、就業規則はもちろん、労働条件通知書をすべて母国語に翻

訳しなければならないわけではない。「平易な日本語」でも可とされていることにも注意すべきであろう。

なお、いうまでもなく労働施策総合推進法7条は直接労働条件の明示について言及しているわけではなく、指針もガイドラインにすぎないのだから、ガイドラインの要件を満たしていなくとも直ちに労働条件の明示に欠けることはない。就業規則については必ずしも指針にも言及はないから、外国語の翻訳を用意せずとも、抽象的には内容を理解できる可能性があるとして「周知」に欠けることはないと解することも可能である。

ただ、厚労省は英語、中国語、韓国語、ポルトガル語、スペイン語、タガログ語、インドネシア語、ベトナム語版のモデル労働条件通知書を、上記のうち、英語、中国語、ポルトガル語、ベトナム語についてはモデル就業規則を作成しているし、「やさしい日本語版」も用意されている。これらを活用することが考えられる。

もっとも、これらの内容は他の日本語版のモデル労働条件通知書や就業規則同様、必ずしも個別の事情に応じたものではないし、使用者側の利益に必ずしも沿わない部分もある。今日では、インターネット等の自動翻訳やAIによる翻訳の精度も向上しているので、モデルが用意されているものも含め、自動翻訳によったものを示すことも考えられる。ただし、自動翻訳を含め、翻訳を示す場合は**「あくまで参考である」ことを併せて示すべきこと**に注意すべきである。万一日本語版と翻訳版に齟齬があった場合に翻訳が優先されることになりかねないからである。

具体例①のように、**特に社会保険料などは母国において天引きされるものでなかったりすると、説明の行き違いでトラブルを招きやすくなる。**また厚生年金などは「なぜ日本で年金がもらえないのに支払う必要があるのか」と外国人労働者が疑問を持つことも多い。使用者側としても、**社会保障協定の有無による免除の可否や脱退一時金制度を把握**したうえで、**誤解を招かないように説明に努めるべき**である。

なお、指針は**「賃金、労働時間等主要な労働条件」**の明示について特に指摘している。やはり労働者の立場からすれば、**額面の賃金がいくらで、そこから天引きされる各種控除はどのような趣旨のもので、いくらであるか、最終的な手取り額がいくらになるか**という点にもっとも関心が強いはずである。その点を意識しつつ、**メリハリのついた労働条件の明示**を意識して、ト

ラブルを予防すべきであろう。

3. 賃金格差に関する事項（具体例②、③）

まず前提として、労基法3条は国籍による差別を明確に禁じているし、パートタイム労働法8、9条は外国人労働者であるか否かによって適用は左右されない。「外国人労働者であるから日本人より安価な賃金で雇用できる」という考えは根本的にこれら法令の規定との矛盾をはらんでいる。

とはいえ、具体例②のような事情から、外国人労働者の給与水準を下げたいという要望が使用者側にあることは少なくない。この観点から参考になるのは、東京国際学園事件（東京地判平成13年3月15日労判818号55頁〔28070464〕）である。この事案は外語専門学校を経営する使用者側が「**外国人教員を多数雇用するために外国人教員の賃金を日本人教員の賃金よりも高くする必要があったが、終身雇用を前提とする従来の賃金体系では外国人教員こ〔に〕とって魅力があると思えるほどに高額の賃金を提供することはできなかった**」という状況下で、**外国人教員は有期契約のみとしつつ比較的高額な賃金とした**という事例について、**国籍による差別に該当することを否定**している。この事例では、外国人労働者は有期に限るという雇用条件の差異についてなお不合理ではないと説明が可能であった事例ということができよう。労契法19条を含め、同一労働同一賃金に関するルール未制定時の裁判例であるし、そもそも有期である一方で賃金額が無期労働者より高額であるため、国籍による差別のみが問題となった事例であるが、なお参照価値はあるように思われる。

おそらく、渡航費用や教育費用の負担という観点からのみで賃金額に差異を設けることは合理性ありということにはならない可能性が高い。具体例②は工場労働者を前提としているが、営業職など日本語能力が成績にも大きく影響するような職種で、成果給に結果的に差異が生じることは問題なかろう。

次に具体例③のようにビザ申請時の給与額と実際の給与額が異なる場合にどうなるか。山口製糖事件決定（東京地決平成4年7月7日判夕804号137頁〔27814290〕）は、具体例③のようにビザ申請時に申告した賃金額と実際の賃金額に相違がある事例において、「違反は入管法上の処分の対象となるにと

どま」るとして、差額賃金の請求を否定した。確かに入管法は直接労働者の保護を目的としていないことからすればこのような結論も当然ともいえるが、外国人労働者を取り巻く環境が1992（平成4）年当時と大きく変化している現状からして、果たして今後もこのような判断が維持されるかは不透明というほかない。

COLUMN

外国人労働者特有の税務・社会保険の手続

（井寄奈美 特定社会保険労務士 執筆）

　外国人労働者と雇用契約を締結する前に、在留資格の確認は必須であるが、雇用契約締結後には、労働施策総合推進法28条に規定する外国人雇用状況の届出を雇入れ時及び離職時に行うことが義務付けられている。

　税務関係では、外国人労働者が、給与等について、非居住者である親族に係る扶養控除等の適用を受ける場合には、親族関係書類（現地の戸籍謄本、出生証明書、婚姻証明書など労働者と親族の関係が確認できる書類。日本語訳要）及び、親族に送金をしていることがわかる書類を企業に提出してもらう必要がある。2023（令和5）年1月以降、親族が30歳以上70歳未満の場合は年間38万円以上の仕送りがあることを証明するものが必要とされている。16歳以上30歳未満又は70歳以上の親族については年間1円以上の仕送りがあることが求められる。仕送り額は年末調整時に当年の仕送り実績を確認することになる。あらかじめ該当する外国人労働者に対してこれらの書類の準備が必要なことを伝えておく必要がある。

　健康保険制度については、2020（令和2）年4月1日以降、家族を被扶養者とする要件として「日本国内に住所を有すること（住民票があること）」が加えられたため、生計維持関係があったとしても非居住者である親族は被扶養者として届け出ることはできないことに留意すべきであろう。

4. 労災教育に関連する事項（具体例④）

　労災教育に関し、指針は「**母国語等を用いる、視聴覚教材を用いる等、当該外国人労働者がその内容を理解できる方法により行う**」ものとしている。いうまでもなく、労災の発生は労働者の身体、最悪の場合には生命という重大な利益に影響を及ぼしてしまう事項である。採用時の労働条件の明示以上に、指針を意識した慎重な対応が求められる部分である。

　厚労省は指針のみならず、「外国人労働者安全衛生管理の手引き」といったパンフレット類や、日本語を含めると11言語による業種ごとの安全衛生教育教材を用意している。また、無料の「外国人労働安全衛生管理セミナー」を実施している。まずは使用者側としてもこれらの内容を十分に把握し、活用すべきである。外国人労働者に限らず、改めて職場に潜む労災リスクをあぶり出し、危険・有害要因を除去する、工学的対策等を講じるなど、リスクアセスメントの実施（労安法28条の2参照）を行う必要がある。

　それでも労働災害が発生してしまう場合はある。いうまでもなく、リスクアセスメントや労災教育は発生してしまった労働災害について使用者の責任を軽減することを目的とするものではない。しかし、筆者の実感としても、往々にして労働災害発生時に、これらに不十分な点がみられ、結果として使用者側の責任を強める要素として考慮されてしまうことが多い。そういった意味でも、**リスクアセスメントの実施に関してその検討や実施の記録をしっかり残しておくことも重要**である。

　また、外国人労働者との関係でいうと、遺憾ながら、十分に労災教育が行われていても「**教育が不十分であった**」とか、労働者が実際は十分に理解していても「**日本語でなされたので、十分理解できなかった**」との主張がなされることは実務上よく経験するところである。使用者側から当該外国人労働者の言語能力の程度を立証しようにも、裁判上は必ずしも容易でない実態がある。

　したがって、紛争予防の観点からは、**労働者に安全教育を行った後、その内容について、「十分に説明を受け理解をしました」というような書面を取得しておくことも考慮に値する。母国語の教材を用いたり、通訳を立ち会わせたり、視聴覚的教材を用いたりした場合はその旨も併せて記載しておくべき**であろう。やむを得ず母国語によることができなかった場合であっても、

平易な日本語や実演などを交えて十分に理解できるように説明を行ったうえ
で、テストを実施する、かつ一連の経過を記録に留めるなど、状況に応じた
工夫が必要になってくる。

　関連裁判例として、アイシン機工事件（名古屋高判平成27年11月13日労経
速2289号3頁〔28243865〕）がある。これは派遣労働者たる日系ブラジル人
が、機械の一時停止が生じた際に、自力で復旧作業をしようして誤った操作
により右環指切断の傷害を負ったというものである。第1審判決は事故後の
調査の際に「ポルトガル語を話せる監督者がいないため、身振り手振りの伝
達では100％の思いが伝わってこない」ことが問題とされていたことなどを
指摘し、使用者側の過失を認めた（労働者側の過失を6割として過失相殺）。
控訴審判決は、派遣社員受入れ時に、**通訳同伴のうえ、全文にポルトガル語
の訳文が併記されたテキストを用いて安全教育を行い、当該派遣社員が安全
教育後のテストにも合格していたこと**等を理由に、使用者側の過失を否定し
ている。

5. 宗教上の配慮に関する事項（具体例⑤ア）

　宗教上の配慮については、指針についても特段明示されていない。外国人
労働者の「有する能力を有効に発揮しつつ就労できる環境が確保」（指針第
二参照）されるようにすべしという一般原則の範囲内で考慮すべきこととな
る。

　一般論としては、**ある宗教上の配慮の必要性の高さ（弊害の大きさ）、費
用・場所・時間的余裕等の配慮の容易さ、かかる配慮が他の労働者にとって
逆差別を生む可能性やその程度などを考慮して、各企業の実情に応じて決め
るべきというほかない。**

　例えば、イスラム教徒の女性は主に頭部を覆うものとしてヒジャブといわ
れる長い布を着用する習慣がある。ヒジャブのような長い布を着用する労働
者に対して、布の巻き込みによる労災事故発生の危険性が極めて高いような
場合、作業中にまで着用を認める配慮をすることまでは必要ないであろう。
一般にヒジャブ着用という宗教上の習慣に対する配慮の必要性は高いといえ
る反面、労働者の安全配慮も極めて重要な利益であって、労働者の安全を犠
牲にしてまでそのような習慣に配慮すべきとまではいえないからである。

36

とはいえ、採用前に従事すべき作業の内容からそのような配慮ができない場合があることを十分説明し、理解を得ておくことが望ましいし、調整が可能であれば、ヒジャブを着用していても安全性が確保できる作業を担当させるなどの配慮は必要とされるであろう。

具体例⑤アのような礼拝スペースの確保については、ヒジャブ同様に配慮の必要性は高いといい得るであろう。他方で、専用の礼拝スペースの確保までは費用的・場所的負担の観点から困難な場合が多いかもしれない。しかし、礼拝用のマットを用意しておくことなどは必ずしも困難とはいえないだろう。スペースの確保とは離れるが、勤務時間中3、4回礼拝のために持ち場を離れることも、喫煙やトイレのための一時的職場離脱が認められていることの均衡上、肯定すべきものであろう。

食事についても、社員食堂にハラルメニューを確保することまでは困難な場合が多いと思われる。ただ、ハラルメニュー対応の弁当等をデリバリーしてくれる業者と提携するなどの方法を採ることは考えられるところではある。

6. LGBTqに対する配慮（具体例⑤イ）

外国人労働者に対する宗教的配慮に関連して、いわゆるLGBTq（近時では人の属性を指すものとしてSOGI（Sexual Orientation ＝性的指向と、Gender Identity ＝性自認の頭文字）という用語を用いることが標準となりつつある）に対する配慮も同様な考慮が必要であろう。

この問題に関しては、経産省事件（下記コラム参照）が具体例⑤イのようなMtFについて勤務フロア及び上下1階の女性トイレの使用を禁じる措置を違法だとしたことは記憶に新しい。**当該最判から直ちに医師の診断書等があるMtFについては一律女性トイレの使用を認めるべきだとまで考えるのは早計である。**ただ、これも近時の最高裁判例（最大決令和5年10月25日民集77巻7号1792頁〔28313164〕）が「性同一性障害者がその性自認に従った法令上の性別の取扱いを受けることは、……個人の人格的存在と結び付いた重要な法的利益というべきである。」と、性自認に従った取扱いを受けられる利益を重視していることには注意を要する。おそらく、**最高裁は「もと男性が女子トイレ内にいるという他の女性職員の嫌悪感」という感覚的・抽象的なものでは、性自認に従った取扱いを受ける利益を制約するものであると**

ころの上記トイレ使用禁止措置を正当化できないと利益衡量したとみられるのである。

　具体例⑤イのような更衣室の使用については、実際に下着等の露出を含む場所であるから、トイレの場合とは直ちに同列には論じられない。専用の礼拝スペース確保の問題と同様に、場所的・費用的制約が大きい問題でもある。しかし、例えば更衣室の時差利用までも「他の女性従業員の嫌悪感」から直ちに否定するとなると、トイレの使用制限と同じような問題状況となる。

　いずれにしても、当該従業員と協議しながら、慎重に対応することが今後要求される。

COLUMN

経産省事件最高裁判決（最判令和 5 年 7 月11日労判1297号68頁〔28311980〕）

　事案としては、厳密にいうと、経産省が MtF について勤務フロア及び上下 1 階の女性トイレの使用を認めず、それ以外の階の女性トイレの使用を認める旨の処遇（以下、「本件処遇」という）を2010（平成22）年 7 月に行ったことに対し、2013（平成25）年12月に労働者側がすべての女性トイレの使用を含め、女性従業員と同等の処遇を行うこと等を求める行政措置要求を人事院に対して行い、2015（平成27）年 5 月に人事院がいずれの要求も認められないと判定したことについて、当該判定の取消し等を求めたものである。上告審はトイレ使用制限にかかる人事院の判定（以下、「本件判定」という）についてのみ取り上げ、本件判定を裁量権の逸脱として取り消した第 1 審判決を支持したというものである。

　第 1 審判決や最高裁も2010（平成22）年 7 月の本件処遇当初からかかる制限が不合理であるとしたわけではない。最高裁は、遅くとも2015（平成27）年 5 月の人事院判定時には本件処遇による不利益を甘受させるような具体的な事情は見当たらないとしている。

加えて、上告審における判断対象にはなっていないが、上司たる室長から性適合手術を受ける時期の明示を求めたり、「男に戻ってはどうか」というような発言を受けたりした事実が認定され、この点については控訴審も国家賠償請求を認めている。

実務書たる本書の立場から強調しておきたいのは、**配慮のあり方、労働者との協議のあり方、そして時間の経過などの状況の変化に伴って対応を見直すべき柔軟さという観点である。**

最高裁判決は、本件処遇に先立って当該労働者の所属部署の職員に対して行われた、当該労働者が性同一性障害であることの説明会において「明確に異を唱える職員がいたことはうかがわれない」としている。加えて、説明会から「本件判定に至るまでの約4年10か月の間に……特段の配慮をすべき他の職員が存在するか否かについての調査が改めて行われ、本件処遇の見直しが検討されたこともうかがわれない」ことも指摘している。なお労働者自身も本件処遇を即時受け入れられないとまで主張したわけではないようである。

これらの指摘を踏まえると、次のようにいえるのではないか。

① 本件処遇を決めた時点での処遇の根拠に明確性はあったか

経産省が上下1階を含むトイレ使用を制限した背景には、上記説明会の際、当該労働者に1つ上の階のトイレを使用させることの可否について意見を求めたところ、女性職員の1人が1つ上の階のトイレを使用している旨を述べた点にあるように推測される。全く理解できないわけではないが、上下1階の範囲内だと違和感を受ける職員と出会ってしまう可能性があるからという理由で制限をしてよいものであろうか。制限外のトイレでは、そうとは知らないから他の女性職員は違和感を抱くことがないだけであって、そうと知ったら違和感を抱くことになりかねないのではないか。そう考えると、**実際は女性ホルモン剤の投与によって「性衝動に基づく性暴力の可能性は低い」と医師が診断していることを踏まえ、違和感の解消に努める方が合理的であったのではないか。**

② 時限的な意味での本件処遇の曖昧さ

次に、時限的な意味でも、本件処遇は少なくとも恒久的な処遇として予定されていなかったことは明らかで、当面のものと考えられていたようである。第1審判決の事実認定によると、労働者側が説明会直後につくったメモでは「当面の間」少し離れたトイレを使用すること、と話されていたようである。**最高裁が4年10か月にわたり再調査や処遇の見直しが検討された様子がないと指摘したのには相応な理由があると考えられる。**

　③　労働者に対する不当な言動

　もともと処遇の根拠も、時限的な範囲も曖昧であったにもかかわらず、実際は処遇の見直しが検討されたものではなかった。逆に、それどころか、上記「男に戻ったら」発言など、かえって労働者に対する不当な言動があったものである。国家賠償法上の違法性という観点において、かかる言動が紛争を悪化させる要素となっていたことは否定できまい。

　以上から教訓を得るとすれば、この種の問題は、**新しい問題であるし、困難な問題でもあるが、避けられない、かつ重要な問題であること**を認識したうえで、**対象となる労働者、関係する他の労働者としっかり協議することがまず重要**であろう。そして、近時我が国でも判例が大きく動いているように、情勢は随時変化していくものであることを念頭に、労働者の処遇のあり方も柔軟に見直していく姿勢が必要である。またこのような視点はLGBTqに対する理解が必ずしも十分でない一部の経営者や従業員にこそ必要であり、それは、宗教上の配慮の問題などでも同様である。

〈参考文献〉

佐野誠ほか『すぐに使える！事例でわかる！外国人実習・雇用実戦ガイド〈第3版〉』第一法規（2023年）

外国人労働者雇用研究会編『こんなときどうする　外国人の入国・在留・雇用Q&A』第一法規（1992年）

野田雄二朗（のだ　ゆうじろう）　弁護士

第3章　育児に携わる労働者の法的保護と処遇決定

具体例

　Y社において、育児休業から復職した労働者Xの配属先について、休業前の所属部署が統合により消滅したことから、Xの休職前のポストがなくなり、「原職復帰」がかなわなくなった。Y社ではXのジョブバンドは変更せずに別の部署に異動させたが、部下がいなくなったため、売上から得る歩合給が下がるなどの影響が生じた。そのため、Xは不満を示し、「育児休業をしたことを理由とした不利益取扱いではないか」と主張している。Y社としては、最大限配慮をしたうえで配属先を決めたつもりであるが、このようなケースでも育児・介護休業法10条で禁止される「**不利益取扱い**」に該当するとされるのか。

（参考裁判例：アメリカン・エキスプレス・インターナショナル事件・東京高判令和5年4月27日労判1292号40頁〔28311891〕）

検討事項

　少子化対策という国策の下で、法改正による育児に携わる労働者への**法的保護の拡充**が続いている。

　ただし、国が制度を整えても、その利用が進まなければ意味がない。育児に携わる労働者が、制度利用の申出を躊躇したり、制度利用をしたことにより、職場で不利益な取扱いをされることがないよう、妊娠・出産を理由とする解雇その他不利益取扱いに対する禁止規定は雇用機会均等法9条3項に、育児休業等の申出や利用をしたことを理由とする解雇その他不利益な取扱いに対する禁止規定は育児・介護休業法10条他に置かれている。そのため、企業は、対象労働者に対する**人事権行使**の際には、対象労働者に対するこうした法的保護があることを考慮に入れる必要がある。

　企業にとっては①育児に携わる労働者に対する人事権行使がどのような場合に「不利益取扱い」とされるのか、②「不利益取扱い」に該当する人事権行使について、業務上の必要性が相当高いとしても、法的保護が優先されるのかの2点が気になるところであろう。

最高裁は、広島中央保健生活協同組合事件（最判平成26年10月23日民集68巻8号1270頁〔28224234〕）において、雇用機会均等法9条3項を私法上の強行法規とし、妊娠中の労働者からの申出による軽易業務への転換（労基法65条3項）を機に行った企業の人事権行使による降格を無効とし、企業の人事権行使がいかなる場合に同条違反となるかの判断枠組みを示した（後述2.(2)）。

　その際、櫻井裁判官の補足意見が示され、育児・介護休業法10条についても雇用機会均等法9条3項と同様に強行法規であるとし、その判断枠組みも示された。

　本章では、まず、育児・介護休業法における育児に携わる労働者に対する法的保護の内容を確認する。そのうえで、育児に携わる労働者に対する処遇決定が、どのような場合に法違反となる「不利益取扱い」と判断され得るのか、企業が本来有する人事権行使の範囲はどの程度まで認められるものであるのか、最高裁の判断枠組みを示したうえで、直近の裁判例を取り上げて検討する。

基本情報

1. 育児に携わる労働者に対する法的保護

　少子化問題は社会全体として解決しなければならない問題である。育児は労働者個人の問題としてとらえるべきではなく、企業は、育児を理由とする労働者の不就労を受忍することによりその社会的責任を果たすこととなる。

　さらに企業は、**労契法3条3項において、仕事と家庭生活の調和への配慮原則**が示されていることからも、育児に携わる労働者に対し、家庭生活とバランスを保ちながら仕事を続けることができる仕組みをつくることが求められる。

　従前は、育児と仕事の両立は、妊娠、出産と同様に女性労働者の問題としてとらえられてきた。ただし、少子化対策を実効性のあるものにするためには、男性労働者も積極的に育児に携わることが重要と考えられており、2025（令和7）年施行の子ども・子育て支援法等の一部改正にも「**共働き・共育て**」を支えるための制度改定が盛り込まれている。

　今後、男性労働者についても育児に関する制度利用が円滑に行われるため

の職場環境の整備が企業には要請される。労働者との紛争が起こる原因として、「企業側がそうした制度があることを知らなかった」という場合も見受けられることから、育児・介護休業法等により労働者が請求することができる制度の内容をまずは確認する。

（1）育児・介護休業法による育児休業制度等

　子を養育しながら就労する労働者が請求することができる制度は、育児・介護休業法に定めがある。法に定める制度利用の申出があった場合、企業はその申出を拒むことはできない。ただし、育児・介護休業法はすべての労働者を対象とはしておらず、例えば、育児休業については雇用期間が１年に満たない労働者など、労使協定で適用除外とした労働者は制度利用の申出をすることができない。企業は自社の就業規則において、法の範囲で対象者を定めることとなる。

　なお、平成21年法律65号改正以前の育児・介護休業法は、労使協定の締結により配偶者が専業主婦（夫）や育児休業中である場合は、当該労働者を育児休業申出の対象外とすることができたが、現在は廃止されている。

　育児・介護休業法に関する行政解釈を示した「指針」として「子の養育又は家族の介護を行い、又は行うこととなる労働者の職業生活と家庭生活との両立が図られるようにするために事業主が講ずべき措置等に関する指針」（現行指針：令和３年９月30日厚労告366号）（以下、「両立指針」という）がある。

　事業主が名宛人となっている「指針」は、事業主の行動準則（行為規範）を示したものであるといえることから、企業は労務管理を行うに当たり、行政が示す「指針」の内容をベースとした厚労省によるリーフレット等の資料を参考にすることとなろう。

　なお、裁判所は「指針」には拘束されないが、専門家の研究会を経て策定されたものであることから、行政解釈が合理的であり裁判所の法解釈に一致する限りにおいて援用され得る。

ア　育児休業制度及び出生時育児休業制度
　子の養育をする労働者は、子の１歳到達までの育児休業の取得（育児・介護休業法５条１項）、育児休業の２回までの分割取得（同条２項）、保育所に

入所できない場合などにおける子の1歳6か月までの休業延長（同条3項）、子の2歳までの休業延長（同条4項）を申し出ることができる。

　男性労働者については、2021（令和3）年改正により、育児・介護休業法5条1項による育児休業とは別に、子の出生日から起算して8週間以内に4週間以内の**出生時育児休業の取得**（育児・介護休業法9条の2）を申し出ることができる。出生時育児休業期間中は、労使協定の締結及び、労働者からの申出による労使合意により、一部就労が認められている（同法9条の5第2項）。

イ　育児をしながら就労する労働者への支援制度

　育児・介護休業法には、休業して子育てをするための育児休業制度のみならず、一定の年齢到達までの子を養育しながら就労する労働者が利用することができる制度が定められており、労働者は企業に対し制度の利用を請求することができる。

　以下、2024（令和6）年5月31日法律42号公布の改正法の内容は【　】で示す。

（ア）子の看護【等】休暇制度【2024（令和6）年改正法：2025（令和7）年4月1日施行】

　小学校就学の始期に達するまで【小学校第3学年修了前】の子を養育する労働者は、負傷し、若しくは疾病にかかった子の世話、疾病の予防を図るために必要な世話（予防接種、健康診断）、【感染症に伴う学級閉鎖等、教育もしくは保育に関する行事（入園式・卒園式・入学式等）への参加】をするために1年度に5労働日（子が2人以上の場合は10労働日）を上限とし、1時間単位で子の看護【等】休暇の請求をすることができる（育児・介護休業法16条の2）。

　現行法（育児・介護休業法16条の3第2項）では、勤続期間が6か月未満の労働者については、労使協定の締結により同条の適用除外とすることができたが、改正法では、労使協定での適用除外対象から外された。

（イ）所定外労働の制限、短時間勤務制度など【2024（令和6）年改正法：2025（令和7）年4月1日施行】

3歳に満たない【小学校の始期に達するまでの】子を養育する労働者は、所定外労働の制限（育児・介護休業法16条の8）、小学校就学の始期に達するまでの子を養育する労働者は、時間外労働の制限（同法17条）及び深夜業の制限（同法19条）を企業に申し出ることができる。

また、企業は、3歳に満たない子を養育する労働者が請求した場合は、1日の所定労働時間を原則として6時間とする措置を含む所定労働時間の短縮（育児・介護休業法23条）の措置を講じなければならない。ただし、短時間勤務が困難な業務に従事する労働者については、労使協定により適用除外とすることができる（同条1項ただし書）【改正法では、適用除外となった場合の短時間勤務制度の代替措置として、在宅勤務等の措置（同条2項1号）、及び始業時刻の変更等の措置（同条2項2号）を講じることが義務付けられた】。

ウ　育児・介護休業法による制度利用促進のための企業の義務
（ア）育児休業制度等の個別周知及び意向確認等（2021（令和3）年改正法）
　企業は労働者本人又はその配偶者が妊娠し、出産したことを労働者が申し出た場合は、円滑な休業取得及び職場復帰を支援するために、育児休業に関する制度等を当該労働者に伝え、**育児休業申出等に関する意向確認**をしなければならない（育児・介護休業法21条）。

その際に、休業期間の手続の流れ及び休業期間に対する給与の支給の有無などについて事前に説明をしておくことで、事後の手続のやりとりがスムーズになる（**参考**参照）。面談の際に、育児休業の取得希望期間のほか、保育所以外で育児のサポートを得られる人がいるかどうか、復職後の働き方の希望（時短勤務・残業の可否・フルタイム勤務）などもヒアリングしておき、そのうえで、企業側は復職後の配置・ポストなどの人事計画を立てる必要がある。

加えて企業は、育児休業等の申出が円滑に行われるよう、①育児休業にかかる研修の実施、②育児休業に関する相談体制の整備、③育児休業の取得に関する事例の収集や提供等の措置を講じることが義務付けられている（育児・介護休業法22条1項）。

（イ）子の年齢に応じた柔軟な働き方を実現するための措置の拡充【2024
（令和6）年改正法：2025（令和7）年10月1日施行】

　企業は、3歳から小学校就学前までの子を養育する労働者に関する柔軟な
働き方を実現する措置を講じることが義務付けられ（改正後の育児・介護休
業法23条の3第1項）、始業時刻の変更、テレワーク、短時間勤務、新たな
休暇の付与等、働きながら子を養育しやすくするための措置の中から2つ以
上の措置を講じなければならないとされた。これらの措置について子が3歳
になる前に対象労働者への個別周知、面接等での意向確認が義務付けられて
いる（同条5項）。

（ウ）制度利用の申出等をしたことによる不利益取扱いの禁止

　育児休業及び出生時育児休業の申出・利用をしたことを理由として、企業
は労働者に対し解雇その他不利益な取扱いをしてはならない（育児・介護
休業法10条）。その他、労働者が子の看護等休暇、所定外労働の制限等、育
児・介護休業法に定める制度利用を申し出たことや制度利用をしたことによ
る解雇その他不利益な取扱いをしてはならない（同法16条の4、16条の10、
18条の2、20条の2、21条2項、23条の2）（以下、育児・介護休業法によ
る不利益取扱い禁止規定全般について言及する際は、「育児・介護休業法10
条他」とする）。

　育児・介護休業法10条他で禁止される不利益取扱いとなる行為として、両
立指針第2の11(2)によると、①解雇すること、②契約更新をしないこと、③
契約更新の上限を引き下げること、④退職若しくは正社員からパートタイ
マーへの雇用形態の変更等労働契約の変更を強要すること、⑤自宅待機を命
ずること、⑥労働者が希望する期間を超えて、育児・介護休業法による所定
外労働の制限、所定労働時間の短縮措置などを適用すること、⑦降格させる
こと、⑧減給をし、又は賞与等において不利益な査定を行うこと、⑨昇進・
昇格の人事効果において不利益な評価を行うこと、⑩不利益な配置の変更を
行うこと、⑪就業環境を害することの11項目が例示されている。さらに両立
指針第2の16において、派遣先事業者が、当該派遣労働者の役務の提供を拒
むことが不利益取扱いになる行為として示されている（不利益取扱いに関す
る検討は後述2.以降を参照）。

第3章　育児に携わる労働者の法的保護と処遇決定

参考　男性労働者に対する説明資料　（筆者作成）

育休にかかる手続きの流れ（主に男性）

貴殿の育休に関する手続きについて、下記のとおりご案内させていただきます。

★育休前にご準備いただきたい書類★	◆育休前に会社とご相談いただく内容◆
☐　・出産予定日が分かる資料（母子手帳コピー等） ☐　・育児休業申出書（＊） ☐　・振込を希望する銀行の通帳のコピー ☐　・マイナンバー	・育休中の住民税の支払いについて 　1）毎月住民税額を会社へ振込む 　2）普通徴収（本人が納付）に切り替える 　3）育休前の給与で当年度分一括徴収 　4）一旦会社で立替の上、復帰後支払う　等 →あらかじめ会社とご相談なさって下さい

（＊）の書類は会社より受け取ってください

●出産予定日　　　【　　　年　　　月　　　日】
　↳出産日　　　　【　　　年　　　月　　　日】

★お子様出生後にご準備いただきたい書類★
☐　・母子手帳の出生届出済証明ページ 　　→お子様のよみがなを記載して下さい **（出生した子を扶養に入れる場合）** ☐　・家族情報シート（＊） 　　→被保険者及び子（被扶養者）のマイナンバー記載要

●出生時育休①開始日　【　　　年　　　月　　　日】
●出生時育休①終了日　【　　　年　　　月　　　日】

●出生時育休②開始日　【　　　年　　　月　　　日】
●出生時育休②終了日　【　　　年　　　月　　　日】

●育休①開始日　【　　　年　　　月　　　日】
●育休①終了日　【　　　年　　　月　　　日】

●育休②開始日　【　　　年　　　月　　　日】
●育休②終了日　【　　　年　　　月　　　日】

※育休終了日（子の1歳の誕生日前日まで）

《重要》子の1歳を超えて育休延長の場合、1歳に達する前に保育園入所希望の手続きが必要です!!

★育休延長③の前にご準備いただきたい書類★
☐　・保育園入所不承諾通知書

●育休延長③開始日（子の1歳の誕生日から）
　　　　　　　　　【　　　年　　　月　　　日】

●育休延長③終了日（子の1歳6か月目前日まで）
　　　　　　　　　【　　　年　　　月　　　日】

《重要》子の1歳6か月を超えて育休延長の場合、1歳6か月に達する前に保育園入所希望の手続きが必要です!!

★育休延長④の前にご準備いただきたい書類★
☐　・保育園入所不承諾通知書

●育休延長④開始日（子の1歳6か月目から）
　　　　　　　　　【　　　年　　　月　　　日】

●育休延長④終了日（子の2歳の誕生日前日まで）
　　　　　　　　　【　　　年　　　月　　　日】

●職場復帰日　　　【　　　年　　　月　　　日】

（右側縦書き）
出生時育児休業給付金支給対象　（出生時育休①②をまとめて申請）　社会保険料免除

育児休業給付金支給対象　（2か月毎に申請）　社会保険料免除／社会保険料免除／社会保険料免除

※開始月の末日が育休期間中である場合に加え、当月中に14日以上育休取得の場合

（エ）育児休業等に関するハラスメント等の防止のための雇用管理上の措置義務

　育児に関する制度利用や育児している状態自体への、上司又は同僚からの言動により当該労働者の就業環境が害されることのないよう、企業は雇用管理上の措置を講じることが義務付けられており（育児・介護休業法25条）、その詳細は両立指針第2の14に示されている。

　両立指針に示されている就業環境を害される行為とは、①制度利用の相談若しくは申出により「不利益取扱い」となる内容を上司等が示唆すること、②制度利用の申出若しくは利用を阻害するような上司等による発言、③制度利用をしたことによる上司等からの継続的な嫌がらせ等である。

　育児休業等に関するハラスメント防止のために事業主が講ずべき措置は、セクシュアル・ハラスメント、パワー・ハラスメントに準じたものとなる（第17章参照）。

（2）雇用保険制度・社会保険制度による法的支援

　育児・介護休業法による育児休業期間及び、育児短時間勤務を利用する労働者は、一般的には不就労期間（時間）に対する賃金を得ることができない。不就労期間に対する賃金の支払の有無については、企業ごとの就業規則の定めによることとなるが、「無給」とする企業が9割という労務行政研究所のアンケート結果（「改正育児・介護休業法への対応アンケート」労政時報4042号（2022年）18頁）もある。

　育児休業期間及び復職後も短時間勤務若しくは残業制限などで、収入が減る労働者への補填として、雇用保険制度からは休業期間、短時間勤務期間（2025（令和7）年4月1日以降）に対する給付金の支給、厚生年金保険制度等からは休業期間中の保険料負担の免除等が準備されている。

ア　雇用保険制度による労働者の所得減少に対する支援制度

　労働者は育児休業（出生時育児休業を含む。以下同じ）期間に対する賃金支払が一定額以下の場合は、雇用保険制度による育児休業給付金を請求することができる。

　休業1日当たりの育児休業給付金は、原則として育児休業開始前6か月間の賃金の総支給額を180で除して得た額の、休業開始から6か月までは

67％、 6 か月以降は50％となる。

　ただし、2025（令和 7 ）年 4 月 1 日以降は、出生後休業支援給付として、男性労働者は子の出生後 8 週間以内、女性労働者は産後休業終了後 8 週間以内に、被保険者とその配偶者双方が、ともに14日以上の育児休業を取得する場合に、被保険者の休業期間について、28日を限度に、休業開始前の賃金の13％相当額が上乗せ支給される【2024（令和 6 ）年改正後の雇用保険法61条の10】。

　また、所定労働時間の短縮制度を利用した場合にも、2025（令和 7 ）年 4 月 1 日施行の改正法においては育児時短就業給付として、 2 歳未満の子を養育するために時短勤務をする労働者に対し時短勤務中に支払われた賃金の10％相当額が支給される【改正雇用保険法61条の12】。

　これらの改正により、「共働き・共育て」を加速し、男性労働者の育児休業及び育児短時間勤務制度等の利用促進につながると考えられている。

イ　厚生年金保険制度等による労働者の所得減少に対する支援制度

　育児休業期間中は、休業期間中の賃金支給の有無にかかわらず、社会保険料（厚生年金保険料、健康保険料、介護保険料）は届出により労使ともに免除となる（厚年法81条の 2 ほか）。免除とされた期間について、将来の年金給付の際の計算においては保険料の納付があったとみなされる。

　産休・育休明けの労働者は所定外労働の制限（育児・介護休業法16条の 8 ）、短時間勤務制度（同法23条）などの措置を受けることで、給料が産休・育休開始前と比べて引き下がる場合がある。その結果、社会保険料を決めるための等級である標準報酬月額が 1 等級でも下がる場合は、標準報酬月額の改定の届出をすることができる（厚年法23条の 2 、23条の 3 ）。

　さらに、育児休業等の取得の有無にかかわらず 3 歳未満の子を養育する労働者については、「厚生年金保険養育期間標準月額特例申出書」を提出することで、残業減や短時間勤務ほかにより標準報酬月額が下がった場合に、従前の標準月額であったとみなされ、将来の年金額の計算に反映される制度が準備されている（厚年法26条）。

2. 最高裁による「不利益取扱い禁止」の違法性判断

(1) 事案の概要

　雇用機会均等法9条3項及び育児・介護休業法10条の違法性判断は、前掲広島中央保健生活協同組合事件（最判平成26年10月23日民集68巻8号1270頁〔28224234〕）において示された。本件は、労基法65条3項による軽易業務転換の申入れをした妊娠中の労働者（X）に対し、企業（Y）が転換後の部署において副主任の役職を解き（本件措置1）、育児休業復職後、元の部署に戻ったにもかかわらず、副主任のポストが与えられなかったこと（本件措置2）につき、本件措置1は、雇用機会均等法9条3項に違反する違法、無効なものである（主位的請求）とし、本件措置2は、育児・介護休業法10条に違反する違法、無効なものである（予備的請求）として、XがYに対し副主任手当の支払及び、債務不履行又は不法行為に基づく損害賠償の支払を求めて争われたものである。

　第1審も原審もXの請求は認めなかったが、最高裁はXの訴えを認め原審に審議を差し戻した。差戻審（広島高判平成27年11月17日判時2284号120頁〔28234330〕）では本件措置1を不法行為とし、Xに対する副主任手当の未払分及び慰謝料を含む損害賠償の支払がYに命じられた。

(2) 最高裁の判示事項

　最高裁は、「女性労働者につき妊娠中の軽易業務への転換を契機として降格させる事業主の措置は、原則として同項〔雇用機会均等法9条3項〕の禁止する取扱いに当たるものと解される」とした。

　該当しない場合として、1点目は「当該労働者が軽易業務への転換及び上記措置により受ける有利な影響並びに上記措置により受ける不利な影響の内容や程度、上記措置に係る事業主による説明の内容その他の経緯や当該労働者の意向等に照らして、当該労働者につき**自由な意思に基づいて降格を承諾したものと認めるに足りる合理的な理由が客観的に存在するとき**」、2点目として、「事業主において当該労働者につき降格の措置を執ることなく軽易業務への転換をさせることに円滑な業務運営や人員の適正配置の確保などの業務上の必要性から支障がある場合であって、その業務上の必要性の内容や

程度及び上記の有利又は不利な影響の内容や程度に照らして、上記措置につき同項の趣旨及び目的に実質的に反しないものと認められる**特段の事情が存在するとき**」を示した。

さらに1点目の「**合理的な理由の存否**」については「有利又は不利な影響の内容や程度の評価に当たって、上記措置の前後における職務内容の実質、業務上の負担の内容や程度、労働条件の内容等を勘案し、当該労働者が上記措置による影響につき事業主から適切な説明を受けて十分に理解した上でその諾否を決定し得たか否かという観点」から判断すべきとした。

2点目の「**特段の事情の存否**」については「業務上の必要性の有無及びその内容や程度の評価に当たって、当該労働者の転換後の業務の性質や内容、転換後の職場の組織や業務態勢及び人員配置の状況、当該労働者の知識や経験等を勘案するとともに、上記の有利又は不利な影響の内容や程度の評価に当たって、上記措置に係る経緯や当該労働者の意向等をも勘案」すべきと示した。

本判決は、**雇用機会均等法9条3項を強行規定と明言**し、妊娠を理由とする降格は原則として不利益取扱いになるとしたうえで、法の明文にはない判例法上の例外となる①「**労働者の自由意志に基づく承諾**」及び②「**規定の趣旨・目的に実質的に反しない特段の事情の存在**」を示し、例外要件の立証を企業側に課したものである。

なお、本件は、予備的請求として、育休復帰後も副主任に復帰させていない措置（本件措置2）について、育児・介護休業法10条に違反する旨が主張されていたが、主位的請求が認められたため予備的請求については判示されなかったことから、櫻井裁判官が補足意見を示している。櫻井裁判官は育児・介護休業法10条についても雇用機会均等法9条3項と同様に強行規定と解すべきとし、業務上の必要性に基づく特段の事情がある場合でないなら、本件の復職後の配置は、一般的には同条の禁止する不利益な取扱いに該当する、とした。

本章では、以下、育児・介護休業法10条他による不利益取扱いについて言及する。

3. 最高裁判決（補足意見）を受けて発出された行政通達とその影響

（1）育児・介護休業法10条他違反となる不利益取扱いに対する行政解釈

　最高裁判決後、2015（平成27）年1月23日付で厚労省から「『改正雇用の分野における男女の均等な機会及び待遇の確保に関する法律の施行について』及び『育児休業・介護休業等育児又は家族介護を行う労働者の福祉に関する法律の施行について』の一部改正について」（雇児発0123第1号）とする行政通達が発出され、その後、雇用機会均等法及び育児・介護休業法の「指針」が改正された（育児・介護休業法に関する現行指針は1.(1)参照）。

　行政解釈では、育児・介護休業法10条他によって禁止される解雇その他不利益な取扱いとなるのは、**労働者が育児・介護休業法に定める制度の申出又は取得等をしたこととの間に因果関係がある行為**とされ（両立指針第2の11(1)）、不利益な取扱いとされる行為は両立指針第2の11(2)に例示されている（上記1.(1)ウ参照）。

　また、制度利用の申出・取得等を「契機として」不利益取扱いを行った場合は、原則として「理由として」と解され、法違反になるとしており、**「契機として」とは、制度利用の申出・取得をしたことと時間的に隣接しているとき（1年以内）に当該不利益取扱いがなされたか否かをもって判断する**としている。

　不利益取扱いとならないケースについては、例外1として、「業務上の必要性から不利益取扱いをせざるを得ず、業務上の必要性が、当該不利益により受ける影響を上回ると認められる特段の事業が存在するとき」、例外2として「労働者が当該取扱いに同意している場合で、有利な影響の内容や程度が不利な影響の内容や程度を上回り、当該取扱いについて事業主から適切に説明がなされる等、一般的な労働者なら同意するような合理的な理由が客観的に存在するとき」としている。

（2）最高裁判決補足意見と行政解釈の差異

　行政解釈における育児・介護休業法10条他における「不利益取扱い」とされる範囲は、最高裁判決補足意見よりも広いものとなっている。

第3章　育児に携わる労働者の法的保護と処遇決定

　1点目として最高裁判決補足意見は、育児休業から復帰後に育児休業前の地位に戻さない（補足意見では降格に該当と判断）場合が育児・介護休業法10条に違反するかの判断であるが、行政解釈ではその対象を降格以外の不利益取扱い全般に広げ、かつ、育児・介護休業法10条以外で禁止されているすべての制度利用の場合も対象としている。

　2点目として、最高裁判決補足意見では不利益取扱いに当たらない例外として、「業務上の必要性に基づく特段の事情がある場合」のみが挙げられていたが、通達では、最高裁が雇用機会均等法9条3項の例外要件として示した「当該労働者が自由な意思に基づいて降格を承認したものと認めるに足りる合理的な理由が客観的に存在すること」の要件を拡充した内容となる「契機とした事由又は当該取扱いにより有利な影響が存在し」かつ、「当該労働者が同意している場合」で「一般的な労働者であれば当該取扱いについて同意するような合理的な理由が客観的に存在するとき」とされている。

　また行政解釈においては、「原則として、制度利用の申出・取得から1年以内（傍点筆者）に不利益取扱いが為された場合は『契機』としていると判断する」と最高裁判決では言及されていない解釈が付け加えられている。

　すなわち、行政解釈では、最高裁での違法性判断よりも広い範囲で、企業に対し育児に携わる労働者の保護を求める姿勢がみられる。行政解釈に基づいた「指針」が紛争予防のための行動規範であるという役割を考えると、保護範囲を広めにとることは効果的であろう。ただし、企業にとっては、本来裁量が認められているはずの人事権行使に、かなりの制約がかかるととらえられることとなる。特に、当該労働者の勤怠状況等や勤務態度等に相当問題がある場合の対処について、企業秩序の維持及び他の労働者との公平性を考えた場合に苦慮することとなる。

　次項4.では、最高裁判決以降の裁判例を検討し、不利益取扱い該当性に対する司法判断を確認する。

4. 育児に携わる労働者の処遇決定に対する違法性判断と企業の対応

（1）裁判例の検討

　最高裁判決以降の裁判例を概観し、裁判所が育児に携わる労働者に対する

企業の人事権行使について、どのような視点で違法性判断をしているのかを検討する。

ア　育児短時間勤務制度の利用を理由とする昇給抑制が違法とされた事案—
　　社会福祉法人全国重症心身障害児（者）を守る会事件・東京地判平成27年
　　10月2日労判1138号57頁〔28234219〕
　　本件は、Yで就労するXら労働者3名が育児短時間勤務制度を利用したことを理由として、昇給査定の際に、本来昇給号数に8分の6を乗じた号俸を適用することによる昇給抑制が行われたことにつき、法令及び就業規則に違反し無効であるとして、昇給抑制がなければ適用されていた号俸での労働契約上の地位確認、及び昇給抑制がなければ支払われていた給与との差額及び慰謝料等の支払を求めたものである。
　　裁判所は、本件昇給抑制措置は、育児・介護休業法23条の2で禁止される不利益取扱いに該当し、同条に違反しないと認めるに足りる合理的な事情が認められないことから、本条違反であるとした。ただし、本件措置は無効であるが、それがなかったものとしてあるべき号俸への昇給決定があったとみなす効力までは持たないとされ、地位確認の訴えは認めなかった。

実務での対応

　　本件においては、裁判所は育児短時間勤務制度を利用するXらが、労働時間が短いことによる基本給の減額を受けていることに加えて、昇給査定においても本来評価に対し、一律で1日の労働時間に応じた8分の6を乗じた号棒を適用する措置が合理性に乏しいとし、このような昇給抑制があることが労働者に短時間勤務制度の利用を躊躇させ、育児・介護休業法の趣旨を実質的に失わせるものとし違法としている。
　　昇給査定自体は、企業に裁量があると考える。本件のようなケースにおいては、一律に本来評価の8分の6とするルールは問題であろうが、例えば、特定の業務への従事時間数と比例して得られるスキルを評価項目としている場合、当該労働者の、現状のスキルを評価して査定することは可能であろう。ただし、本人ができていることに目を向けず、「短時間勤務をしているから」「育児中だから」などのフィルタを通して評価するのは相当ではない。
　　労働者の納得性を高めるために、評価者面談などの場において「できてい

ること」「できていないこと」「会社が想定している達成基準」などの説明を
より丁寧に行うことが必要である。

イ　育児休業取得後になされた有期労働契約への変更及び雇止めが有効と
　　された事案―ジャパンビジネスラボ事件・東京高判令和元年11月28日労判
　　1215号5頁〔28280009〕
　本件は、Y社において正社員（期間の定めのない労働契約）として勤務し
ていた労働者（X）が育児休業からの復職の際に、正社員から契約社員（有
期労働契約）への変更がなされ、1年後に期間満了で雇止めがなされたこと
につき、正社員から契約社員への変更は雇用機会均等法9条3項及び育児・
介護休業法10条に違反し無効であると主張し、主位的には正社員（予備的に
は契約社員）契約に基づく地位確認、未払賃金の支払及びYの一連の行為に
対する不法行為に基づく損害賠償を求めた事案である。
　原審（東京地判平成30年9月11日労判1195号28頁〔28265223〕）ではXの
契約社員としての地位確認がなされ、損害賠償も一部認められた。これに対
し、X・Y双方が控訴した。控訴審の争点は、①正社員から契約社員への契
約変更に対するXの合意の解釈及びその有効性、②本件合意が雇用機会均等
法9条3項及び育児・介護休業法10条に違反する「不利益取扱い」に該当し
ないか、③契約社員としての契約更新の有無、④Yによる不法行為の有無、
⑤Xによる不法行為の有無である（下記では①②について言及）。
　控訴審では、裁判所は、Y社では「正社員」と「契約社員」が明確に区分
されており、その区分は雇用契約書においても明らかであることから、Xは
選択の対象の中から正社員ではなく、契約社員として期間を1年更新とする
有期雇用契約を締結したものであるとし、合意による変更とした。
　また、本件変更が雇用機会均等法9条3項及び育児・介護休業法10条によ
る「不利益取扱い」に該当するか否については、変更合意に至るまでに、Y
は自社の雇用形態の説明をしていたこと、Xが育休終了時に時短措置を講じ
ても正社員として週5日勤務が困難であり、いったん退職の意思表示をした
が、育休終了の直前になって、一転して契約社員としての復職を求めたとい
う経緯から、本件合意は、Xの自由な意思に基づいてしたものと認められる
合理的な理由が客観的に存在すると判断できるため、本件変更は不利益取扱
いには該当しないとされた。

実務での対応

　本件においては、Ｙ社は、育児休業明けの労働者等に対し、子の養育状況等の就労環境に応じて、「正社員（週５日勤務）」「正社員（週５日の時短勤務）」「契約社員（週４日又は３日勤務）」の選択肢を準備し、保育体制が十分ではなかったＸが復職できるよう準備していたこと、また雇用形態の変更という不利益が生じたとしても、変更しなければ就労できないというＸ側の事情があったことが、「自由な意思に基づいた合意」の評価につながったと考える。

　ただし、実務では、正社員として契約していた労働者を契約社員に転換することは、いったん正社員としての労働契約を解約し、新たに契約社員としての労働契約を締結することになり、労働者にとっての不利益が大きく、安易に実施すべきことではない。企業側が、育児期間中の働き方の選択肢として準備することは可能であろうが、企業側からは転換の強制はできない。選択肢として労働者に提示する際は、契約社員に変更になることによって生じる不利益や、変更が一時的なものなのかどうか、正社員への再転換の具体的な方法等の説明を尽くし、労働者から明確な合意を得る必要がある。

　なお、育児休業後の労働者の合意がない有期雇用契約への変更、その後の雇止めが無効とされた裁判例としてフーズシステム事件（東京地判平成30年７月５日判時2426号90頁〔28270008〕）がある。

ウ　育児休業から復職した管理職への職務配置が雇用機会均等法９条３項及び育児・介護休業法10条に違反するとされた事案―アメリカン・エキスプレス・インターナショナル事件・東京高判令和５年４月27日労判1292号40頁〔28311891〕

　本件は、Ｙ社において、ベニューセールスチームのチームリーダーとして37名の部下を持つ立場であった労働者（Ｘ）が、産休及び育休からの復職後に、部下のいないアカウントマネージャーに任命された措置などが、雇用機会均等法９条３項及び育児・介護休業法10条等に違反し、違法・無効であると主張した。原審（東京地判令和元年11月13日労判1224号72頁〔28282165〕）では主位的に産休前の役職であるベニューセールスチームのチームリーダー又はその相当職の地位にあることの確認請求、予備的に現職のアカウントマ

ネージャーとして勤務する労働契約上の義務の不存在確認をするとともに損害賠償を求めたがXの請求は認められなかった。控訴審において、Xは確認の訴えをいずれも取り下げ、損害賠償請求のみ行った。

原審では、裁判所は、主位的請求に対し、「一般に、労働契約において労働者には特定の部署で就労する権利ないし法律上の地位は認められないから、……確認の利益を欠くものとして不適法」とされ、チームリーダーからアカウントマネージャーへの任命は、ジョブバンドの低下を伴わないものであり「降格」には該当せず、雇用機会均等法9条3項及び、育児・介護休業法10条による「不利益取扱い」には該当しないとされ、その他の措置についても違法性は認められなかった。

控訴審では、裁判所は雇用機会均等法9条3項及び育児・介護休業法10条で禁止される不利益取扱いとして、「一般に、基本給や手当等の面において直ちに経済的な不利益を伴わない配置の変更であっても、業務の内容面において質が著しく低下し、将来のキャリア形成に影響を及ぼしかねないものについては、労働者に不利な影響をもたらす処遇に当たる」とした。

そのうえで、本件において、Yが、復職したXに1人の部下も付けずに新規販路の開拓に関する業務を行わせ、その後間もなく専ら電話営業に従事させたことについて、従前の職務と比較し、業務の内容面において質が著しく低下したこと、給与面でも業績連動給の低下があったこと、本件措置は、妊娠前まで積み重ねてきたXのキャリア形成に配慮せず、これを損なうものとし、雇用機会均等法9条3項及び育児・介護休業法10条による「不利益取扱い」に該当するものであるとした。

さらに、復職面談におけるY社の上級管理職による「チームリーダーは乳児を抱えて定時で帰宅することができる職務ではない」などの発言が考慮され、本件措置は、Xに育児休業等による長期間の業務上のブランクがあったことと、出産による育児の負担という事情を考慮したうえでの実施であると判断され、Xの妊娠・出産・育児休業等を理由としたものであるとされた。

本件措置に対する「Xによる自由な意思による承諾」及び「特段の事情」の存在も認められず、本件は雇用機会均等法9条3項及び育児・介護休業法10条で禁止される「不利益取扱い」に該当し、人事権の濫用かつ公序良俗に反するとし、Xに対する慰謝料（200万円）及び弁護士費用（20万円）の支払をY社に命じた。

実務での対応

　本件においては、基本給やジョブバンドの低下を伴わない配置の変更であっても「仕事の質」や「キャリアの期待」への価値を正当に評価し、これに対する侵害を「不利益取扱い」という形でとらえ、損害賠償法理の中で「損害」と位置付けている点において評価することができるという野田進教授の意見がある。

　ただし、「仕事の質」も「キャリアへの期待」も、受け止め方に個人差があること、一般論として企業は人事の配置を決める際に、必ずしも労働者の期待に沿うことはできないことなどを考えると、実務において、企業は、休業明けや短時間勤務を利用する労働者の配置等を考える際に、当該労働者に対して、どこまで配慮及び対応が求められるのかの答えがみえにくい。

　企業は当該労働者と十分な話合いの場を持ち、労働者の「キャリアへの期待」を確認し、「現状できること、できないこと」、「労働者の希望と企業の希望」の整理をしたうえで、お互いの折り合いをつけるという形になろう。

（2）育児に携わる労働者の処遇決定に関する企業の対応

　大前提として、企業は、労働者の配置や処遇の決定などを行う人事権を有している。人事権は、労働者の採用、配置、職務分担、昇進・昇格、降格、人事考課、休職、懲戒、解雇など、人事・雇用関係の全ステージにわたる使用者の権限をカバーする広範な概念と理解されている。

　企業の人事権行使について、労契法14、15、16条に定めるほか、契約内容に応じて権利濫用とならない範囲で裁量が認められているといえるが、ここまで検討したように、**育児に携わる労働者への人事権行使については、法令による特別な保護がある**という認識で慎重に検討すべきである。

　降格等の不利益取扱いに該当する人事上の措置について、当該労働者に対するこれまでの評価や当該労働者への企業の働きかけの内容や経過を踏まえて、実施せざるを得ない状況であれば、「**特段の事情**」の説明により、「**労働者の自由意思による合意**」を得る必要がある。

　すなわち、当該労働者に対し、①当該措置とせざるを得ない理由、②当該措置によって発生する不利益の具体的内容とその程度、③当該措置によって得られる有利な影響とその程度、④当該措置が将来どのように取り扱われる

見込みであるのか（例えば時短勤務期間中のみの降格等なのかどうかなど）の説明を尽くし、その内容を文書化し、当該労働者から書面による合意を得たうえで人事上の措置を実施することが考えられる。

　ただし、一般に労働条件の不利益変更に対する労働者からの「合意」については、退職金支給基準の変更に対する労働者の「同意」の効力が争われた山梨県民信用組合事件（最判平成28年2月19日民集70巻2号123頁〔28240633〕）において示されたように裁判所は厳格な要件を求める傾向にある（合意要件については第14章参照）。

　さらに、学説（細谷越史「第13章　労働法上の権利行使と不利益取扱いの禁止」日本労働法学会編『講座労働法の再生　第4巻　人格・平等・家族責任』日本評論社（2017年）314頁）では、雇用機会均等法9条3項及び育児・介護休業法10条を強行法規とするのであれば、それを免れる要件として最高裁が示した「自由な意思による合意の有無」は適当ではなく、「特段の客観的正当理由」の存在を企業側が立証できない限りは違法とするべきであるという考えも示されていることに留意すべきであろう。

　最後に、労働者との話合いをスムーズに進めるためには、常日頃からの労働者との信頼関係の構築が必須である。労働者が育児と仕事の両立に不安を抱えていることを前提として、出産・育児に関係する制度利用をスムーズに行えるようサポートすること、妊娠中・休業開始前・復職前など働き方に不安が生じないように、随時声がけを行い労働者の話を聞く場を設けること、各種給付金の申請は企業を通じて行われるものであるため、申請時期がきたら迅速に処理を行うなど、企業はやるべきことをきちんとやる意識を持つことが必要である。復職後、他の労働者の協力を得られるよう職場環境に気を配ることも重要である。企業は法改正に対応した就業規則の整備やその周知をすることが求められる。

〈参考文献〉

　菅野和夫＝山川隆一『労働法〈第13版〉』弘文堂（2024年）

　大内伸哉『最新重要判例200労働法〈第8版〉』弘文堂（2024年）

　荒木尚志ほか編『注釈労働基準法・労働契約法　第3巻』有斐閣（2024年）

　野田進「育児休業等の期間中及び復帰後の人事措置と『不利益な取扱い』」季刊労働法282号（2023年）179頁

興津征雄「行政機関の定める指針の行政法上の位置づけ」季刊労働法280号（2023年）24頁

労働行政研究所「改正育児・介護休業法への対応アンケート」労政時報4042号（2022年）18頁

細谷越史「第13章　労働法上の権利行使と不利益取扱いの禁止」日本労働法学会編『講座労働法の再生　第4巻　人格・平等・家族責任』日本評論社（2017年）

富永晃一「妊娠中の軽易業務転換を契機とする降格の均等法9条3項（不利益取扱い禁止）違反該当性」季刊労働法248号（2015年）173頁

岡崎教行「最新解釈通達を踏まえた　企業の産休・育休取得者への対応上の留意点と実務」ビジネスガイド804号（2015年）45頁

水島郁子「育児・介護休業給付」日本社会保障法学会編『講座社会保障法第2巻　所得保障法』法律文化社（2001年）

井寄奈美（いより　なみ）　特定社会保険労務士

第4章　　待遇格差解消のための賃金制度変更

| 第**4**章 | 待遇格差解消のための賃金制度変更 |

具体例

　Ｙ社は、正社員に支給している住宅手当と扶養手当の見直しを検討している。検討のきっかけは、いわゆる同一労働同一賃金にかかわるルールにより、正社員とパート・有期社員との間の待遇の相違についての説明をすべき場面が想定されるところ、その待遇格差の合理性の説明が難しそうだと把握したことである。

　見直しの１つの方法として、住宅手当や扶養手当を、全部あるいは部分的にパート・有期社員に支給することも検討したが、同社の経営状況の先行きが不透明であることから、当該対応により、人件費増大を招くことは避けたいと考えている。

　そこで、Ｙ社としては、正社員の住宅手当や扶養手当を廃止ないし減額することを検討しているが、正社員は賃金にかかる労働条件の不利益変更であると反発している。Ｙ社としては、どのような方法で、待遇格差の解消を進めることができるか。

検討事項

　パート有期法14条２項により、事業主は、パート・有期社員から求めがあったときには、パート・有期社員と通常の労働者との間の待遇の相違の内容及び理由について説明をしなければならない。ここで、事業主が行った説明は、不合理な待遇格差（同法８条）であるか否かが争われる裁判においても、重要な考慮事情となる。

　各事業主における住宅手当と扶養手当にかかる待遇格差が不合理かを検討するに当たっては、「同一労働同一賃金ガイドライン」のみならず、判例・裁判例を参照することが不可欠である。住宅手当や扶養手当は、多くの事業主が創設しており、かつ、紛争の対象となってきたものであるから、各事業主がその格差の合理性について見直すべき要請が高い。

　次に、事業主が、均衡待遇の観点から各種手当を見直す必要があると判断して、賃金制度の改定に着手する場合、具体的にどのように制度を改定する

61

かも重大な課題となる。これについては、①正社員の手当を廃止し基本給に統合する方法、②非正規社員に正社員と同等の手当を支給する方法、及び③手当の廃止や統廃合により、一部又は全体の正社員の待遇を引き下げる方法である。このうち、①や③の方法は、正社員の賃金にかかる労働条件の不利益変更に該当するため、事業主としては、労働組合や従業員に対する説明を尽くすこと、場合によっては激変緩和措置を講ずることが必要である。

当事者の主張

正社員、非正規社員のいずれからも、②のように、非正規社員にも住宅手当や扶養手当を支給する、という不利益とならない方法で賃金制度を改定すべき、という主張が典型的であろう。もっとも、これら手当は、「世帯主」社員と、「世帯主でない」社員間の格差の原因となり得、ひいては男女間の賃金格差の一要因ともなり得るため、すべての労働者がこれに賛成するとは限らない。

次に、非正規社員の立場からは、①の方法では、実態として正社員と非正規社員との格差は解消されていない、との主張が考えられる。後掲の九水運輸商事事件では、労働者側からそのような主張がされているが、排斥されている。

他方、③の方法は、正社員のうち待遇が引き下げられることになる者にとっては、賃金に関する労働条件の不利益変更であり、労契法10条の合理性が認められないため無効であると主張することが予想される。

以上のように考えると、事業主としては、短絡的に法的リスクのみを検討すれば、①②を選ぶことにメリットがありそうだ。しかし、限りある人件費を効果的に配分するという観点からは、③の方法も魅力的な選択肢である。③の選択肢をとる場合、事業主は、労契法10条の合理性を満たすべく、不利益の程度、変更の必要性、相当性の主張に備えた検討や、労使での協議や交渉を十分に行うことになる。

第 4 章　　待遇格差解消のための賃金制度変更

基本情報

1. 均衡待遇規制について

（1）パート有期法 8 条の要件

　現行のパート有期法 8 条では、「事業主は、その雇用する短時間・有期雇用労働者の基本給、賞与その他の待遇のそれぞれについて、当該待遇に対応する通常の労働者の待遇との間において、当該短時間・有期雇用労働者及び通常の労働者の業務の内容及び当該業務に伴う責任の程度（以下「職務の内容」という。）、当該職務の内容及び配置の変更の範囲その他の事情のうち、当該待遇の性質及び当該待遇を行う目的に照らして適切と認められるものを考慮して、不合理と認められる相違を設けてはならない。」と規定されている。端的には、通常の労働者（正社員）とパート・有期社員との均衡待遇を規定したものである。

　パート有期法の施行通達に、「その他の待遇」には、「全ての賃金」も含まれると記されているため、住宅手当や扶養手当といった、福利厚生目的の手当についても、正社員とパート・有期社員との間の均衡待遇が要請される。

　パート有期法 8 条に違反しているか否かの争点の判断方法は、まず、問題となっている待遇（手当等）の「**性質**」「**目的**」を認定し、それに対して、適切な考慮要素（**職務の内容、当該職務の内容及び配置の変更の範囲、その他の事情**）を選定して、不合理か否かを判断する、というものである。**不合理であれば違法、不合理とまで認められなければ合法**、とされる。

（2）パート有期法 8 条違反の効果

　パート有期法 8 条違反により、違法となった場合の効果について述べておく。

　パート有期法 8 条違反により**違法とされた労働条件は無効**となる。したがって、例えば、正社員には支給されている扶養手当が、パート・有期社員には全く支給されない、という格差が違法となれば、扶養手当の支給要件を満たすパート・有期社員には、**同手当相当額の損害賠償請求が認められる**ことになる。これに対し、慰謝料請求はメトロコマース事件最高裁判決（最判令和 2 年10月13日労判1229号90頁〔28283166〕）により、否定されている。

63

また、〇〇手当の支給を受けることができる**労働契約上の地位の確認は、原則として、否定されるべきである**（ハマキョウレックス事件最高裁判決・最判平成30年6月1日労判1179号20頁〔28262465〕）。

　この点、長澤運輸事件最高裁判決（最判平成30年6月1日労判1179号34頁〔28262467〕）も、精勤手当にかかる格差を違法としつつ、地位確認については否定をしているが、その中で、次のとおり判示している。「嘱託乗務員について、従業員規則とは別に嘱託社員規則を定め、嘱託乗務員の賃金に関する労働条件を、従業員規則に基づく賃金規定等ではなく、嘱託社員規則に基づく嘱託社員労働契約によって定めることとしている。そして、嘱託社員労働契約の内容となる本件再雇用者採用条件は、精勤手当について何ら定めておらず、嘱託乗務員に対する精勤手当の支給を予定していない。このような就業規則等の定めにも鑑みれば、嘱託乗務員である上告人らが精勤手当の支給を受けることのできる労働契約上の地位にあるものと解することは、就業規則の合理的な解釈としても困難である。」

　この判示によれば、例えば、有期社員に適用される就業規則に、「有期社員については、特に有期社員就業規則に定める項目を除き、正社員就業規則が適用される」と規定されている使用者においては、有期社員に〇〇手当を支給しない旨の労働条件が無効となった場合には、〇〇手当については、自動的に正社員就業規則が適用されるとの解釈となり、その支給を受けられる地位確認が認められる余地もあろう。

（3）「同一労働同一賃金ガイドライン」について

　いわゆる「同一労働同一賃金ガイドライン」とは、「短時間・有期雇用労働者及び派遣労働者に対する不合理な待遇の禁止等に関する指針」（厚労告430号）のことである。パート有期法15条に基づき、厚労省により策定・公表されたもので、行政解釈の方向性や一定の基準を定められている。内容としては、基本給、賞与や各種手当について、いかなる待遇差が不合理で、いかなる待遇差が不合理ではないかが示されており、問題とならない例・問題となる例という形で具体例も付されている。

　事業主として、このガイドラインを参照して1つずつ待遇差を解消していく、という考え方もあり得る。しかし、**当該ガイドラインは、司法判断を拘束するものではない**。実際に、ガイドラインの内容に反する裁判例も複数存

在するところである。例えば、ガイドラインでは、病気休職について、「短時間労働者（有期雇用労働者である場合を除く。）には、通常の労働者と同一の病気休職の取得を認めなければならない。また、有期雇用労働者にも、労働契約が終了するまでの期間を踏まえて、病気休職の取得を認めなければならない。」とされているが、日本郵便（休職）事件（東京高判平成30年10月25日労経速2386号３頁〔28265166〕）では、長期私傷病休職制度が、正社員にのみ設けられており、期間雇用社員に設けられていないという格差が合法とされている。また、ガイドラインが公布された2018（平成30）年12月28日以降に、均衡待遇規制に関する重要な判例・裁判例が数多く公表されているが、ガイドラインにはそれらが反映されていない点にも留意が必要である。

　筆者としては、同ガイドラインは、事業主が参照すべき情報の１つではあるが、**司法判断の傾向を把握することの方が、いっそう重要である**と考えている。

（4）裁判例について

　均衡待遇規制にかかる判例・裁判例としては、2020（令和２）年４月１日の改正以前の労契法旧20条に関するものと、同日の改正以降のパート有期法８条に関するものがある。筆者としては、労契法旧20条に関するものも、現行法においても参考になると考えている。以下では、労契法旧20条に関するものも含め、住宅手当、扶養手当に関する裁判例を紹介する。

ア　住宅手当について

　住宅手当については、同一労働同一賃金ガイドラインには直接の言及がないが、多くの事業主が創設しているものでもあり、判例・裁判例も複数存在する。

　住宅手当（住居手当と称されるものも含む）にかかる判例としては、定年後再雇用者の労働条件が論点となった事案を除けば、前掲ハマキョウレックス事件最高裁判決がある。

　ハマキョウレックス事件では、正社員に5,000円又は２万円の住宅手当が支給されるところ、契約社員には全く支給されないという格差があったが、結論としては不合理ではないとされた。その理由として、正社員の「住宅手

当は、従業員の住宅に要する費用を補助する趣旨で支給されるものと解されるところ、契約社員については就業場所の変更が予定されていないのに対し、正社員については、転居を伴う配転が予定されているため、契約社員と比較して住宅に要する費用が多額となり得る。したがって、正社員に対して上記の住宅手当を支給する一方で、契約社員に対してこれを支給しないという労働条件の相違は、不合理であると評価することができるものとはいえないから、労働契約法20条にいう不合理と認められるものに当たらない」との判示がなされている。

　他方、上告不受理により確定している高裁判決には、住宅手当にかかる待遇格差を不合理で違法としているものが複数ある。日本郵便（東京）事件（東京高判平成30年12月13日労判1198号45頁〔28270776〕）、日本郵便（大阪）事件（大阪高判平成31年1月24日労判1197号5頁〔28270922〕）、メトロコマース事件（東京高判平成31年2月20日労判1198号5頁〔28270814〕）、井関松山製造所事件（高松高判令和元年7月8日労判1208号25頁〔28273185〕）である。いずれの裁判例も、住宅手当の趣旨を、住宅費用の補助ととらえている点は、ハマキョウレックス事件最高裁判決と同様である。しかし、これらの事案では、転居を伴う人事異動が予定されていない正社員にも同手当が支給されていることから、有期社員に比べて、正社員の住宅費用が多額になり得るという事情が存在しないとして、不合理性が肯定されている。

　判例及びこれらの裁判例を参照すれば、住宅手当を、住宅に要する費用を補助する目的で支給している事業主においては、正社員に転勤はあるが、パート・有期社員には転勤がない、という事情がない限り、不合理性が認定されやすいといえる。

　これに対し、住宅手当の目的が、住宅に要する費用の補助とは異なるものであると認定されれば、転勤の有無につき差異がなくとも、格差の不合理性が否定されることを示唆する裁判例も複数存在する。学校法人中央学院事件（東京高判令和2年6月24日労経速2429号17頁〔28284193〕）は、住宅手当を専任教員（無期契約労働者）に支給し、非常勤講師（有期契約労働者）には支給していなかった事案である。「専任教員は、……大学運営に関する幅広い業務を行う義務を負い、また、職務専念義務を負うが、大学設置基準により一定数以上の専任教員を確保しなければならないこととされていることに鑑みれば、給与上の処遇を手厚くすることにより相応しい人材を安定的に確

保する必要があるということができる。このような観点からみれば、家族手当及び住宅手当を専任教員のみに支給することは不合理とはいえない」と判示した。当該ポストに相応しい人材を確保するために厚遇とするという目的で、専任教員にのみ住宅手当を支給するという経営判断が是認された例と評価できる。また、独立行政法人日本スポーツ振興センター事件（東京地判令和3年1月21日労判1249号57頁〔29062376〕）では、住居手当が事務職員には支給されるが契約職員には支給されないこと（いずれも転居なし）について、事務職員の給与水準は、契約職員と比較して低額にとどまるため、事務職員に対しては、契約職員よりも、住宅に要する費用を補助する必要性が高いとして、両者の差異は不合理でないという指摘がされている。

以上のとおり、住宅手当にかかる格差の合理性を検討する際は、まずは、当該事業主における**住宅手当支給の目的**がいかなるものであるかを確定する。その目的が**住宅費用の補助**であれば、正社員とパート・有期の間に**転勤の有無の違い**等、住宅費用の多寡に差異があるといった事情がない限り、不合理性が認められる可能性が高い。これに対し、**住宅費用の補助以外の目的**と認められる場合には、**その目的に照らした合理性があるのか**を判断することになる。

イ　扶養手当について

扶養手当についても、同一労働同一賃金ガイドラインには直接の言及がないが、多くの事業主が創設しているものでもあり、判例・裁判例も複数存在する。

扶養手当にかかる判例としては、定年後再雇用者の労働条件が論点となった事案を除けば、日本郵便（大阪）事件判決がある。

日本郵便（大阪）事件（最判令和2年10月15日労判1229号67頁〔28283198〕）では、正社員に支給されていた扶養手当が、契約社員には全く支給されないという格差があったが、これが不合理で違法とされている。その理由は、「第1審被告において、郵便の業務を担当する正社員に対して扶養手当が支給されているのは、上記正社員が長期にわたり継続して勤務することが期待されることから、その生活保障や福利厚生を図り、扶養親族のある者の生活設計等を容易にさせることを通じて、その継続的な雇用を確保するという目的によるものと考えられる。このように、継続的な勤務が見込まれる労働者

に扶養手当を支給するものとすることは、使用者の経営判断として尊重し得るものと解される。もっとも、上記目的に照らせば、本件契約社員についても、扶養親族があり、かつ、相応に継続的な勤務が見込まれるのであれば、扶養手当を支給することとした趣旨は妥当するというべきである。そして、第1審被告においては、本件契約社員は、契約期間が6か月以内又は1年以内とされており、第1審原告らのように有期労働契約の更新を繰り返して勤務する者が存するなど、相応に継続的な勤務が見込まれているといえる。そうすると、……上記正社員と本件契約社員との間に労働契約法20条所定の職務の内容や当該職務の内容及び配置の変更の範囲その他の事情につき相応の相違があること等を考慮しても、両者の間に扶養手当に係る労働条件の相違があることは、不合理であると評価することができるものというべきである。」と判示されている。

　要するに、扶養手当の支給に「継続的な雇用を確保するという目的」がある以上、継続的な勤務が見込まれる契約社員にも、その手当の目的は妥当するから、契約社員に全くこれを支給しないという格差は不合理、ということである。

　これに対し、前掲学校法人中央学院事件は、扶養手当に関する格差についても、住宅手当と同様に、専任教員というポストに相応しい人材を確保するために厚遇とするという目的で支給される手当であるとし、非常勤講師にこれが支給されないとしても、不合理ではないとしている点は、注目に値する。

　以上のとおり、扶養手当については、**継続的な雇用（例えば、無期転換権が発生する通算期間5年以上となる雇用）が見込まれるパート・有期社員**に、一切不支給とすると、不合理性が認められやすいと考えるべきである。

（5）パート有期法14条2項に基づく説明義務

　パート有期法14条2項は、「事業主は、その雇用する短時間・有期雇用労働者から求めがあったときは、当該短時間・有期雇用労働者と通常の労働者との間の待遇の相違の内容及び理由……について、当該短時間・有期雇用労働者に説明しなければならない。」と定める。事業主は、パート・有期社員から求めがあった場合は、当該パート・有期社員と、職務の内容や、職務の内容及び配置の変更の範囲が最も近いと事業主が判断する無期フルタイム労

働者ないしその集団との待遇差の内容や理由等を説明しなければならない。

そして、パート有期法14条3項は、パート・有期社員が、この説明を求めたことを理由とする不利益取扱いを禁止している。

これらの制度により、今後、事業主が待遇格差についての説明を求められる場面は、いっそう増えていくと見込まれる。

事業主としては、**いつ説明を求められても適切な説明をできるように備えておくべき**である。具体的には、正社員とパート・有期社員間の待遇格差を洗い出し、その理由を確認し、もし、不合理な格差であると批判されるようなものがあれば、それを解消したうえで、説明をする準備をしておきたい。

つまり、待遇格差についてパート・有期社員との間の労使紛争に発展する以前、もっといえば、**パート・有期社員から疑問を呈される以前に、事業主として積極的に格差是正に取り組む**、ということである。

そして、これら一連の取組みに当たっては、**弁護士や社労士の専門的知見を総動員するべき**である。なぜなら、この際に、事業主が行った説明は、その後の、パート有期法8条により禁止されている不合理な待遇格差であるか否かが争われる裁判においても、1つの重要なファクターとなるからである。すなわち、その後の裁判で事業主が、当該段階での説明で述べていなかったことや矛盾することを主張しても、後付けの主張にすぎないと排斥されることが見込まれるのである。

2. 賃金の不利益変更について

冒頭の具体例に類似するものとして、社会福祉法人B事件（山口地判令和5年5月24日労判1293号5頁〔28312796〕）がある。以下では、適宜、同事件判決を参照して解説する。

(1) 社会福祉法人B事件の概要

事業主である被告Yは、パート有期法8条（不合理な待遇の禁止）、14条（事業主が講ずる措置の内容の説明）への対応を契機として、Yの設置する病院（本件病院）で勤務する正規職員にのみ支給していた諸手当を廃止したうえで、非正規職員をも受給者とする新手当を創設するという変更を実施した（本件変更）。その概要は次の2点である。

69

第1に、扶養手当を廃止し、正規・非正規職員が受給できる子ども手当、保育手当、病児保育手当を新設した。これにより、扶養家族たる配偶者に対する扶養手当（月額1万3,000円）は全廃され、他方、保育園に在籍する子どもに対する手当はより手厚くなった。

　第2に、住宅手当を廃止し、正規・非正規職員が受給できる住宅補助手当を新設した。これにより、世帯主で持ち家に居住する正規職員に対する住宅手当（月額3,000円）は廃止された。他方、賃貸物件に関する住宅補助手当は、本俸が低い若年層ほど多額の支給を受けられるように設計され、上限額も増額された。

　本件病院は、従業員説明会を開催し、過半数代表者の同意を得たが、原告らが所属する少数労働組合の同意承服は得られないまま、本件変更を施行した。

　その後、原告らが、訴訟を提起し、本件変更には労契法10条の合理性が認められないと主張し、減額された金額の支払を請求したが、地裁判決は、本件変更が合理的なものであることを認め、請求を棄却した。

（2）賃金にかかる労働条件の不利益変更の有効性についての判断枠組み

　労契法10条本文は、「使用者が就業規則の変更により労働条件を変更する場合において、変更後の就業規則を労働者に周知させ、かつ、就業規則の変更が、労働者の受ける不利益の程度、労働条件の変更の必要性、変更後の就業規則の内容の相当性、労働組合等との交渉の状況その他の就業規則の変更に係る事情に照らして合理的なものであるときは、労働契約の内容である労働条件は、当該変更後の就業規則に定めるところによるものとする。」と規定する。端的にいえば、使用者が一方的に就業規則変更により、労働条件を不利益に変更する場合には、同条に列挙された各事情に照らし、合理的でなければならない、ということである。

　特に、賃金にかかる就業規則の変更においては、大曲農業協同組合事件（最判昭和63年2月16日民集42巻2号60頁〔27100073〕）が判示するとおり、「賃金など労働者にとって重要な権利、労働条件に関し実質的な不利益を及ぼす就業規則の変更については、当該条項がそのような不利益を労働者に受忍させることを許容することができるだけの**高度の必要性に基づいた合理的な内容**でなければならない」と解されている。

社会福祉法人Ｂ事件も、当該最高裁判決を引用し、不利益の程度、必要性、相当性や、変更に当たっての交渉経緯を検討する、という判断枠組みをとっている。

（3）パート有期法 8 条や14条への対応を契機として行った賃金の不利益変更の合理性

ここでは、パート有期法 8 条や14条への対応を契機として賃金の不利益変更の合理性があるかを実務的に検討する際の参考にもなる判示として、社会福祉法人Ｂ事件の判示のうち、「高度の必要性」と「相当性」を肯定した部分の概要を紹介する。

ア 「高度の必要性」について

判決は、「本件病院においては、パートタイム・有期雇用労働法の趣旨に従い、非正規職員への手当の拡充を行うに際し、正規職員と非正規職員との間に格差を設けることの合理的説明が可能か否かの検討を迫られる中で、女性の就労促進及び若年層の確保という重要な課題を抱える本件病院の長期的な経営の観点から、人件費の増加抑制にも配慮しつつ手当の組換えを検討する高度の必要性があった」と判示している。

イ 「相当性」について

続いて、扶養手当については、概要、男性職員にしか支給されていない配偶者手当等を再構築して、子どもを被扶養者とする手当や、扶養の有無にかかわらず保育児童について支給される手当を拡充・新設することは、本件病院の職員の多数を占める女性の就労促進という目的に沿うもので、同目的との関連性が認められるうえ、その内容自体も本件病院の実態に即した相当なものといえる、と判示した。

さらに、住宅手当のうち、持ち家に対する手当を廃止する変更を行うことについては、国家公務員で同手当が廃止されたこと等から、手当の支給目的を納得性のある形で明確化するという本件変更の目的に沿うもので、同目的との関連性が認められるうえ、廃止する合理性・相当性も同様に認められる。賃貸物件に対する手当については、年功序列制度を採用する本件病院において、当該手当の支給上限額の増額等により若年層の確保を目指すこと

は、手当の支給目的を納得性のある形で明確化するという本件変更の目的に沿うもので、同目的との関連性が認められるうえに、内容自体も給料の低い時期に支給額が多くなるように設定されている等、合理的で相当といえる、と判示した。

加えて、本件変更に当たり、3,000円を超える減額部分に係る1年間ないし2年間の激変緩和措置がとられたことも、本件変更の相当性を支える一事情であるとされている。

3. 各種手当見直しの実務的手法

事業主が、扶養手当や住宅手当等の諸手当について、パート・有期社員への説明義務の履行に備える段階で、見直しを迫られる場面は少なからず存在する。

その際の実務的手法として、①正社員の手当を廃止ないし減額し基本給に統合する方法、②非正規社員に正社員と同等の手当を支給する方法、及び③手当の廃止や統廃合により一部又は全体の正社員の待遇を引き下げる方法が考えられる。

① 正社員の手当を廃止ないし減額し基本給に統合する方法

九水運輸商事事件(福岡高判平成30年9月20日労判1195号88頁〔28271365〕)の事業主は、この方法を採用して、通勤手当にかかる格差を解消した。具体的には、正社員の通勤手当は1万円で、パート社員の同手当は5,000円であったところ、正社員の通勤手当を5,000円に切り下げると同時に、正社員の職能給を1万円増額した。

この手法によれば、外見上は、正社員と非正規社員との待遇格差を解消することができるし、正社員から不利益変更の問題が提起されることも考え難いため、実務上検討に値する有用な方法といえる。

もっとも、この手法によれば、**非正規社員からは待遇格差が解消されていないとの不満が出る**ことが予想される。実際、前掲九水運輸商事事件では、パート社員である原告らが、制度変更後も、通勤手当にかかる労契法20条違反の状態は継続していると主張した。これに対し、判決は、被告会社における職能給は通勤手当とは別個の賃金であるから、職能給の増額と通勤手当の

減額が同時に行われていることや変動額が対応していることをもって、直ちに職能給の一部が通勤手当に当たると認めることはできない、また、格差を解消するために正社員の通勤手当が減額されたとしても労契法違反と解することもできないと判示した。

　この判示は妥当と考えるが、事業主としては、①の手法には、このような紛争リスクが潜在することを把握しておくべきである。

　② 非正規社員に正社員と同等の手当を支給する方法

　この手法は、非正規社員の待遇改善ということに直結しそうであるが、人件費の増大に耐えられないとして、採用できない事業主も多いであろう。

　また、扶養手当や住宅手当のように、導入当初に考えられていた存在意義が薄れていると指摘されている手当もある。例えば、扶養手当の支給目的は、社会福祉法人B事件も指摘しているように、「高度経済成長期の家族像（稼ぎ手としての夫と専業主婦としての妻、その間の未成熟な子どもという核家族）に基づいた、主として男性職員の家族らの生活・扶養に係る支援であった」が、共稼ぎ世帯が増え、また、配偶者控除を受けることや扶養手当の受給要件を満たすことを目的とした女性の働き控えは働き手不足の社会にとって大きな損失であるとされている現在社会において、その目的での支給を維持する意義は薄れてきていると考える。また、持ち家の社員に対する住宅手当についても、社会福祉法人B事件は、「もともと、畳の張替え等の自宅維持管理費（修繕費）に係る補助であったと考えられるところ、国家公務員については同手当の存在意義がもはや薄れたとして支給が廃止され、地方公務員についても約90％の地方公共団体において廃止されて」いると指摘しているが、これは、他の事業主一般にも妥当する事情であろう。このように、**存在意義が薄れている手当を拡充することに、有限な人件費を投入することは得策ではない。**

　また、「扶養者」に支給する扶養手当や、「世帯主」に支給する住宅手当を非正規社員に拡充することは、男女間の賃金格差を温存ないし助長する危険性もあると懸念する。現に、世間一般で、各事業主が公表している男女の賃金の差異のデータをみると、扶養手当の受給者に占める男性の割合が8割を超える例が散見される。このような手当を、非正規社員に拡充しても、非正規社員がほとんど女性であれば受給要件を満たすものがいないことも考えら

れ、**格差解消につながらないし、あるいは、非正規社員内に新たな男女賃金格差をつくり出す原因となる可能性**もある。

　このように、②の手法を検討するに当たっては、これにより格差が実質的に解消されるのか、かえって男女やその他の属性による格差を助長することにならないのかという視点も重要である。

　③　手当の廃止や統廃合により一部又は全体の正社員の待遇を引き下げる
　　方法

　社会福祉法人Ｂ事件の事業主は、パート有期法8条により要請される、正社員・非正規社員間の不合理な待遇格差の解消を検討することを出発点としつつも、それだけの検討にとどまらず、**限られた人件費を、正規・非正規、男性・女性という属性にこだわらず、どのように効果的に配分するかという大きな視点をもって、賃金制度改革に臨んだものと評価できる。**

　同事件判決は、その合理性を肯定したものとして、参考になる。事業主に有利な事情として、「本件病院は、本件組合に対し、本件変更の趣旨や必要性を繰り返し説明し、その理解を求める働きかけを行っていたといえる」という**交渉経緯**や、3,000円を超える減額部分にかかる1ないし2年間の**激変緩和措置**がとられたことが考慮されることにも、注目されたい。

〈参考文献〉
　菅野和夫＝山川隆一『労働法〈第13版〉』弘文堂（2024年）
　荒木尚志『労働法〈第5版〉』有斐閣（2022年）
　佐々木宗啓ほか編著『類型別　労働関係訴訟の実務Ⅱ〈改訂版〉』青林書院（2021年）
　別城信太郎ほか『最新　同一労働同一賃金27の実務ポイント　令和3年4月完全施行対応』新日本法規（2021年）

　　　　　　　　　　　　　　　　　　　大浦綾子（おおうら　あやこ）　**弁護士**

第5章　労働時間の管理と把握―残業代に関する紛争対応を中心に

|第**5**章| 労働時間の管理と把握
―残業代に関する紛争対応を中心に|

具体例

　相談者Ｘは、職場での勤怠が適切に管理されず長時間労働が常態化しているうえ、所定の給料や残業代が支払われていないという疑問を持ち、使用者Ｙに対して質問をしたところ「人手が足りないから長時間労働はやむを得ないし、就業規則に規定があるから違法ではない。あなたの勤務条件では残業代を支払う必要はない」との回答であったためＡ弁護士に相談した。

　Ａ弁護士はＸから事情を確認するに当たり、どのような点に注意すべきか。またＹの主張は適正か。

検討事項

　いわゆる「働き方改革関連法」により、時間外労働の上限規制や年次有給休暇の時季指定義務化が制定され、政府からは長時間労働削減に向けた取組みやワークライフバランスの推進も提唱されている。にもかかわらず、今なお長時間労働の是正は不十分であり、また時間外労働に対する割増賃金（残業代）の支払をめぐる紛争も後を絶たない。

　本章では、「働き方改革関連法」施行後の労働時間管理をめぐる議論状況を踏まえ、弁護士の視点から労働時間に関する裁判例や議論状況を整理するとともに、実際に紛争となった場合の労使双方の立場での対処法を検討する。

基本情報

1. 労働時間規制と働き方改革関連法の概要

　2018（平成30）年に成立したいわゆる「働き方改革関連法」において、我が国における労働環境や労働時間管理は大きな転換期を迎えた。関連法では正社員中心の雇用システムに内在し弊害を生んできた「長時間労働」と「正規・非正規労働者間の格差」の問題の抜本的な解決を図るとともに、今後到来する少子高齢化による生産年齢人口の減少に対する対策や働き方に対する

75

多様なニーズの実現という観点から、「多様で柔軟な働き方の実現」を目的として関係諸法の改正がなされた。改正では長時間労働の抑制のため労働時間に関する労基法・労安法の規定を見直し罰則付きの上限規制を設けたほか、月60時間を超える時間外労働にかかる割増賃金について中小企業への猶予措置を廃止した。また、労働者の健康確保措置の実効性を確保する観点から、労働時間の状況を省令で定める方法により把握しなければならない旨も規定された。年10日以上の年次有給休暇が付与される労働者に対しては、うち5日について、毎年、時季を指定して与えることも義務化された。

　喫緊の課題として、2024（令和6）年4月に適用猶予期間が終了した工作物の建設の事業、自動車運転の業務、医業に従事する医師の労働時間規制への対応がある。特に自動車運転の業務では年間の時間外労働の上限が特別条項付き36協定を締結したとしても年960時間となり（時間外労働と休日労働の合計について月100時間未満、2〜6か月平均80時間以内とする規制、及び時間外労働が月45時間を超えることができるのは年6か月までとする規制は従前どおり適用されない）、物流業界への影響が懸念されている。

　これらの改正の結果、現在では従前以上に労働者の労働時間管理の重要性や、長時間労働の是正に向けた労務管理の適正化が求められているといえる。なお、労働時間の管理における留意点は第6章を参照されたい。

2. 労働時間規制の内容

（1）労働時間の上限規制

　労働基準法における労働時間は、原則として1日8時間・週40時間（特定の事業所については週44時間）である。また、労基法36条所定の時間外・休日労働に関する協定届（いわゆる36協定）がない限り、法定労働時間を超えて時間外労働に従事させることはできない。

　36協定があっても労基法所定の上限時間を超えて時間外労働をさせることはできない。具体的には、休日労働を除く時間外労働時間の上限は「**月45時間・年360時間**」とすることが原則であり（労基法36条4項）、特別条項がある場合でも**休日労働を含まない時間外労働時間の上限は年720時間**（同条5項）、休日労働を含む時間外労働時間の上限を「**単月100時間未満**」及び「**2**

か月から6か月の月平均時間外労働がいずれも**80時間未満**」とし、かつ「**時間外労働が月45時間を超えることができるのは年6回以内**」である（同条6項）。ただし、自動車運転の業務や医師、研究開発業務、災害の復旧・復興の事業に従事する建設事業については特例がある。

　留意すべき点は、月間・年間の上限時間規制は休日労働を含まないが「**単月100時間未満**」及び「**月平均80時間以内**」の規制には**休日労働を含む**点である。例えば休日労働を除く単月の時間外労働時間が44時間であっても、休日労働時間が56時間になれば「単月100時間未満」の要件に抵触し違法となる。また、「月平均80時間以内」の要件については、2か月から6か月間の休日労働を含む時間外労働時間の**平均がすべて80時間以内**に収まっていなければならない。例えば、ある月の時間外労働時間が99時間だとした場合、翌月の時間外労働時間を61時間以内にしなければ違法となる。また、「年720時間以内」の要件を満たすためには月平均の時間外労働時間が60時間以内となる必要もあるため、時間外労働時間の管理には細心の注意を払う必要がある。違反した場合には罰則がある（労基法119条1項）。

（2）労働時間と割増賃金

　使用者が労働者に対し法定労働時間を超えて労働させた場合、及び法定休日に労働をさせた場合には、以下のとおり法定の割増率に従った割増賃金を支払う義務がある。なお、2023（令和5）年4月1日より中小企業においても時間外労働が1か月60時間を超えた場合の割増率が引き上げられている。

①	時間外	法定労働時間を超えたとき	25％以上
		時間外労働が1か月60時間を超えたとき	50％以上
②	休日	法定休日（週1回）に勤務させたとき	35％以上
③	深夜	22時から5時までの間に勤務させたとき	25％以上

　これらは基本的に重複適用される。例えば、時間外労働が1か月60時間を超え、かつ深夜労働をさせた場合、その部分の割増率は75％以上となる。ただし、法定休日には法定労働時間というものが存在しないため、休日労働をさせた場合には時間外労働に対する割増賃金は発生しない。また、1か月60時間の法定時間外労働の算定には法定休日に行った労働は含まれないが、所定休日（例えば週休2日の場合の土曜日）に行った時間外労働は含まれる。

（3）割増賃金・勤怠管理に関する主な注意点

ア　1分単位での計算

　労基法24条は賃金の支払に関し通貨払・直接払・全額払・定期払の各原則を定めている。このうち、労働時間との関係で問題となるのが全額払の原則である。賃金は労働時間に応じて支払われる必要があり、労働者に有利に取り扱う場合を除き、原則として**分単位で計算**されなければ労基法24条違反となる。ただし、時間外労働・休日労働・深夜労働の各々の合計に1時間未満の端数がある場合、30分未満切り捨て、30分以上切り上げで計算をすることは労基法違反として扱わないとの通達（昭和63年3月14日基発150号）がある。

　残業代を15分などのまとまった単位で計算し、これに満たない労働時間を一律切り捨てとして計算する処理が散見されるが、労基法違反である。

イ　早出残業

　時間外労働時間の計算や割増賃金は法定労働時間を超過したかどうかで判断される。

　そのため、所定の労働時間より早く労働を開始した場合、定時での退勤であっても時間外労働が発生することとなる（**早出残業**）。例えば2時間の早出、2時間の残業を行った場合、4時間の時間外労働が発生していることとなり、月のうち20日がこのような状態であればそれだけで時間外労働時間が80時間に達してしまうため、特に時間外労働時間規制との関係で注意が必要である。

ウ　勤怠管理

　使用者には労働時間を適正に管理するため、労働者の労働日ごとの始業・終業時刻を確認し記録する必要がある。記録については原則として①使用者が自ら現認するか、②タイムカード、ICカード等の客観的な記録を基礎とする。③やむを得ず労働者の自己申告による場合には、自己申告制を導入する前にその対象となる労働者に対して労働時間の実態を正しく記録し適正に自己申告を行うことなどについて十分な説明を行い、自己申告により把握した労働時間が実際の労働時間と合致しているか否かについて必要に応じて実

態調査を実施すること、及び労働者の労働時間の適正な申告を阻害する目的で時間外労働時間数の上限を設定するなどの措置を講じないこと等が求められている（平成29年4月6日基発339号「労働時間の適正な把握のために使用者が講ずべき措置に関するガイドライン」）。使用者が労働時間の管理を怠っていた場合、労働者において労働時間の正確な主張立証が困難となるが、このような場合の労働時間の認定について、客観的な証拠に反し、又は明らかに不合理な内容を含まない限り、労働者のおおよその記憶に基づく概括的な主張に沿って認定することも許容され得るとする裁判例があり、参考になる。（福岡高判令和6年2月15日令和5年(ネ)603号公刊物未登載〔28322269〕）

エ　付加金

　使用者が割増賃金等を支払わなかった場合、裁判所は労働者の請求に基づき付加金の支払を命じることができる（労基法114、37条）。付加金は未払部分に対し認められるため、割増部分のみならず、基礎となっている通常の給与部分も付加金の対象となる。ただし、法定内残業についての付加金は認められない。

　付加金を認めるかどうか及びその額は裁判所の裁量による。単純な不払事案においては未払金と同額の付加金を認めることが通常である（イーライフ事件・東京地判平成25年2月28日労判1074号47頁〔28213268〕）が、不払に一定の事情がある場合などには付加金の全部又は一部を認めないこともある（霞アカウンティング事件・東京地判平成24年3月27日労判1053号64頁〔28182313〕）。なお、使用者が事実審の口頭弁論終結時までに割増賃金の未払金の支払を完了したときは付加金の支払を命じることができないとするのが判例（甲野堂薬局事件・最判平成26年3月6日判時2219号136頁〔28222703〕）である。

オ　時効

　未払賃金、付加金の消滅時効は**支払期日から5年**である（労基法114、115条）。ただし現在は**経過措置**として消滅時効期間は**3年**とされている（令和2年3月31日法律13号）。なお、経過措置は「当分の間」（少なくとも2020（令和2）年4月1日から5年間）継続するとしており、本項執筆時で経過

措置の廃止の予定は明らかになっていない。

3. 労働時間に関する論点

(1) 労働時間該当性

労働時間は「労働者が**使用者の指揮命令下に措かれていた時間**」として客観的に定められる。また、一定の作業を使用者から義務付けられ、又はこれを余儀なくされた時間も原則として指揮命令下にあるものとして労働時間となる（三菱重工業長崎造船所事件・最判平成12年3月9日民集54巻3号801頁〔28050535〕）。手待時間（北九州市交通局事件・福岡地判平成27年5月20日労判1124号23頁〔28240417〕）や仮眠時間（大星ビル管理事件・最判平成14年2月28日民集56巻2号361頁〔28070468〕）といった実際の業務がなされていない時間であっても、労働者が使用者の指揮命令下に置かれている限り労働時間とみなされる。準備時間や片付け時間、移動時間、朝礼等も指揮命令下にある限り労働時間である。どのような場合に指揮命令下にあるとして労働時間として扱われるかの判断はケースバイケースとならざるを得ないが、判断の参考となる主な裁判例として以下のものがある。

朝礼やラジオ体操への参加が労働時間かが争われたオリエンタルモーター事件では、第1審では参加は会社の指示であり指示文書に任意参加であるという文言もないことから労働時間に当たると判断したが、控訴審（東京高判平成25年11月21日労判1086号52頁〔28220813〕）ではいずれも任意での参加であるとして労働時間性を否定した。

WEB学習の時間が労働時間かが争われたNTT西日本ほか事件では、第1審（大阪地判平成22年4月23日労判1009号31頁〔28163186〕）は学習内容と業務との関連性が密接であることから会社の業務上の指示によるものとして労働時間性を肯定したが、控訴審（大阪高判平成22年11月19日労判1168号105頁〔28255071〕）は各従業員個人のスキルアップのために自主的な意思によって受講するものであって、会社の指揮命令下にあったとはいえないとしている。

駅務員が始業時刻前と終業時刻後に行う点呼や引継ぎ時間が労働時間に当たるかが争われた東京急行電鉄事件（東京地判平成14年2月28日労判824号

5頁〔28071268〕）では、点呼については業務上の指示があり従わなかった
ことが注意や不昇格の理由とされていることを理由に労働時間性を肯定した
が、引継ぎについては明確な指示はなく、任意に行われているものとして労
働時間性を否定している。

させぼバス事件（福岡高判令和5年3月9日労判1300号5頁〔28311133〕）
では、路線バスの折り返し待機時間につき、始発停留所での待機は乗客対応
の可能性がある以上実際に対応をしたか否かにかかわらず労働時間であると
判断したが、始発停留所以外での折り返し待機については各待機場所ごとに
バス移動の要否があるかで休憩時間か労働時間かを判断しており、労働時間
性の考え方の参考になる。また、自家用車での出張移動を労働時間とした裁
判例（シニアライフクリエイト事件・大阪地判平成22年10月14日労判1019号
89頁〔28171050〕）もある。

（2）残業命令の有無

紛争事例では残業の必要性が争われることが多い。使用者からの明示の残
業命令がある場合は必要性が肯定される。また、**黙示的な業務指示**があった
として労働時間であると判断した判例（大林ファシリティーズ事件・最判平
成19年10月19日労判946号31頁〔28132281〕）もある。下級審においては①時
間外労働の必要性、②業務状況についての使用者（又は上司）の認識、③明
示的な業務禁止がないことを要素として黙示の指示の有無を判断するものが
多い（デンタルリサーチ事件・東京地判平成22年9月7日労判1020号66頁
〔28163219〕、ビーエムコンサルタント事件・大阪地判平成17年10月6日労判
907号5頁〔28110706〕など）。残業の手続が定まっている場合において残業
申請の取下げや申請不許可の処置がとられていること等を理由に黙示の残業
命令を否定したものとして高島屋工作所事件（大阪地判平成5年12月24日労
判645号53頁〔28019217〕）がある。

また、業務時間外の研修についても業務指示に基づくものであれば労働時
間となり得るが、否定例も多い。WEB学習会について従業員の自由意志に
よるものであるとした前掲NTT西日本ほか事件が参考になる。

（3）労働時間管理方法の例外

法定外労働時間の制限や割増賃金の発生について労使間で格別の定めを設

ける場合もある。制度設計については社労士の専門分野であるが、**訴訟リス
ク**の判断については弁護士の知見・経験が重要な部分でもあるので、企業側
でこれらの制度を導入する場合には弁護士と社労士が緊密に連携し、予防的
な観点での制度検討を行うことが重要である。以下、各制度を導入する場合
の注意点を説明する。

ア　変形労働時間制

　1か月以内、又は1か月を超え1年以内の一定の期間を**平均した労働時間
の合計が週40時間（特例事業では週44時間）以内**であることを条件に、特定
の日又は週に1日8時間・週40時間以上の労働をさせることを認める制度で
ある。

　ただし、中小企業においては変形労働時間制の要件が特定されていない、
要件に具体性がない、労働時間制限の要件を具備していないなど、変形労働
時間制をうたっていても実際には必要な要件を欠く場合が散見される。必要
な労使協定を欠いていることや労基署への届出がないこと、従業員への周知
がなされていないという理由で無効となることも多い。そのため、変形労働
時間制が争点となる場合には、有効性について十分に注意を払う必要があ
る。なお、変形労働時間制の要件や導入の留意点については下記コラム及び
第6章を参照されたい。

COLUMN

1か月単位変形労働時間制―適正な運用が必須
（井寄奈美　特定社会保険労務士　執筆）

　1か月単位の変形労働時間制は飲食業や小売業など、シフト制で
労働者を働かせている企業が利用するケースが多い。ただし、1か
月単位の変形労働時間制を適正に運用するためには、1か月以内の
一定期間を平均して週40時間（特例措置対象事業場は44時間）以内
となるようにあらかじめ勤務シフトを組み、それに沿って勤務させ
なければならない。

　変形期間を1か月とした場合、暦日が31日の月は177.1時間（特

例194.8時間）、30日の月は171.4時間（特例188.5時間）の総枠時間内で事前に勤務シフトを組む必要がある。勤務シフトのパターンは就業規則に記載する必要があるほか、労働者ごとにパターンが決まっている場合は個別にどのパターンが適用になるのかも労働条件通知書等に記載しておく必要がある。

　裁判例（日本マクドナルド事件・名古屋地判令和4年10月26日労経速2506号3頁〔28310173〕）において、裁判所は、労基法32条の2第1項、及び昭和63年1月1日基発1号、同年3月14日基発150号を参照し、1か月単位の変形労働時間制の有効要件を示した。本件においては、（就業規則に記載のない）「店舗独自の勤務シフトを使って勤務割が作成されている」ことは、「就業規則により各日、各週の労働時間を具体的に特定したものといえず、同法32条の2の『特定された週』又は『特定された日』の要件を充足するものではない」とした。会社側が主張する変形労働時間制の適用は認められず、労働者側の主張に沿って未払割増賃金の支払が認められたケースである（控訴審：名古屋高判令和5年6月22日労経速2531号27頁〔28313761〕も支持）。

イ　管理監督者

　労基法上の労働者であっても、「監督若しくは管理の地位にある者」（労基法41条2号）には法定労働時間、法定休日、休憩の規定が適用されない（**深夜割増賃金の適用はある**）。

　「管理監督者」とは「職制上の役付者のうち、労働時間、休憩、休日等に関する規制の枠を超えて活動することが要請されざるを得ない、重要な職務と責任を有し、現実の勤務態様も、労働時間等の規制になじまないような立場にあるもの」であって名称にとらわれず判断すべき（昭和63年3年14日基発150号）であり、単なる管理職が全て管理監督者に当たるものではない。裁判例では、管理監督者該当性の判断要素として①職務内容、権限及び責任に照らし、労務管理を含め企業全体の事業経営に関する重要事項にどのよう

に関与しているか、②その勤務態様が労働時間等に関する規制になじまないものであるか否か、③給与（基本給、役付手当等）及び一時金において、管理監督者にふさわしい待遇がなされているか否か、を判断要素としたものがある（日本マクドナルド事件・東京地判平成20年1月28日労判953号10頁〔28140704〕）。

ウ　みなし労働時間制
　実際の労働時間の把握が困難な労働者の労働時間の算定を適正に行うための制度で、事業場外労働（労基法38条の2）と裁量労働（同法38条の3）に関するものがある。
　事業場外みなしについては、これまでの裁判例では適用を否定するものが多かった（阪急トラベルサポート事件・最判平成26年1月24日労判1088号5頁〔28220380〕など）が、外国人技能実習生の指導員の業務について事業場外みなしの適用があるかが争われた事件（協同組合グローブ事件・最判令和6年4月16日令和5年（受）365号裁判所HP〔28321143〕）において、最高裁は労働者作成の業務日報により事業場外における勤務の状況を具体的に判断することが容易であったと認定した原判決を破棄し、業務日報の正確性の担保に関する具体的事情の検討が不十分であるとして審理を差し戻した。同判決は事業場外みなしの要件である「労働時間を算定し難いとき」の判断に当たっては**労働者の具体的な業務の性質や裁量の有無などの事情を踏まえて判断**するとの枠組みを示したと理解でき（林道晴裁判官補足意見参照）、今後は具体的な業務内容によっては事業場外みなしの適用が認められる範囲が広がると思われる。ただし、林補足意見にもあるとおり、在宅勤務やテレワークの普及などにより事業場外労働のあり方が多様化している中では、被用者の勤務の状況を具体的に把握することが困難であると認められるか否かを定型的に判断することが難しいため、導入を検討するに当たっては上記最高裁の判断も踏まえつつ具体的な労務実態が事業場外みなしの要件を充足するかについて丁寧な検討を行う必要がある。なお、事業場外みなし導入の留意点については第6章で詳述する。
　裁量労働制については長時間労働の温床となっていることや本来適用できない職種にも裁量労働制を適用する等の不適切な利用例が散見されたことから、2024（令和6）年4月に省令の改正がなされ、健康・福祉確保措置の強

化や労使協定、労使委員会の運営規程に定められるべき事項及び決議事項で定められるべき事項（同意の撤回の手続や専門業務型の場合には本人の同意を必要とする等）が追加されている。

エ　固定（定額）残業代

固定（定額）残業代とは、個別の雇用契約においてあらかじめ一定時間の法定時間外労働に対する手当を定めて、実際の時間外労働の有無にかかわらず当該手当を支払うという制度である。労基法37条所定の算定方法によらなくても労基法所定の計算額を下回らなければ違法ではなく、実測された時間外労働時間に基づかずあらかじめ割増賃金を基本給や諸手当に含めて支払うことも労基法37条に直ちには違反しない（康心会事件・最判平成29年7月7日裁判集民256号31頁〔28252090〕）。

固定残業代が有効とされる要件は、判例によると**通常の労働時間の賃金に当たる部分と割増賃金に当たる部分を判別できること**、かつ、後者が**労基法所定の計算方法による割増賃金額を下回らないこと**である。判別性の要件については、日本ケミカル事件（最判平成30年7月19日裁判集民259号77頁〔28263272〕）判決において、ある手当が時間外労働等の対価といえるかは契約書等の記載内容、使用者の説明の内容、実際の勤務状況等の事情を考慮して判断されるとの枠組みが示され、またその支払額が実際の時間外労働時間と乖離していないことも必要とした。また、国際自動車事件（最判令和2年3月30日労判1220号19頁〔28281846〕）においては、手当として支払われる固定残業代について、通常の労働時間の賃金に当たる部分と同条の定める割増賃金に当たる部分とを判別することができるというためには、当該手当の名称や算定方法だけでなく、労基法37条の趣旨を踏まえ、当該労働契約の定める賃金体系全体における当該手当の位置付け等にも留意して検討しなければならないと判示し、実質的な判断が必要としている。固定残業代を導入する場合には、これら判例を踏まえ雇用契約書への記載や使用者への説明を十分に行うとともに、実態と大きく乖離しない内容を定める必要がある。

長時間の残業を前提とする固定残業代は公序良俗に反して無効とされる可能性がある（ザ・ウインザー・ホテルズインターナショナル事件・札幌高判平成24年10月19日労判1064号37頁〔28211394〕）。働き方改革法において残業時間の上限が原則45時間とされたことを踏まえると、固定残業代制度を設け

る場合にも時間は45時間以内としておく必要があろう。

　固定残業代の支払が割増賃金の支払として認められない場合、固定残業代部分も割増賃金算定における時間単価の基礎とされてしまい、かえって割増賃金が高額になるうえ、割増賃金全体が未払となってしまう結果、高額の支払が命じられる「ダブルパンチ」の危険もある。そのため、固定残業代を採用する場合にはその有効性に最大限の留意を図る必要がある。2017（平成29）年の職安法改正により**固定残業代も募集・求人時の明示義務の対象**とされたことにも留意が必要である。

　なお、固定残業代については所定時間を超過しなくても固定額を支払う必要があり、所定時間を超過した場合にはこれに加えて超過分の割増賃金を支払う必要があることから、**本来的には人件費の抑制という点でのメリットはない**といえる。また、給与計算の簡略化のメリットも所定時間を超過しない場合に限られるため、導入の必要性は慎重に判断すべきと思われる。

4. 訴訟における労働時間の主張・立証方法

(1) 主張立証責任の所在

　残業代請求訴訟の訴訟物は雇用契約に基づく賃金支払請求権（及び労基法114条に基づく付加金請求権）である。**割増賃金請求は割増分も含めて1個の訴訟物**とされる。ここでいう賃金請求権は支分権としての具体的な請求権であるが、これは契約による労務を終えた場合に発生する（民法624条1項）ので、請求原因として①労働契約の締結、②割増賃金の基礎となる1時間当たりの賃金額、③請求に対応する期間の時間外労働義務の履行、を主張する必要がある。特に争点となるのは③であるが、この点は後述する。

　これに対する使用者側の抗弁としては、前述した**労働時間管理方法の例外の適用**である。また、**割増賃金の支払や代替休暇の付与**も抗弁となる。ただし、割増賃金を基本給に組み込んで支払ったとの抗弁については、通常の賃金と割増部分の判別可能性がない場合には抗弁として失当となると説明されている。

（2）きょうとソフトの活用

　残業代の計算に当たっては、原告側において上記の請求原因事実を具体的に主張し計算を行う必要があるが、未払期間が長期になればなるほど計算は煩雑となり、相当な労力を必要とする。また、被告側においても原告の計算を検証することは煩雑であるほか、計算方法が明確でない場合にはこれをめぐって別途争いが生じ、審理が長期化することもある。

　そこで、京都地方裁判所と京都弁護士会が共同で割増賃金計算ソフト（きょうとソフト）を開発し、この問題の解決を図った（開発者による説明は判例タイムズ1436号（2017年）17頁以下に掲載）。現在は日本弁護士連合会の会員専用ページで配布されており、各地の裁判所においても標準的な計算ツールとして認知されている。労使いずれの立場でも残業代事件を扱ううえで欠かせないツールである。

（3）労働時間の立証方法

　残業代請求における労働時間はタイムカードに打刻された出退勤時間と事実上推定するのが裁判例の大勢である。ただし、業務が終わったがタイムカードを打刻せず職場に滞留している時間は労働時間ではないため、具体的な事実関係によっては上記推定が及ばない場合もある（オリエンタルモーター事件・東京高判平成25年11月21日労判1086号52頁〔28220813〕など）。

　タイムカードがない場合やタイムカードが不正確な場合（上記滞留時間のほか、タイムカードの打刻以上に残業した場合など）の場合、労働時間の立証手段が重要となる。作業日報や入退室記録、警備会社等の鍵授受簿などで立証が考えられるほか、現在では業務上使用するパソコンの起動ログや警備会社の警備システムの設定・解除記録、通勤に利用する電車の改札通過記録（ICカード定期券の利用記録）、ETCの利用記録、職場から送信したメールのタイムスタンプ、LINEの投稿履歴、スマートフォンの位置情報サービスのログ、労働者作成のメモ・日記などが利用されることもある。複数の従業員の出退勤履歴や陳述書を組み合わせることで立証ができた例もある（前掲福岡高判令和6年2月15日）。その他にも、タイムカードの打刻のない従業員について、少なくとも他の従業員の半分の労働時間があると推定した例（日本コンベンションサービス事件・大阪高判平成12年6月30日労判792

号103頁〔28060171〕）や、メール送信やパソコンのシャットダウン記録に基づいて労働時間を認定した例（東京高判平成31年3月28日判時2434号77頁〔28273597〕）がある。

〈参考文献〉

井上繁規『時間外労働時間の理論と訴訟実務　判例・労災決定・学説にみる類型別判断基準と立証方法〈第2版〉』第一法規（2024年）

水町勇一郎『詳解労働法〈第3版〉』東京大学出版会（2023年）

山川隆一『労働紛争処理法〈第2版〉』弘文堂（2023年）

岡芹健夫『労働法実務　使用者側の実践知〈第2版〉』有斐閣（2022年）

杜若経営法律事務所編著『未払い残業代請求の法律相談』青林書院（2022年）

渡辺輝人『残業代請求の理論と実務〈新版〉』旬報社（2021年）

佐々木宗啓ほか編著『類型別　労働関係訴訟の実務Ⅰ〈改訂版〉』青林書院（2021年）

狩倉博之＝杉原弘康＝中野智仁編著『中小企業の残業代紛争　使用者側の実務』学陽書房（2021年）

西谷敏『労働法〈第3版〉』日本評論社（2020年）

岡口基一『要件事実マニュアル4〈第6版〉』ぎょうせい（2020年）

君和田伸仁『労働法実務　労働者側の実践知』有斐閣（2019年）

白石哲編著『労働関係訴訟の実務〈第2版〉』商事法務（2018年）

石嵜信憲編著『個別労働紛争解決の法律実務』中央経済社（2011年）

半田望（はんだ　のぞむ）　弁護士

第6章　適切な労働時間管理と労働時間の算定方法—短時間労働者への適用方法

第**6**章	適切な労働時間管理と労働時間の算定方法 —短時間労働者への適用方法

具体例

　毎月、長時間の時間外労働をしている労働者が増えてきたことで、会社（Ｙ）は実態に合わせた所定労働時間制への変更や、労働時間管理方法の変更を検討する必要があると考えている。業務の繁閑に応じて柔軟に勤務することができれば、実労働時間の短縮が目指せるのではないか、という前提でＹ社にアドバイスできることはないか。それと同時に、時間外労働時間の上限が設定されたことで、より厳密に時間管理をしなければならなくなったが、その管理方法はどのようになるのか。

　また、育児休業から復帰した労働者Ｘが短時間勤務となったが、その場合の基本給や定額時間外労働手当の算出方法はどのようになるのか。

検討事項

1. 労働時間管理の原則と例外

　労働時間管理の原則と例外、またそれぞれの労働時間管理方法の特徴を整理する。

　具体的には、労働時間管理方法として変形労働時間制とフレックスタイム制について、また労働時間の算定方法として裁量労働制が存在するため、それらの制度の導入要件や実際にどの労働時間管理方法、算定方法とすれば、時間外労働を削減できるのか、検討していく。

2. 正しい時間外労働の算定方法

　会社が定める所定労働時間を超えた時間すべてが法的にいうところの時間外労働時間ではないが、実際に法定労働時間を超えた時間はどのように算定するのか、具体例で解説していく。特に時間外・休日労働に関する協定（以下、「36協定」という）における上限時間を超えていないかどうかを毎月確認していく必要があるため、時間外労働時間と休日労働時間を区別する方法

89

も明確にする。

3. 短時間労働者への対応方法

　働き方改革実行計画が示されて以降、多様な働き方を準備する会社が増えたこと、また育児休業から復帰して短時間勤務を選択することが定着したことなどから、もともとはフルタイム勤務だった労働者が所定労働時間の短い短時間労働者となるケースが多い。その際に、フルタイム勤務の場合に決定していた給与額からどのような方法で短時間勤務の場合の給与を決定するか、という点が迷うポイントとなるため、その対応方法の選択肢を解説する。

基本情報

1. 労働時間管理方法の原則

　労働時間管理の方法は、原則は1日8時間、週40時間という労基法32条に定められている法定労働時間を超えた時間を時間外労働、休日労働時間として算定することになる。つまり、日単位で法定労働時間を超えているのか、という確認をするだけではなく、週単位でも40時間という法定労働時間を超えているのか、という確認を行う必要があり、それにより算出された時間外労働時間に対しては割増賃金を支給する義務が発生する。

　この原則に基づき、労働時間管理を行う場合は、1日の所定労働時間は8時間以内でなければならず、また1週の所定労働時間は40時間でなければならない。所定労働時間は雇入れ時の労働条件明示において、日々の始業・終業時刻を明示することで決定する。始業・終業時刻については就業規則の絶対的記載事項でもあるので、就業規則でも具体的に規定する必要がある。所定労働日によって始業・終業時刻が異なるということも可能だが、事前に具体的に決まっている必要があることが原則である。

　1日8時間、週40時間という法定労働時間以外はすべて時間外労働というわけではなく、法定休日の労働時間は休日労働時間として別で算出する必要がある。

2. 労働時間管理方法の例外

　1日8時間、週40時間という法定労働時間内に所定労働時間を収めることが必要となると、業務の繁閑に応じて所定労働時間に長短をつけることができないが、1日、週単位の法定労働時間を超えて設定可能な労働時間管理の方法が例外として存在する。それが変形労働時間制、フレックスタイム制であり、また労働時間の算定方法の例外として裁量労働時間制も準備されている。

（1）変形労働時間制とは

　変形労働時間制は、**変形期間として定める一定の期間中の所定労働時間を平均すると法定内の週40時間以内に収まるように設定することが可能な**制度である。その変形期間の種類は1週、1か月、1か月超1年以内と3種類が設けられている。

（2）フレックスタイム制とは

　フレックスタイム制は、**始業・終業時刻を労働者の決定に委ねることが必要であり、1か月以内（3か月以内の例外もある）を清算期間として設けて、その期間を平均し法定労働時間を超えない時間を所定労働時間とすることができる制度**である。変形労働時間制では各日の始業・終業時刻は会社が決定するが、フレックスタイム制は始業・終業時刻を「労働者に委ねる制度」のため、会社が具体的に時刻を指定できないという点で大きく異なる制度といえる。

（3）裁量労働制とは

　裁量労働制には、専門業務型と企画業務型の2種類があり、いずれも労使協定や決議書でみなし時間を定めた場合は、その業務に従事する**労働者の実労働時間ではなく、定めた労働時間を働いたものとみなす制度**である。業務の性質上、その遂行方法を労働者の裁量に委ねる必要があり、労働時間を算定することが困難なため、実労働時間ではなくみなし時間が働いた時間となる。ここで変形労働時間制、フレックスタイム制と異なる点は、対象業務に従事している労働者しか適用されない制度ということと、あくまでも1日の

労働時間をあらかじめ定めたみなし時間とするだけであり、そのみなした労働時間が法定労働時間を超えるのであれば日単位でも週単位でも時間外労働時間が発生することになる。したがって、1日や週の所定労働時間を法定以上と定めることはできない。ただし、1日のみなし労働時間を法定労働時間以上の時間とすることは可能であり、その場合は時間外労働手当の支給が必要となる。

そのほかに労働時間がみなし労働時間となる制度には、事業場外みなし制もある。この制度は事業場外で労務提供していて労働時間を算定できない場合に、実労働時間ではなくみなし労働時間とするという考え方である。

3. 勤務形態に応じた適切な労働時間管理

変形労働時間制とフレックスタイム制ではどのような業務や勤務形態に適しているのか、またそれらの制度を導入することで実現可能なことは何かを確認していく。

（1）変形労働時間制の導入により実現可能なこと

変形労働時間制は会社が業務の繁閑に合わせて労働者の働く時間帯も働く時間数もあらかじめ定めることができる制度でもあるため、例えば月初は繁忙期のため所定労働時間を長めに設定し、同月内の閑散期には所定労働時間を短めにすることで1か月の所定労働時間内で業務の繁閑を吸収することを目的に設計することができる。具体的には繁忙時期は1日10時間の所定労働時間として、閑散時期は1日6時間の所定労働時間とすることなどで所定労働時間にメリハリをつけることで、不要な時間外労働を命ずることが少なくなる。つまり繁忙時期の1日の所定労働時間を8時間超とすることにより、時間外労働の割増賃金を支払う時間数を削減することも可能となる。以上のことから営業時間が長い店舗などで8時間を超えるシフト勤務の実現や月単位で業務の繁閑スケジュールが明確な業務であれば、時間外労働時間の削減を実現させる可能性がある制度と考えられる。しかしあくまでも事前に所定労働時間を決めなくてはならないため、繁閑が変形期間の開始前に明確になっているケースに限り効果が高いといえる。

第6章　適切な労働時間管理と労働時間の算定方法―短時間労働者への適用方法

（2）変形労働時間制の導入要件

　変形期間が1か月以内であれば、就業規則に規定することで1か月単位の変形労働時間制の適用が可能となるため、導入手続が比較的簡易で会社としても導入しやすい制度と考えられる。しかし、変形期間が1か月を超え1年以内の場合（1年単位の変形労働時間制）は、就業規則に規定するのみでは適用できず、あらかじめ年間スケジュールを作成して、労働基準監督署への事前の届出という多少煩雑な手続が求められる。ゴルフ場やスキー場など、季節による繁閑が大きい業種の場合は1年単位の変形労働時間制の導入により、その繁閑に合わせた所定労働時間を設定することができ、時間外労働抑制の効果があると考えられるが、事前の届出だけではなく変形期間の途中に入退社がある場合は時間外労働の精算をしなければならないなどの煩雑な管理も求められる。したがって導入に際しては要件を満たしているという確認だけではなく、対象労働者ごとに具体的な管理をすることも想定して検討しなければならない。1年単位の変形労働時間制の場合の変形期間は必ずしも1年とする必要はなく、1か月超から1年以内の期間の中から選択することが可能なため、業務の繁閑期間を吸収することができる期間を変形期間と設定することも可能である。繁忙期の前後が閑散期であれば、それらの期間を変形期間として設定することなどが考えられる。

（3）変形労働時間制運用における注意点

　変形期間が始まる前までに各日の始業・終業時刻を決定する必要がある変形労働時間制だが、この事前に決めた所定労働日、所定労働時間は変更できないという点に留意しておきたい。正確には、変更事由をあらかじめ定めておけば変更自体はその定めを根拠に労働者に命ずることは可能ではある。しかし、変形期間の途中で変更を命じると、その結果、変形労働時間制としての利点である時間外労働の算定における特例は実行できなくなってしまう。つまり、変形労働時間制の効果である変形期間を平均して週40時間以内であれば、1日8時間、週40時間を超えた時間でも所定労働時間と設定できるところ、変形期間の途中で変更することにより、原則の1日8時間、週40時間を超えた時間が時間外労働となり割増賃金の支払が必要となってしまう。

　要するに、**変形労働時間制は変形期間に入る前に決めた労働日、労働時間**

93

を守らない限り、その効果は得られないため、変形期間が始まってからは柔軟に労働日や労働時間を変更することはできないと理解しておきたい。

（4）フレックスタイム制の導入により実現可能なこと

　変形労働時間制は、会社が所定労働時間をあらかじめ定めて通知しなければならないが、フレックスタイム制の場合は、始業・終業時刻を労働者に委ねる制度のため、会社側から出勤する時刻を具体的に命ずることができなくなる。しかしフレックスタイム制は、1か月などの清算期間を決めてその期間を平均して法定労働時間内に収まればよい制度なので、**労働者自らが働く時間帯を選ぶことで、業務の繁閑を労働者自身がコントロールできる**という利点がある。会社によってはコアタイムという必ず働かなければならない時間帯を設けることは可能なため、例えば午前中はみんな揃って仕事をしたいということであれば、9時から12時はコアタイムとする、などの統一性を保つことは一定程度可能である。

（5）フレックスタイム制の導入要件

　フレックスタイム制を適用するためには、就業規則に規定し、労働者の過半数代表者との労使協定の締結をする必要がある。この労使協定は労基署への届出は不要だが、フレックスタイムの清算期間を1か月超から3か月以内とする場合は届出が義務化されている。労使協定では、対象となる労働者の範囲、清算期間、清算期間における総労働時間、標準となる1日の労働時間、コアタイム・フレキシブルタイム（任意）を定める必要がある。つまりフレックスタイム制を適用する労働者を限定することは可能で、例えば試用期間中は適用しないことや所定労働時間が短い人は適用しないなどというルールを決めることも可能である。

（6）フレックスタイム制運用における注意点

　フレックスタイム制の導入により労働者にどこまで自由があるのか不明確になりがちだが、あくまでも**労働者に始業・終業時刻を委ねるだけであり、働く日を自由に選べるというわけではない**という点を労働者に周知しておきたい。所定労働日は会社が定めるのでその日は働かなくてはならないが、忙しくなければ早く終わらせることも可能ではある。ただし、清算期間中の所

定労働日数と1日の標準となる労働時間は所定労働時間として決まっているため、例えば所定労働日数が20日で、1日8時間であれば、1か月で160時間が所定労働時間となりその時間数までは働く義務があるという仕組みである。

4. 変形労働時間制又はフレックスタイム制の導入により時間外労働の削減になるのか

　変形労働時間制は、あらかじめ業務量をある程度把握できて計画的に所定労働時間を設定することが可能であれば、手待ち時間を削減することが可能なため実労働時間を短くすることができ、結果的に時間外労働の削減が可能と考えられる。しかしあくまでも事前に予定がわかっている場合に限るという点が課題になる。

　一方、フレックスタイム制は変形労働時間制とは異なり、労働者の意思で繁閑を自らコントロールできれば結果として時間外労働を削減できる可能性がある。しかし、労働者1人ひとりが目的意識を持って対応しないと実現できない可能性が高い。したがって、フレックスタイム制を導入することだけで、会社が考えている時間外労働削減が実現できるとは限らないといえる。

　フレックスタイム制の導入効果を期待できる点を1つ紹介しておきたい。フレックスタイム制の特徴の1つで、所定労働日だけではなく法定休日以外の所定休日に労働した場合も当該月の実労働時間として通算されることを活用したい。例えば、日曜日が法定休日で土曜日が法定休日ではない所定休日の場合で、土曜日に3時間出勤して顧客対応をしなければならないようなときに、金曜日は早く帰り、土曜日に出勤して3時間だけ勤務して帰るという対応が可能となる。これがフレックスタイム制ではなく通常の労働時間管理の場合は、金曜日は終業時刻まで勤務しなければならず、土曜日に仕事をする場合はほぼ確実に週40時間超となるため時間外労働となってしまう。フレックスタイム制であれば、他の所定労働日に働く時間を調整しながら、所定労働時間内に収めることも可能となる。

　このように、法定休日ではない所定休日に短時間でも勤務が必要な業務がある現場ではうまく調整することが考えられる。

5. 労基法における用語と社内用語で意味が異なる「時間外労働」と「休日労働」

　36協定における「時間外労働」は労基法32条で定められている法定労働時間を超えた時間のことで、「休日」とは労基法35条で定められている法定休日のことを指している。しかし、会社では1日の所定労働時間を超えた時間を「時間外労働」、会社が定める休日に労働した時間をすべて「休日労働」と呼んでいることがあるが、これらを同一の意味だと誤解していることがある。

　会社にとって、労働者の実労働時間を集計する目的は主に賃金を払うためと考えられる。それは実労働時間に応じて時間外労働手当を算出し支給する必要があるためだが、会社が考える時間外労働手当、休日労働手当が労基法上の時間外労働に対する手当、休日労働に対する手当、と一致していないことは多い。

　会社は会社が定めた所定労働時間を超えた時間を時間外労働時間と定義付けることが多いが、会社が定めた所定労働時間が法定労働時間と一致するとは限らない。したがって、会社が時間外労働時間としてカウントしている時間に、法定労働時間内の所定外労働時間と法定労働時間を超える時間である時間外労働の2種類が存在するということになる。

　具体例で確認しておきたい。

　例えば1日の所定労働時間が7時間30分で、実労働時間が9時間の場合、会社が対象労働者に対して支給しなければならない所定労働時間を超える時間は合計1.5時間となる。その内訳は、法定労働時間を超える時間外労働が1時間、所定労働時間を超える法定内の時間外労働時間が30分となる。法定労働時間を超える時間外労働は割増賃金の支払が必要だが、法定内の時間外労働時間に割増賃金は必須ではない。しかし、会社によっては所定労働時間を超える時間はすべて割増賃金を支給している場合もあり、まとめて1.5時間分の割増賃金を支払うケースもある。

　この例でいうと、36協定で協定している時間外労働のカウントでは、1時間となり、1.5時間ではない。賃金支給額を算出するために実労働時間を算出していると、法定内労働時間も法定労働時間を超える時間として合算してカウントしてしまい、法で定める時間外労働時間のみを正しく算出できてい

ないということが起きることを理解しておきたい。

　休日労働についても同様の問題がある。例えば、土曜日が会社休日で日曜日が法定休日の会社で、いずれの日に勤務しても同様に1.35倍の割増賃金を支給するルールとしている会社では、土曜日の勤務時間と日曜日の勤務時間を合算して休日労働時間として算出し、その時間に対して休日割増手当を支給している。しかし、実は法的には法定休日ではない土曜日の労働時間は時間外労働であるため、36協定で協定している時間外労働時間としてカウントしなければならない。36協定で協定している休日労働時間はあくまでも法定休日の労働時間であり、ここには時間外労働時間は含まれない。

　法定休日を具体的に定めることは義務化されていないが、どの日が法定休日かはっきりしていないと、結果的に時間外労働時間も正しく算出できないということが起きる。労基法37条では時間外労働が月60時間を超えた場合の割増率が5割以上でなければならないと規定されているが、この60時間には法定休日ではない休日に労働したことで時間外労働となった時間も含まれるので、この集計を誤る可能性もあり、その場合は割増率が異なることによる未払が発生するというリスクも生じる。

　以上のことから、労働者の実労働時間管理においては、会社のルールに準じて賃金を支給するために算出するのではなく、労基法で定める時間外労働時間、休日労働時間を正しく算出することが必要となる。

6. テレワークの場合にみなし労働時間制の導入は可能か

　労働者が情報通信技術を利用して事業場外勤務をすることをテレワークと定義付けられているが、厚労省は「テレワークの適切な導入及び実施の推進のためのガイドライン」を公表するなど、その普及を進めている。テレワークの形態は自宅で仕事をする在宅勤務、自宅近くなどのサテライトオフィスやシェアオフィス、コワーキングスペースなどで勤務するサテライトオフィス勤務のほか、労働者が自由に働く場所を選択する外勤における移動時間なども含めて勤務するモバイル勤務などに分類することができる。

　2020（令和2）年に発生した感染症の流行により、いままでなかなか普及されていなかったテレワークという働き方が急速に普及し、導入に踏み切る企業が増加した。当時は緊急事態に伴い急遽導入するという背景から、その

働き方のルールを明確には決めずに暫定対応としてきた会社も多かったが、その後は厚労省のガイドライン公表などの影響もあり具体的なルールを決めて１つの働き方ルールとして整備されつつあると考えられるので、具体的にガイドラインで示されている内容を踏まえて、どのような労働時間管理に適用できるのか、整理していきたい。

　まず、テレワークだからという理由だけで適用できない労働時間管理制度はないので、テレワーク導入前から採用している労働時間制度を維持することが最もスムーズな方法と考えられる。しかし、テレワークにより労務提供する「場所」を労働者が選択できるようになるため、それにとどまらず、「始業・終業時刻」も労働者に委ねる制度としたいと考えることは多く、その場合はテレワーク勤務でフレックスタイム制を導入するという選択をすることになる。

　さらにより自由度の高い働き方と考えると労働時間管理を事業場外みなし労働時間制とする方法がある。事業場外みなし労働時間制とは、労基法38条の２で示されており、労働者が業務の全部又は一部を事業場外で従事し、使用者の指揮監督が及ばないため、労働時間の算定が困難な場合に限って、実労働時間ではなく、労働時間をみなすことができるという制度である。ここでポイントとなるのは**「労働時間の算定が困難な場合」**という点で、実際にテレワークにおいては、次の２点のいずれも満たす場合に適用が可能となるとガイドラインで示されている。

　①　情報通信機器が使用者の指示により常時通信可能な状態に置くこととされていないこと

　②　随時使用者の具体的な指示に基づいて業務を行っていないこと

　この２つの条件を満たす状況でなければ適用できないと考えると、勤務時間中に労働者が自分の意思で情報通信機器から離れることができるような状況でなければならず、会社がスピーディなレスポンスを要求することなどは難しいことになる。また、日々の業務スケジュールを具体的に指示するようなケースは適用できないと整理できる。

　以上のことから、就労場所が同じオフィス内ではなく、テレワークで労働者の選択する場所であったとしても、始業時刻に仕事を始めて、適宜ミーティングなどで具体的なスケジュールを指示することや、労働者が情報通信機器から自由に離れることを許さない場合は、事業場外みなしを適用するこ

とはできず、通常の時間管理か、フレックスなどで多少働く時間帯は労働者が選択できる制度で管理することが適切と考えられる。

また、完全に全日テレワークであれば別だが、決められた頻度や期間だけテレワークを認めるという制度の場合は、テレワークではない日と異なる労働時間管理方法とすることは管理上不可能ではないものの、区別することは難しい可能性も出てくる。テレワークの日の働き方が前述の2つの要件を満たす場合に限り、事業場外みなし制度の適用とできることを理解したうえで、管理方法を決定することになる。

要件を満たさないにもかかわらず、事業場外みなし制度を適用させておくと、どのような問題が起きるかという点も確認しておきたい。

まず、事業場外みなし制度が適用された日は、実労働時間に応じた賃金が発生するのではなく、あらかじめ決めた1日のみなし労働時間分の賃金が発生するという仕組みである。したがってみなし時間が実労働時間よりも短い場合、みなし時間を超えた実労働時間分が事業場外みなしの適用が否認されることにより未払賃金となる。結果として未払賃金分を労働者から請求されるリスクが考えられる。

7. 短時間勤務の正社員の労働時間管理、賃金決定の留意点

多様な働き方の選択肢の1つとして、正社員として同じ役割を担うが、所定労働時間が短い短時間勤務制度という仕組みが存在する。厚労省が実施している2022（令和4）年度雇用均等基本調査では、多様な正社員制度として短時間正社員が導入されている事業所割合は32.6％と公表されているが、そのほかにも育児や介護を事由に短時間勤務制度を整備することは育児・介護休業法で求められていることから、多くの会社でその制度が利用されるようになっている。短時間勤務制度は所定労働時間がフルタイムよりも短い、という制度となるが、具体的には1日の所定労働時間を短くする「短時間」という方法だけではなく、週や月の所定労働日数を少なくする勤務形態とする方法の2種類が存在する。

もともとはフルタイムで勤務していた人が役割は変えずに、1日の所定労働時間又は所定労働日数を減らす場合の労働時間管理はどのようになるのだろうか。また、賃金設定はどのようにすることが可能なのかという点も合わ

せて整理しておきたい。

（1）フルタイムから短時間勤務とする場合の労働時間管理

　所定労働時間が短くなることだけで労働時間管理の方法を変更することは考えにくい。働き方としての変更がなければ、フルタイム勤務の場合と同一の管理方法で問題はない。

（2）１日の所定労働時間を短くする場合

　例えば８時間の所定労働時間を６時間に短縮する場合、月額給与を８分の６にするという方法が最もシンプルな考え方だろう。この場合に毎月不足分の８分の２を控除するという考え方とはせず、月額給与を最初から８分の６に設定して支給する方法が適切である。労働契約として労働義務がある時間相当分を月額給与の支給額としなければ、どこまでが義務として履行しなければならない範囲か明確にならないためである。短時間により労務提供義務のない時間は通常の遅刻や早退とは異なる扱いにしなければならない。

（3）所定労働日数を少なくする場合

　例えば週５日勤務ではなく、週３日勤務とした場合、月額給与を５分の３とする方法が考えられる。ここで気にしておかなければならないことは、月や年を通じた休日数が本当に５分の３となるか、という点である。土日祝日が休日の会社の場合は、どの曜日が祝日となるかによって、週３日の勤務を曜日指定していた場合は所定労働日数が変動してしまうことが考えられる。年間所定労働日数や月間所定労働日数を５分の３として、週３日勤務の所定労働日を特定することも考えられるが、労働者視点では働く日は曜日指定で固定したいという希望も多いことが実態であるため、単に５分の３とすると公平に労働時間と賃金を設定することが難しくなる。年間休日数から正確に算定することにより正確な対応が可能となるので注意しておきたい。

（4）月給制から時給制への変更

　月額給与を８分の６や５分の３などとせずに、月額給与から時間給単価を算出して時給制に変更する方法も考えられる。しかし、月給制から時給制にするということは、賃金体系を変更することになるため、その変更が適切か

どうかも検討しなければならない。正社員の場合は特に日給月給制などであることを就業規則に規定していることが多いため、時給制に変更する根拠がなく、安易に時給制への変更はできない。また時給制の場合は、実労働時間分の賃金が積み上がることになるため、月の休日数に応じて月間の支給総額が変動することになる。したがって所定労働日数が少ない月は支給総額も少なくなり、支給額が毎月一律ではなくなるという特徴があることに留意しておきたい。

（5）定額の時間外労働手当を支給している場合

　月額給与で毎月、時間外労働手当を一定額、又は一定時間分を支給している状況で、時短勤務となった場合にこの定額時間外労働手当の支給をするのか、しないのか、支給する場合にどの程度の金額に設定するか、という問題がある。

　そもそも定額時間外労働手当は、全く時間外労働をしなかった場合でも支給される手当という性質のものである。手当の性質を踏まえると、時短勤務だから所定外労働はしないことが原則となったとしても、実際に時間外労働の有無にかかわらず支給する手当のため、そのまま支給すると整理することができる。しかし、実際には時短勤務となると時間外労働はないことがほとんどのため、発生した時間外労働手当は適宜支給するが、定額時間外労働手当の支給対象者から除外するという考え方もある。

　定額時間外労働手当を支給している背景は企業によって様々だが、月額給与として確実に毎月支払う総額を増額することが目的ということが多い。したがって、定額時間外労働手当を不支給とするとベースとなる基本給等だけではかなり低額になってしまう可能性が高い。短時間勤務によって少なくなる業務量等以上に賃金が減額されてしまうと時短制度の利用促進が見込まれないことや、労働者本人のモチベーション維持が困難という問題も出てくる。したがって、不支給とはせずに、基本給等の固定分と同様に8分の6や5分の3などの所定労働時間の減少率と同様の支給率とする方法が選択されることもある。

〈参考文献〉
　菅野和夫＝山川隆一『労働法〈第13版〉』弘文堂（2024年）

厚生労働省労働基準局編『令和 3 年版　労働基準法　上巻　労働法コンメンタール』労務行政（2022年）

厚生労働省「テレワークの適切な導入及び実施の推進のためのガイドライン」（令和 3 年 3 月25日付基発0325第 2 号、雇均発0325第 3 号）

濱田京子（はまだ　きょうこ）　特定社会保険労務士

第7章　定年後の労働条件切下げ

具体例

　定年退職後も定年前と同一の職務に従事し同じ責任を負って働いているのに、定年後の「有期雇用」を唯一の理由に労働条件が大幅に切り下げられた。精勤手当、住宅手当、家族手当も支給されない。その結果、年収が退職前の8割弱となった。そこで不利益を被った労働者が会社を相手に、①定年制に合理的な根拠があるのか、②条件切下げは、正規労働者と非正規労働者との間の非合理な待遇差を解消することを目指す「同一労働同一賃金」（パート有期法8、9条）に反するのではないかと訴えてきた。会社側はどのように反論すべきか。

　このような労働紛争を未然に防止するため、③会社が条件切下げを実行する前に、労働者に具体的にどのような説明をすればよかったか（パート有期法14条1、2項）。なお、本事例と異なって、労働者側が提示された条件では働けないと断り、「再雇用契約が成立していない場合」は、高年齢者雇用安定法の問題となる。

検討事項

　上記の具体例は、後に検討する長澤運輸事件がモデルとなっている。なお、直近の最判令和5年7月20日金判1688号2頁〔28312065〕においては年収の6割以下になったが、長澤運輸事件と同じ判断が示された（本章末尾の「コラム　定年前の6割未満でも不合理とはいえないとされた事例」参照）。短時間・有期（定年後再雇用を含む）と無期（正社員）の条件格差が合理的といえるのか否かが争点である。そこで、①定年制の存在理由と定年後の有期雇用条件を経営判断との関係で検討する。また、②高年齢者雇用安定法が定める**継続雇用制度**を前提に実務上の問題点を確認し、③パート有期法も重要で、業種及び経営状態や労働者の個体差などを総合的に判断して検討すべき事案である。なお、パート有期法の成立により、労契法旧20条は廃止になったが、若干表現は変わるものの、パート有期法に労契法旧20条が取り込まれ、後に検討する「長澤運輸事件」など最高裁判決は、パート有期法8条

の解釈指針となり得る。そこで、労契法旧20条とパート有期法の比較検討が必要となる。

このような紛争の予防には、何よりも「会社が事前の説明を十分に」果たしておくことが肝要であり、パート有期法14条1、2項も雇用時での事前説明を求めている。労働者も一定の条件が満たされていれば、争って失業するより提示された条件で合意する方が得策という場合もあることを理解しておくべきである。紛争への発展は当事者双方にとって負担が大きく、メリットのない場合も多い。

当事者の主張

具体例にもあるように、不利益を被った労働者としては、「条件切下げの不合理性」を強調するのが現実的な戦略であろう。定年制を批判しても、当面の問題解決に直結しない。

会社側としては、条件切下げの必要性（例えば経営状況の悪化、他の労働者との公平性）を強調すべきであるが、具体例では退職前の年収と比べても減収がわずか2割ほどであることも理由となり得る。いずれにせよ、争いを防止するためには事前に十分な説明をしておくべきである。

なお、当事者双方が留意すべきことは、定年後の継続雇用制度によって確保されるべき雇用の形態について、必ずしも労働者の希望に沿った職種や労働条件による雇用を求めるものではないという点である。**高年齢者雇用安定法**は、定年後の雇用契約の「提示」を企業に求めているのであって、「雇用義務」を課しているわけではない。労働条件が労働者の希望に合わず、労働者が再雇用を拒んだとしても、基本的には高年齢者雇用安定法違反とはならない。ただし、企業側の提示した職務内容や条件が、例えば定年前は事務職であったのに、定年後はもともと働いていた場所の清掃係など「到底労働者に受け入れられない」内容であれば、争いとなるリスクがある。

第7章　定年後の労働条件切下げ

基本情報

1. 定年制が存在するのはなぜか

（1）定年制の意味

　定年制には、定年までは働き続け得る雇用保障の面を有するとともに、過剰人員の整理解雇の形をとらずに退職させることができるという意味もあり、定年は労働者にとり「雇用保障機能」、使用者にとっては「雇用終了機能」が組み合わされた制度として定着してきた。

（2）年功賃金と定年制

　年功賃金だから定年が必要になり、**定年は長期の収支勘定を合わせる仕組み**といえる。賃金カーブが上昇する賃金体系の下では、従業員が若いときは貢献度より低い賃金を雇用側は支払い、年功賃金制では後に貢献度より賃金が高くなるため、定年を設けて退職させることで収支勘定を合わせるのが定年制である（山下眞弘「定年制と高年齢有期再雇用者の労働条件」ビジネス法務19巻9号（2019年）98頁）。貢献度と賃金のバランスが常にとれていれば、理論上定年制は不要となるが、定年がなければ、生産性の低い労働者をいつまでも解雇できないという現実の問題が生じる。なお、厚労省「高年齢者の雇用状況」集計結果（2019年11月22日）によれば、65歳までの雇用確保措置のある企業は99.8％で、66歳以上働ける企業は30.8％、70歳以上は28.9％に上る。しかし、定年制廃止企業はわずか2.7％にとどまっている。

　近年、競争の激化する産業分野では、優秀な従業員確保のため新規採用の段階から高額報酬を提示する企業も現れ、**年功賃金制**が崩れる傾向にある。人手不足が年功賃金制の崩壊を促し、最近、管理職の自動昇級を廃止して、能力主義に移行する傾向もあるが、能力の判定基準が問題となる。

2. 高年齢者雇用安定法

（1）改正の変遷

　高年齢者雇用安定法は、1994（平成6）年の改正で60歳定年が強行規定と

なった。65歳までの雇用確保措置が義務とされたのは、2004（平成16）年改正の高年齢者雇用安定法（9条1項）である。この改正では、65歳未満の定年を定めている事業主に対し、①65歳までの定年の引上げ、②定年の定めの廃止、③**継続雇用制度**の導入のいずれかの雇用確保措置が義務化された。③の制度は、現に雇用中の高年齢者が希望するときはその者を定年後も引き続いて雇用する制度で、賃金や雇用形態を定年前と変更（条件引下げ）することができる。2012（平成24）年の法改正により、定年後の雇用を希望する者「全員」が対象とされた。またこの改正では、継続雇用制度において定年を迎えた自社の社員を関係グループ企業等で引き続き雇用する契約を結ぶ措置も含まれた。

　留意すべきは、継続雇用制度によって確保されるべき雇用の形態について、必ずしも労働者の希望に沿った職種や労働条件による雇用を求めるものではない点である。高年齢者雇用安定法は、定年後の雇用契約の「提示」を企業に求めているのであって、「雇用義務」を課しているわけではない。労働条件が労働者の希望に合わず、労働者が再雇用を拒んだとしても、高年齢者雇用安定法違反とはならない。ただし注意すべき点は、提示した職務内容や条件が劣悪で、「到底労働者に受け入れられない」過酷な提示であれば、争われるリスクがある。

（2）高年齢者雇用安定法の改正

　2020（令和2）年3月（令和3年4月1日施行）、希望する高齢者が70歳まで働けるようにするため、高年齢者雇用安定法が改正された。ただし、70歳までの雇用措置は当面、「努力義務」にとどまる（同法10条の2第1項）。その内容は7項目あり、従来からある企業内での3つの取組み（高年齢者雇用安定法9条1項）のほか、④他企業への就職支援、⑤フリーランスで働くための資金提供、⑥起業支援、あるいは⑦NPO活動などへの資金提供の選択肢が加えられた。

COLUMN

高齢者の能力活用に向けた企業の取組み
（井寄奈美 特定社会保険労務士 執筆）

　大企業を中心に、労働者が一定の年齢（55歳〜58歳など）に達した場合に、管理職ポストから外し、専門職などの処遇に変更する役職定年制度を設けている場合がある。その目的は主として次世代の育成、組織の活性化、人件費の抑制などとされる。多くの場合、職務等級などの引下げ（降格）はないが、役職から外れることにより役職手当の支給対象となくなるため減給となる。その後、労働者は、60歳で定年を迎え、再雇用契約に切り替わった際に、再度労働条件が切り下がる。定年退職時に退職金が支給されるとはいえ、生活への影響は少なくない。

　60歳以降の雇用を「福祉的雇用」と考え、再雇用者の職場での役割をあいまいにしている企業もあるが、労働力人口減少の局面を迎え、企業は再雇用者の能力活用を意識すべきであろう。処遇の引下げ及び、曖昧な役割により、再雇用者の就労意欲はより減退する。企業は、再雇用者の処遇を一律とするのではなく、役割等に応じて処遇に差をつけることも考慮すべきであろう。さらに、職場全体の活性化のために、再雇用者自身が主体的に仕事の範囲及び仕事における人間関係を変化させるよう意識付けをし、仕事をやりがいのあるものに変えるよう導く必要があるといえる。

参考　岸田泰則『シニアと職場をつなぐ―ジョブ・クラフティングの実践』学文社（2022年）

3. 有期雇用と無期雇用—働き方改革関連法

(1) 均衡・均等待遇の規制

2018（平成30）年6月29日に「短時間労働者の雇用管理の改善等に関する法律」を改正した「短時間労働者及び有期雇用労働者の雇用管理の改善等に関する法律」（パート有期法）の施行日は、大企業は2020（令和2）年4月、中小企業は2021（令和3）年4月であった。パート有期法の成立により、これまで短時間労働者だけが対象になっていた「差別禁止」（**均等待遇**）の9条が有期雇用労働者にも適用されることになった。

(2) パート有期法9条

パート有期法9条では、「職務の内容が通常の労働者と同一の短時間・有期雇用労働者」については、「短時間・有期雇用労働者であることを理由として、基本給、賞与その他の待遇のそれぞれについて、差別的取扱いをしてはならない。」と定められている。適用対象となる「通常の労働者と同視すべき短時間・有期雇用労働者」は、①職務内容と②人材活用の仕組みの両方が通常の労働者と同一である場合を指し、この場合には差別的取扱いが許されない、つまり「均等待遇」をしなければならないという規制に変わる。改正前、**無期・フルタイム**に関しては、均等も均衡についても法律上の規制はない。また、改正前では、「**有期・フルタイム**」は、均衡は労契法旧20条で規制があったが、均等については規制がない。

改正後は、「有期・フルタイム」について、均等の規制も新たに加わった。なお、既に改正前での最近の事案（大阪高判平成31年2月15日判タ1460号56頁〔28270921〕）でも、有期契約労働者（アルバイト職員）への「賞与不支給」が労契法旧20条違反として、初めて不合理と判断されたのが注目される。長澤運輸事件最高裁判決では、定年後有期の再雇用者に賞与が不支給であっても不合理と判断されなかったが、これは改正法の解釈で見直される余地もある。さらに、「基本給」についても、臨時職員と正社員との相違が労契法旧20条違反とする判決（福岡高判平成30年11月29日労経速2370号3頁〔28271239〕）が現れた。

（3）パート有期法9条の適用問題

　改正後は、正社員と有期雇用労働者（定年後再雇用者も含む）につき、①職務の内容、②人材活用の仕組みが同一の場合、**均衡待遇**ではなく、「均等」待遇の規定が適用される可能性が高くなったが、定年後の再雇用にはパート有期法9条の適用がないとの解釈もある。その形式的理由として、定年で契約関係が終わり、新たな契約を締結するからと説明されるが、同条の規定ぶりをみる限り、定年後再雇用を廃除する理由としては疑問も指摘される。いずれにせよ、同条の適用場面を明確にする必要があり、労使双方の対立点となり得る。

　均等待遇の規定が適用されるためには、上記①と②のいずれもが通常の労働者（正社員）と同一であることが要件であり、均等待遇が適用される場面は限定される。多くの企業では、正社員と有期社員との間で、昇格、配転などに違いがあると思われるが、そのようなケースでは均等待遇の規定は適用されず、パート有期法8条の**均衡待遇**のみが問題となる。

（4）パート有期法9条と会社側の対応

　定年後の再雇用にはパート有期法9条の適用がないとの解釈もあり得るが、同条が定年後再雇用にも適用されるとした場合、会社の対策には2つの方法がある。1つは、同条の適用回避で、無期契約労働者と有期契約労働者との間で、職務内容と人材活用の仕組みのいずれかについて違いを設ければよい。何らかの違いを設けられれば、同条が適用されることはない。他の方法は、「**定年延長**」による対処があり得る。定年延長は無期雇用になるため、パート有期法の適用対象とならず、均等待遇だけでなく均衡待遇の規定も適用されない。

　なお、定年延長に関連する課題として、60歳以降の賃金体系を新たにつくり、以降賃金が下がる賃金制度に変更する必要があるが、労働条件の「不利益変更」に当たる可能性がある。60歳以降の賃金のみ引き下げる賃金体系であれば、不利益変更の問題は回避できてもリスクは残る。なお、優秀な人材を70歳まで現役並みに遇する新たな再雇用制度を導入する企業が増加してきたようで、正社員制度を問い直す契機にもなる。

COLUMN

労契法旧20条の削除とパート有期法への統合

　これまで、正規雇用労働者（正社員）と「短時間労働者」との待遇差については「短時間労働者の雇用管理の改善等に関する法律」8、9条が規定し、正規雇用労働者と「有期雇用労働者」との待遇差については労契法旧20条が、別々に規定していた。しかし、近年の改正で労契法旧20条は削除され、パートタイム労働法は「短時間労働者及び有期雇用労働者の雇用管理の改善等に関する法律（パート有期法）」に名称変更され、短時間労働者と有期雇用労働者に関する規律が統合されることとなった。その結果、「**均等原則**」はパート有期法9条で次のように規制されている。①職務の内容（業務の内容及びその業務に伴う責任の範囲）と②職務の内容・配置の変更の範囲が、いずれも通常の労働者（≒正規雇用労働者）と同じ短時間労働者及び有期雇用労働者については、短時間・有期雇用であることを理由として、待遇について差別的な取扱いをしてはならない（＝通常の労働者と同じ待遇としなければならない）という（正規雇用労働者との）均等待遇が求められた。

　そして、「**均衡原則**」についてはパート有期法8条で、次のように規制される。つまり、それ以外の短時間労働者及び有期労働者の待遇についても、（通常の労働者の待遇との間に）上記①、②及び③その他の事情のうち、当該待遇の性質・目的に照らして適切と認められるものを考慮して、不合理と認められる相違を設けてはならないという（正規雇用労働者との）均衡待遇（≒上記考慮要素にかかる相違を踏まえてバランスのとれた待遇とすること）が、求められることとなった。

　改正のポイントは、第1に、①・②がいずれも正社員と同じ有期雇用労働者についても、正社員と同じ待遇が求められることとなった点である。そのため、このような有期契約労働者に対し、有期だ

からという理由で、例えば（正社員には支給している）賞与を支給しない、あるいは正社員よりも低い金額とすることはパート有期法9条違反となる。第2に、「基本給、賞与その他の待遇のそれぞれについて」と明記され、個々の待遇（賃金については賃金項目）ごとに均等待遇・均衡待遇が求められることが明確にされた。その結果、例えば、同法8条につき、賃金総額が正社員の〇割だから問題なしといったような概括的な判断は問題視されることに注意が必要である。第3に、同法8条の「不合理と認められる相違」か否かの考慮要素に関し、①、②、③「のうち、当該待遇の性質・目的に照らして適切と認められるもの」との限定が付され、当該待遇の性質・目的により考慮要素が異なることが明確にされた。その結果、例えば手当については、各手当ごとに考慮要素が異なるため結論が異なり得るし、また同じ名称の手当であっても各企業ごとにその性質・目的が異なり得ることから、結論も異なり得ることに留意が必要となる。

　なお、事業主は短時間・有期雇用労働者に対して、雇入れ時に待遇内容や待遇決定に際しての考慮事項について説明しなければならず、そのような労働者から説明を求められた場合には、通常の労働者との間の待遇差の内容及び理由を説明しなければならない（パート有期法14条1、2項）。そして、パート有期法8、9条に違反する待遇の場合は無効となり、不法行為に基づく損害賠償の対象となる。また、労契法旧20条の当時は行政の助言、指導、勧告の対象ではなかったが、パート有期法に組み込まれたことにより、行政の助言等の対象となった。

参考判例

長澤運輸事件（最判平成30年6月1日民集72巻2号202頁〔28262467〕）

〈事案〉

Xらは、いずれも輸送業を営むY社と無期労働契約を締結し、乗務員とし

て勤務していたが、Yを定年退職した後、Yと「有期労働契約」を締結し、それ以降も嘱託乗務員として勤務していた。Xらと正社員との間において、「業務の内容及び当該業務に伴う責任」の程度に違いはなく、Xらは正社員と同様に、業務の都合により「勤務場所及び担当業務を変更」することがある旨が定められていた。なお、嘱託乗務員の年収は、定年退職前の79％程度と想定された。Xらの要求は、以下のとおりである。

①嘱託乗務員に対し、能率給及び職務給が支給されず、歩合給が支給されること、②嘱託乗務員に対し、精勤手当、住宅手当、家族手当及び役付手当が支給されないこと、③嘱託乗務員の時間外手当が正社員の超勤手当よりも低く計算されること、④嘱託乗務員に対して賞与が支給されないことが、嘱託乗務員と正社員との不合理な労働条件の相違である旨主張した。

〈判旨〉

「精勤手当及び時間外手当」に係る相違は不合理であるとして、原判決のうち、①精勤手当に係る損害賠償（予備的請求）に関する部分を破棄自判し、②超勤手当に係る損害賠償（予備的請求）に関する部分を破棄して原審に差し戻した。以下判決文の要約。

（1）労契法20条は、職務の内容等の違いに応じた「均衡」のとれた処遇を求める。

（2）「期間の定めがあることにより」とは、労働条件の相違が期間の定めの有無に関連して生じたものであることをいい、本相違は期間の定めの有無に関連して生じたものである。

（3）労契法20条にいう「不合理と認められるもの」とは、有期契約労働者と無期契約労働者との労働条件の相違が不合理であると評価することができるものであることをいう。使用者は、雇用及び人事に関する経営判断の観点から、様々な事情を考慮して、労働者の賃金に関する労働条件を検討する。そして、労契法20条は、労働条件の相違が不合理と認められるものであるか否かを判断する際に考慮する事情として、「その他の事情」を挙げているところ、その内容を職務内容及び変更範囲に関連する事情に限定すべき理由は見当たらない。使用者が定年退職者を有期労働契約により再雇用する場合、当該者を長期間雇用することは通常予定されていない。また、定年退職後に再雇用される有期契約労働者は、定年退職するまでの間、無期契約労働者として賃金の支給を受けてきた者であり、一定の要件を満たせば老齢厚生

年金の支給を受けることも予定されている。

（4）個々の賃金項目に係る労働条件の相違が不合理と認められるものであるか否かを判断するに当たっては、両者の賃金の総額を比較することのみによるのではなく、当該賃金項目の趣旨を個別に考慮すべきものと解する。

（5）上記（1）から（4）を踏まえて、嘱託乗務員と正社員との本件各賃金項目に係る労働条件の相違が、労契法20条にいう不合理と認められるものに当たるか否かについて検討する。

ア　嘱託乗務員に対して能率給及び職務給が支給されないこと等について、不合理ではない。イ　精勤手当は、従業員の皆勤という事実に基づいて支給されるものであるから、歩合給及び能率給に係る係数が異なることをもって、嘱託乗務員に精勤手当を支給しないことが不合理でないということはできない。ウ　嘱託乗務員に対して住宅手当及び家族手当が支給されないことについて、不合理ではない。エ　役付手当は、正社員の中から指定された役付者であることに対して支給されるものということができる。オ　嘱託乗務員の時間外手当と正社員の超勤手当の相違については、上記イで述べたとおり、嘱託乗務員に精勤手当を支給しないことは不合理であるから、正社員の超勤手当の計算の基礎に精勤手当が含まれるにもかかわらず、嘱託乗務員の時間外手当の計算の基礎には精勤手当が含まれないという労働条件の相違は、不合理である。カ　賞与は、月例賃金とは別に支給される一時金であり、労務の対価の後払い、功労報償、生活費の補助、労働者の意欲向上等といった多様な趣旨を含み得るものである。嘱託乗務員の賃金（年収）は定年退職前の79％程度となることが想定されるものであり、嘱託乗務員と正社員との職務内容及び変更範囲が同一であり、正社員に対して賞与を支給する一方で、嘱託乗務員に対してこれを支給しないという労働条件の相違は、不合理であると評価することができるものとはいえない。

〈本判決の特色〉

基本的に労働条件は企業の判断に属するが、無期・有期間の労働条件の相違が「不合理」であれば別であると説示するが、具体的に「何を基準に判断」するかが必ずしも明らかでない。本判決は、労働条件の格差を労契法旧20条の問題とし、再雇用であることは**「その他の事情」**として考慮すると初めて判断した点に意義がある。さらに、本判決は、最高裁で同日に出されたハマキョウレックス事件（最判平成30年6月1日民集72巻2号88頁

〔28262465〕）と並び、労契法旧20条に関する最初の最高裁判決でもあるが、
ハマキョウレックス事件は定年後再雇用の事案ではない。なお、詳しくは、
山下眞弘「本件解説」金判1576号（2019年）2頁参照。

COLUMN

労契法旧20条に関する最高裁判決とパート有期法への解釈適用

　これらの最高裁判決は、パート有期法の解釈として適用できる部分とそうではない部分とがある。労契法旧20条と異なって、パート有期法8条は、各待遇の個別判断を原則としており、かつ考慮事情についても、「性質・目的に照らして適切と認められるもの」に限定している。さらに、同法14条では、事業主の「説明義務」を明記しており、これは労契法旧20条にはなかった。これらのパート有期法の規定は、労契法旧20条よりも広く不合理性の判断を導く要因となり得ると解され、労働者側としては大いに活用すべき攻め手となる。

　なお、ハマキョウレックス事件及び長澤運輸事件の両最高裁判決は、いずれも労働条件の決定は「労使の話合いが基本」であるとしており、この点については、労契法旧20条がパート有期法8、9条に承継されても変更はないと理解できる。そうだとすると、労働者と使用者との個別の話合いの場面、あるいは労働組合と使用者の団体交渉等の場において、使用者が十分な説明をしない場合にあっては、そのことは待遇の相違を不合理であるとする「その他の事情」として、裁判所でも考慮されることが期待できる。この点は、労契法旧20条が適用されていた当時の最高裁判決では争点にされなかったが、パート有期法8条によれば重要な争点となり得る。これからは、労働者側としては、使用者に上記について理由の説明を求め、不十分な回答がなされた場合には、それ自体「不合理である」とする事情として、公的な手続に進むことも検討することができる。

〈本判決と実務対応〉

（1）許容格差が不明な事例判断

　嘱託乗務員に対し「賞与」が支給されない理由について、本判決は、**賞与**が「労務の対価の後払」の趣旨もあるとしながら、別の理由を根拠に支給しないとしている。これは正社員との賃金総額を比較したうえでの結論にすぎず、個別の賃金項目である賞与を全く支給しない理由としては不十分であるが、定年前の79％程度の年収が確保されており、一般的には結論が不当とは断定できない。

（2）同一労働同一賃金ガイドライン

　本判決後の大阪医科薬科大学事件（大阪高判平成31年2月15日労経速2374号3頁〔28270921〕）は、有期・無期契約労働者間の「賞与の相違」を初めて不合理と判断しており、これはパート有期法8条及びその解釈指針である「同一労働同一賃金ガイドライン」（平成30年12月28日厚労告430号）に沿うものであった。ただし、大阪医科薬科大学事件の最高裁判決（最判令和2年10月13日労判1229号77頁〔28283164〕）では判断が逆転し不合理ではないと判示された。このように不合理とする最高裁判決はない、ということに留意したい。

〈ポイント〉当事者の主張手法

　労働者側としては、①長澤運輸事件のフラットな給与体系を根拠にすること、②給与の後払である賞与の全額不支給は不合理であること、さらに③高年齢者雇用安定法の適用による本件解決も検討の余地がある。

　会社側として留意すべきは2点ある。第1に、「資金項目ごとに相違の理由」を説明する必要がある。ただ、相違について「**合理的理由**」までの説明は求められておらず、**相応の理由**が説明できれば足りるが、「相違の理由」は、労契法旧20条が掲げた考慮要素である①職務の内容、②人材活用の仕組み、③その他の事情との関係を意識して説明すべきである。さらに、賃金総額での比較が否定されたわけではないので、全体的な賃金下げ幅についてもチェックすべきであり、趣旨の共通する賃金項目はグループ化して比較検討すべきである。

　第2に、定年前と定年後で、「業務内容や勤務形態」を変更した方がよいかについては、労契法旧20条との関係では、変更した方が違反リスクは減る。ただし、高年齢者雇用安定法との関係で、定年後再雇用の労働条件とし

て、業務内容や勤務形態を大きく変更した条件を提示したことで損害賠償を命じられた先例（トヨタ自動車ほか事件・名古屋高判平成28年9月28日労判1146号22頁〔28243612〕及び九州惣菜事件・福岡高判平成29年9月7日労判1167号49頁〔28260176〕、その最新解説として、櫻庭涼子「本件判批」『労働判例百選〈第10版〉』（2022年）160頁）に注意する必要がある。いずれも、定年後再雇用の条件提示をしたが、労働者側が提示された条件では働けないと断り「再雇用契約は成立していない」ため、労契法旧20条ではなく、高年齢者雇用安定法が問題になった事案であった。

COLUMN

定年前の6割未満でも不合理とはいえないとされた事例

　定年退職後の再雇用をめぐり、同じ仕事なのに基本給を大幅に減額されたのが不当かどうか争われた訴訟の上告審判決で、最高裁は2023（令和5）年7月20日、定年前の6割を下回るのは「不合理」と判断して使用者側に賠償を命じた名古屋高裁判決を破棄し、審理を同高裁に差し戻した（名古屋自動車学校事件・最判令和5年7月20日金判1688号2頁〔28312065〕）。

　これは、無期契約労働者と有期契約労働者との間で基本給の金額が異なるという労働条件の相違の一部が労契法（平成30年法律71号による改正前のもの）20条にいう「不合理と認められるものに当たるとした原審の判断」に違法があるとされたものであり、判決の指摘は以下の2点である。正職員と嘱託職員との間で基本給の金額が異なるという労働条件の相違について、①各基本給の性質やこれを支給することとされた目的を十分に踏まえることなく、また、②労使交渉に関する事情を適切に考慮しないまま、その一部が労契法20条にいう不合理と認められるものに当たるとした原審の判断には、同条の解釈適用を誤った違法がある。以上、本判決での①②の指摘は、長澤運輸事件最高裁判決と同旨である。

〈参考文献〉

水町勇一郎『水町詳解労働法〈第3版〉公式読本　理論と実務でひも解く労働法Q&A191』日本法令（2024年）

中島光孝『Q&A　労働者視点でめざす同一労働同一賃金　最高裁判決を踏まえた交渉・手続のポイント』日本加除出版（2021年）

山下眞弘編著『企業の悩みから理解する　弁護士として知っておきたい　中小企業法務の現在』第一法規（2021年）

土田道夫編「企業法務と労働法」研究会著『企業法務と労働法』商事法務（2019年）

水島郁子＝山下眞弘編著『中小企業の法務と理論　労働法と会社法の連携』中央経済社（2018年）

山下眞弘（やました　まさひろ）　弁護士

第8章 人事異動命令に関する近時の留意点

具体例

　運送会社Y社は、運行管理業務に従事する人材を求めて求人募集をした。採用条件としては、資格・経験とも不問としたが、「入社後、運行管理者の資格を取得していただきます」と記載をした。

　Xは、運行管理者の資格と、他社での運行管理業務・配車業務の経験を有して、Y社の募集に応募し、無期雇用の正社員としてY社に入社した。労働契約書や労働条件通知書には、運行管理業務以外の業務に就かない旨の明示的な記載はなかった。

　Xは、長年、運行管理業務や配車業務に従事してきたところ、入社後Y社から倉庫業務に従事するよう配置転換命令が出された。

検討事項

　近年、人事異動、担務変更に関する考え方が、労働者、使用者、そして裁判所において、それぞれ変容している。とりわけ、転居を伴う配置転換を中心に、私生活との調和に関する考え方の変容、DX化などによる働く場所や時間に関する自由度の変化など、この流れは引き続き止まらないと予想される。また、これらの流れに合わせて、担務変更などについても最近紛争化しやすい。

　2024（令和6）年4月の労基法改正により、「就業場所・業務の変更の範囲」が労働契約書・労働条件通知書の必要的記載事項となり、労働契約の締結時に書面にて通知しなければならないこととなった。職場や職種に限定のない労働契約であるのか、職場限定又は職種限定の労働契約であるのか、採用時に労働条件通知書にて明らかにしておかなければならない。採用や人事配置を検討する使用者としては、将来を見据えた人材活用の仕組みを策定することがより強く求められるようになった。

　本章では、配転命令や担務変更について、大きくは人事権の裁量の範囲の問題、そして、個人のキャリア形成への配慮など、近時、トピックとされ得る着眼点について検討する。

当事者の主張

　Y社としては、Xとの間の労働契約に基づく人事権の行使として、配置転換や担務変更の業務命令を指示し、これにより復帰後のXの人事配置や担当業務は有効に変更されると主張する。

　Xとしては、「勤務地・業務内容を限定する合意のある労働契約」（いわゆる「職場限定契約」「職種限定契約」）であり、配置転換や担務変更などの人事権の行使は無効」という反論をし、この合意の成否が争点となる。また、Xは、配置転換や担務変更などの人事権の行使が、Xに通常甘受すべき程度を著しく超える不利益を負わせるものであるとして、権利の濫用に当たり無効であると主張する。

基本情報

1. 人事異動に関する命令（配転命令・担務変更など）とは

（1）配転命令とは

　配転とは、従業員の配置の変更であって、職務内容又は勤務場所が相当の長期間にわたって変更されるものをいい、このうち、同一勤務地（事業所）内の勤務個所（所属部署）の変更が「**配置転換**」と称され、勤務地の変更が「**転勤**」と称される（菅野和夫＝山川隆一『労働法〈第13版〉』弘文堂（2024年）681頁）。

　配転命令権の根拠としては、一般に多くの企業の就業規則で定められている「業務の都合により出張、配置転換、転勤を命じることがある」という条項を根拠に配転を命じることができる、とされる。

（2）担務変更とは

　担当業務の変更は、使用者が有する指揮命令権の行使として労働者に対する業務指示・命令として行うことができるとされる。すなわち、労働契約の基本的な内容となる権利義務のうち、労働者の労働義務は、労働の内容・遂行方法・場所等に関し、使用者の指揮に従う義務を包含するものであり、使用者の指揮命令の権限を予定していることがその根拠となる（菅野和夫＝山川隆一『労働法〈第13版〉』弘文堂（2024年）177頁）。

担当業務の変更命令は、業務命令権の一環としてなされ、その業務命令権の範囲は、当該労働契約の具体的解釈によって定まる。

（3）配転命令、担務変更命令の限界

転居を伴う転勤に関し、東亜ペイント事件判決（最判昭和61年7月14日労判477号6頁〔27613417〕）をリーディングケースとして、次のようなことがいわれてきた。すなわち、

① 勤務地の限定合意がある場合

② 業務上の必要性がない場合

③ 不当な動機・目的をもってなされたとき

④ 労働者に対し通常甘受すべき程度を著しく超える不利益を負わせるときなどの特段の事情の存する場合でない限りは、当該転勤命令は権利の濫用になるものではないというべきである、としている。この判例をもとに、転勤命令の有効性は比較的広く認められるといわれてきた。

しかし、他方で、私生活と転居を伴う転勤について調整が求められる傾向も強く生じてきている。転居を伴う国内転勤に関する調査によれば、転勤者の選定における本人事情への配慮について、「一般社員、管理職とも『配慮する』が約8割」、配慮する事情については、「一般社員、管理職とも『本人の健康状態』と『家族の病気、介護』が8割台」とされている（労務行政研究所「国内転勤に関する取り扱いの最新実態」労政時報4013号（2021年）12頁）。

2. 私生活と仕事の両立の観点による調整

（1）育児介護と仕事の両立の観点

育児介護と仕事の両立に関しては、「事業主は、その雇用する労働者の配置の変更で就業の場所の変更を伴うものをしようとする場合において、その就業の場所の変更により就業しつつその子の養育又は家族の介護を行うことが困難となることとなる労働者がいるときは、当該労働者の子の養育又は家族の介護の状況に配慮しなければならない。」（育児・介護休業法26条）と定められている。

120

（2）治療と仕事の両立の観点

　労働者が私傷病に罹患した場合に、その回復のための**治療と仕事の両立の**観点からは、労安法ないし労安則を根拠として、使用者に人事配置や就業条件について配慮が求められるとされる。

　すなわち、労安法ないし労安則には、それぞれ、「事業者は、中高年齢者その他労働災害の防止上その就業に当たつて特に配慮を必要とする者については、これらの者の心身の条件に応じて適正な配置を行なうように努めなければならない。」（労安法62条）、事業者は、「心臓、腎臓、肺等の疾病で労働のため病勢が著しく増悪するおそれのあるものにかかつた者」については、その就業を禁止しなければならない（労安則61条1項2号）という規定がある。

　これらの労安法及び労安則の規定について、厚労省「事業場における治療と仕事の両立支援のためのガイドライン（令和6年3月版）」（2024年3月）2頁は、「この規定は、その労働者の疾病の種類、程度、これについての産業医等の意見を勘案してできるだけ配置転換、作業時間の短縮その他の必要な措置を講ずることによって就業の機会を失わせないようにし、やむを得ない場合に限り禁止する趣旨であり、種々の条件を十分に考慮して慎重に判断すべきものである。」としている。

3. 職場限定、職種限定の合意について

（1）合意の効果とその成否

　労働契約の内容として、労働者の勤務地や職種について限定を設けられている場合（いわゆる**職場限定、職種限定の合意**）、勤務地や職種の変更を使用者の配転命令等の一方的命令によって行うことはできず、労働者の同意が必要である。前掲最判東亜ペイント事件判決も、「勤務地の限定合意がある場合」として配転命令が制限される特段の事情のある場合として挙げている。

　配転命令等の効力について、労働者側より職場限定、職種限定の合意の存在が主張されると、合意の成否ないし合意が成立している場合には、その内

容そのものが争点となる。具体的場面において、明確に「勤務地の変更な
し」「職種変更なし」とされている例は少なく、労働契約締結の過程である
求人採用募集の経過や労働契約継続中の労使間のやりとり、そして従前の職
場変更、職種変更の実態、実績の有無及び内容（これが労使慣行として労働
契約の内容となるのかどうかも含む）などから、労使双方当事者の合理的意
思解釈の問題として職場限定、職種限定の合意の成否が主張され、事実認定
の問題となる。

（2）裁判例の状況

　裁判所は、職場限定・職種限定の合意について消極的な姿勢をとってい
るといわれる。例えば、日産自動車村山工場事件（最判平成元年12月7日労
判554号6頁〔27808460〕）は、労働者と使用者との間で「機械工以外の職種
には一切就かせないという趣旨の職種限定の合意が明示又は黙示に成立した
ものとまでは認めることができない。」として職種限定の合意を認めなかっ
た。近時でも、本章の具体例のモデルとした安藤運輸事件（名古屋高判令和
3年1月20日労判1240号5頁〔28291861〕）において、労使間で当該労働者
を「運行管理業務以外の職種には一切就かせないという趣旨の職種限定の合
意が明示又は黙示に成立したとは認められない」と職種限定合意の成立自体
は否定する第1審判決が維持されている（ただし、結論として配転命令の効
力は否定されている点については後述）。

　職種限定合意がある場合の効果について、最判令和6年4月26日労判1308
号5頁〔28321288〕は、「労働者と使用者との間に当該労働者の職種や業務
内容を特定のものに限定する旨の合意がある場合には、使用者は、当該労働
者に対し、その個別的同意なしに当該合意に反する配置転換を命ずる権限を
有しない」と判示している。

（3）実務上の留意点

　職場限定、職種限定の合意の成否そのものについては、先に述べた2024
（令和6）年4月の労基法改正により、「就業場所・業務の変更の範囲」が労
働契約書・労働条件通知書の必要的記載事項とされたことから、書面による
通知が明確になされるケースは増え、争点となりにくくなることが想定され
る。他面からいえば、同月1日以降、「就業場所・業務の変更の範囲」が書

面で通知されていない場合には、訴訟における事実認定においてこのことが使用者に不利に考慮されかねないので、必ず遵守しなければならない。

実際の求人採用の局面において、実務上、考慮すべき内容としては、「業務上の必要性」と「求人の求心力」のバランス、そして、「職場限定・職種限定社員への転換者の離職防止」と「他の正社員との均衡」のバランスであり、これらのバランスをもっともうまくとれる労働条件設定はどこか、ということを探ることとなる。

4. 配転命令を発出する際の留意点、配慮すべき要素

（1）労使間の予測可能性向上

職場限定のない正社員を原則とする場合には、**労使双方の予測可能性**を高めることでトラブル予防につながる。すなわち、使用者の予測可能性としては、労働者とのコミュニケーションによる、状況の定期的な把握により、従業員が転勤に応じることができるか、その予測可能性を高めることができる。

労使間の定期的な状況把握の内容、手法としては、育児介護、治療など私生活上の事情と仕事の制約や、転居を伴う転勤を含む労働者個人のキャリア志向に関する意向調査などが考えられる。育児介護など私生活上の事情により働き方の調整の必要があるか否かについて、具体的な状況を把握することなく、使用者側で配慮と考えて配転や業務軽減を行ってしまうことはトラブルのもとである。

また、近時は、こうした育児介護や治療といった事情だけではなく、私的活動や私的時間の確保を重要視する労働者のニーズが高まっていることからしても、「○○と仕事の両立」という問題意識は、全労働者に当てはまる、という視点も必要である。この意味でも、契約締結時の、勤務地・業務内容の変更の範囲について、労働契約書・労働条件通知書の記載のみではなく、労使間で継続的に情報共有をしていくことは、労働者の予測可能性を高める方策として非常に有用である。

他方、こうした私生活上の事情について尋ねることはハラスメントになる懸念を抱くかもしれない。しかし、使用者側で可能な配慮、対応をあらかじ

123

め検討することで、なるべく調整したうえで労働者の私生活も尊重したいという使用者の考えを伝える、一度話しても事後に変更してもよいし、話したくないことは話さなくてよいことを伝えておくなど、丁寧な趣旨説明のうえでのヒアリングであれば、ハラスメントと受け止められるリスクも下げられる。

　従業員の予測可能性としては、使用者側において、転勤の時期、地域的範囲、回数等に関する制度設計をつくって周知することが可能であれば、労働者においても、時期と範囲を予測でき、私生活との調和もとりやすくなる。

（2）配転命令拒否に対する対応—懲戒解雇を検討する前に

　配転命令を拒否する労働者への対応としては、懲戒解雇が検討されるが、その前に必ず確認すべき事由がある。

ア　配転命令の業務上の必要性の確認

　従来、配転命令に関する業務上の必要性については、使用者の経営判断としての裁量が比較的広く認められてきた。しかし、コロナ禍に伴うリモートワークの普及や、私生活と仕事の両立といった観点から、従来、「正社員は転居を伴う転勤が当たり前」とされてきた常識に疑問が呈されている。私生活を尊重する価値観の広まりとともに、不本意な転勤命令が紛争化するリスクは高まっているともいえる。

　最近の裁判例でも、転勤命令の必要性について、結論としては認められているものの、その判断過程において具体的事実を基に比較的丁寧に検討されているように感じる。多様な人材活用、採用機会の拡大という観点から、転勤を当然のものとするのではなく、改めて再検討してみることが、人事戦略としても、紛争防止としても有効である。

イ　配転命令前の転勤応諾見込に関する事前調査（面談等）や、拒否を把握した後の配転拒否の理由、事情の調査

　さらに、転居を伴う転勤について、育児介護などの家庭的事情と、転勤命令の有効性に係る「著しい不利益」との関係について、近時の裁判例はいずれも、使用者側が「配慮」をしたか否かに関し、私生活上の事情について、具体的な実情を十分に情報収集したか、その過程について詳しく認

定し、その調査過程の不十分さを指摘して転勤命令を無効とする傾向にある（ネスレ日本（配転本訴）事件・大阪高判平成18年4月14日労判915号60頁〔28111202〕、一般財団法人あんしん財団事件・東京高判平成31年3月14日労判1205号28頁〔28272697〕など）。したがって、結論として配転命令を維持するとしても、労働者の述べる転勤命令に応じられない事情については、必ず可能な限り詳しく聞き取りをするべきであろう。

5. 労働者の経済的不利益を伴わない配転命令や業務変更について（事例）

(1) 近時の裁判例

近時、労働者側に、転居を伴う勤務地変更などの負担や、給与減額等の**経済的不利益を伴わない配転命令や業務変更**について、その効力が争われ、結論において効力が否定される事例がみられる。

(2) 育児休業復帰後の配置（裁判例）

育児休業からの復帰後の配置が、雇用機会均等法9条3項、育児・介護休業法10条の妊娠、出産、産休育休の取得等を理由とした不利益取扱いに該当するか否かが争われた事例として、アメリカン・エキスプレス・インターナショナル事件判決（東京高判令和5年4月27日労経速2522号3頁〔28311891〕）が挙げられる。同事案では、37名の部下を統率する職務にあった女性労働者が、産休育休からの復帰後、部下のいない部門のマネージャーに任命されたことなどが問題となったが、給与等の処遇の基本となるジョブバンドの引下げを伴わない配置変更、役職変更であった。同判決は、育児休業等を取得する前後の業務内容を比較した結果として、「内容面において質が著しく低下し、給与面でも業績連動給が大きく減少するなどの不利益があったほか、何よりも妊娠前まで実績を積み重ねてきた控訴人のキャリア形成に配慮せず、これを損なうもの」であり、育児・介護休業法10条の妊娠、出産、産休育休の取得等を理由とした不利益取扱いに該当するとした。

125

(3)「キャリア形成」への言及（裁判例）

　また、近時の裁判例には、労働者におけるキャリア形成の期待への配慮の有無を、配置転換命令の濫用判断における「著しい不利益」性の中で判断しようと試みるものもみられる。本章具体例のモデルとした前掲安藤運輸事件判決は、運行管理者の資格を有し、運行管理業務や配車業務に従事していた労働者が、使用者から本社倉庫部門において倉庫業務に従事するよう命じた配置転換命令について、「そもそも業務上の必要性がなかったか、仮に業務上の必要性があったとしても高いものではなく、かつ、運行管理業務及び配車業務から排除するまでの必要性もない状況の中で、控訴人〔筆者注：使用者〕において、運行管理者の資格を活かし、運行管理業務や配車業務に当たっていくことができるとする被控訴人〔筆者注：労働者〕の期待に大きく反し、その能力・経験を活かすことのできない倉庫業務に漫然と配転し、被控訴人に通常甘受すべき程度を著しく超える不利益を負わせたものであるから、本件配転命令は、権利の濫用に当たり無効と解するのが相当である。」とした。

(4) 労働者の「キャリア形成」への配慮は必要か

　配転命令の有効性判断などの場面において、いわば労働者の「**キャリア形成権**」ともいわれるような、キャリアを生かすことへの期待を保護する傾向はうかがわれる。ただし、前掲アメリカン・エキスプレス・インターナショナル事件も、前掲安藤運輸事件も、いわばハラスメントのような評価を受けた面があるとも思われ、あくまで事例判断だと解釈すべきである。労働者に就労請求権が認められないという理解を前提にすれば、「キャリア形成権」というものをあらゆる事例で強い権利性のあるものとして保護すべきであるとは考えていない。

　しかし、個別の事案において、業務上の必要性の高さ（あるいは低さ）との均衡との関係で、「労働者のキャリア形成に対する期待」を損なうことが、不利益ないしハラスメントのような評価を受けることは十分にあり得る。また、現実の企業実務の中でさえ、求人採用市場における競争力、離職防止や、育児介護以外の局面でも「労働者のキャリア形成」や「私生活の調和」を図ろうとする意識は高まっており、実際にも労働者の将来にわたって

のキャリアを無視した人事労務管理は事実上困難である。

　したがって、転居や経済的不利益を伴わない配転命令等であっても、何らの配慮もなく行うことにはリスクを伴う。やはり、ここでも、先に述べたような、私生活上の事情と仕事の制約や、転居を伴う転勤を含む労働者個人のキャリア志向に関する意向を確認するなどの、丁寧なコミュニケーションにより労使で適時に共通認識を形成していくことが肝要と思われる。

〈参考文献〉

　本文中に引用したもののほか、

　佐藤有美「多様な人材活用と労務管理　多様な人材の多様な働き方に対する実務的対応」経営法曹研究会報104号（2022年）3頁

　石井妙子「安藤運輸事件（名古屋高判令3・1・20）　運行管理業務で中途採用、倉庫部門へ配転は？　キャリア形成への配慮欠く」労働新聞3339号（2022年）14面

　石嵜信憲編著『配転・出向・降格の法律実務〈第2版〉』中央経済社（2016年）

　篠原信貴「『多様な正社員』に対する雇用保障」日本労働研究雑誌636号（2013年）26頁

　東京大学労働法研究会編『注釈労働基準法上・下』有斐閣（2003年）

佐藤有美（さとう　ゆみ）　弁護士

| 第**9**章 | 従業員の傷病・治療と休職制度の運用 |

具体例

　体調不良を訴えて欠勤を繰り返す労働者がいる。欠勤をしたり出勤をしたりすることを繰り返しているが、欠勤の原因になっている傷病について医師の診断書が提出されない。この場合に私傷病休職命令を発令できるか。

　その後、当該労働者はメンタルヘルス不全にて私傷病休職することとなったが、復職希望を提出してきた。休職期間の満了日は明日である。主治医が「就業可能」「しばらくの間は業務の軽減が望ましい」と記載した診断書が当該労働者から提出されてきたが、明日、復職させなければならないだろうか。

検討事項

　休職要件について、例えば、「私傷病による連続欠勤60日」という休職要件が設けられている例がある。この場合、欠勤数のカウントを、所定労働日にて数えるのか、暦日にて数えるのか、不明確となる。また、「連続」と記載されている点で、1日でも半日でも出勤をした場合には、この休職要件を満たさない。しかし、傷病のために出退勤が不規則な労働者は、定期的な通院がもともと予定されている、などの特別な事情がない限り、通常の労務提供は不可能と評価すべきであるし、また、一定期間連続して休業することで療養に専念することが快復への近道である場合も多い。「傷病欠勤を経た後の一定期間内の再度の傷病欠勤を、前後で通算する」という制度もあり得る。この場合、何日以内の傷病欠勤を通算するか、明確に規定するのに悩ましい。出勤が不規則な労働者の場合、週所定労働日5日のうち1～2日の出勤、という状況が何か月も続くことがある。このような労働者に私傷病休職制度を適用する通算規定は文言化が難しい。

　また、休職中の労働者から、休職期間満了直前に、使用者に復職の意向が伝えられることがある。このような事態を防止するには、休職命令時に、復職手続の内容について書面等で説明をしておくこと（「復職希望日の○日前までに復職願を提出してください。」など）が考えられるが、それでも休職

期間満了直前に、労働者から復職希望の連絡が届くことはある。この場合、休職期間中に試し出勤を実施する時間的な余裕がなくなってしまい、復職可否判断に窮する。この場合、休職期間の延長の可否、是非を検討しなければならない。

当事者の主張

　私傷病休職制度は、傷病に罹患した労働者において、休業による療養が必要となる場合に、労務提供義務を免除して療養に専念するための制度である。実際に休職命令を発令し、運用する際には、使用者側では、労働契約における労務提供義務の免除、という労働者の利益としての側面が意識されがちである。使用者において、労働者の療養のために、と考えて、休職命令の発令や休職期間中の扱いなどに関して、「労働者の有利に」という意識でファジーに運用しているケースも散見される。

　しかし、制度設計次第とはいえ、多くの就業規則において、①私傷病休職の期間中、労働者は賃金請求権を失う、②一定期間の療養を経ても快復せず復職できない場合に休職期間満了により退職となる、という点で、休職が労働者に不利な側面も有している。休職期間満了時の復職可否判断の時点や、紛争化する場面において、このような労働者側の不利益を前提に、遡って私傷病休職命令が要件を満たしているか、療養期間中の対応が適切・適正であったか、復職可否の判断が適切であったか、についてそれぞれ争われることとなる。とりわけ、休職期間満了に伴い退職となった場合には、労働者としては労働契約上の地位を有するという争い方となり、より紛争は先鋭的なものとなる。

基本情報

1. （私傷病）休職制度とは

(1) 意義

　休職とは、一般に、労働者を職務に従事させることが不能又は不適当な事由が生じた場合に、労働契約関係は維持したまま、使用者が労働者に対し、労務への従事を免除すること又は禁止することをいう。

129

私傷病休職を含む休職制度は、**解雇の猶予措置**としての機能を有するとされる。つまり、私傷病になった労働者は、労働契約における労務提供義務を履行することができない、という債務不履行の状態となり、通常の場合には解雇事由を満たすことになるところ、療養のための休業期間を設けることによって、労働者が失職するまでの猶予期間を与える、という趣旨で設けられる制度である。

　使用者としても、一時的に休業して療養をすれば快復後に復職して元通りに自社で働ける従業員を直ちに解雇して失職させる必要はない。他方で、その療養のための猶予期間や休職や復職の要件を無制限に、また、場当たり的に設定、運用することも無用な争いを生むのみである。使用者としては、休職や復職の有効性が後に問題にならないよう、適切な制度設計と合理的な運用が求められる。

（2）制度設計が重要

　休職制度は、法定の制度ではなく、就業規則等、使用者企業内において定める制度や規定により規律される。休職制度を設けるか否か、その内容のいかんも、企業の制度設計次第である。裁判例においても、休職制度に関する紛争は、就業規則の合理的解釈という手法で法規制しているとされる。

　ただし、休職制度を設ける場合、休職制度の内容は、労基法上、労働条件の明示事項とされ（労基法15条1項、労基則5条1項11号）、また、就業規則の必要的記載事項となる（労基法89条10号）。また、就業規則等の規定等の整備が不十分であると、必要な場合に適時の休職命令ができず、また、復職可否判断に支障を来す。

　したがって、私傷病休職制度を円滑に運用するためには、**適切な制度設計**が非常に重要であり、また、時代の変化に応じた新事案に対応するためのアップデートも適時に講じていかなければならない。

2. 休職命令を発出する要件

（1）休職要件の定め方

　休職事由に該当したか否かの争いを避けるため、必要なときに休職命令を

出せるように、欠勤要件等を、できる限り客観的にわかりやすい、具体的で明確な休職事由とすることが肝要である。

(2) 問題事例：出勤と欠勤を繰り返す従業員への対応

ア　休業加療が必要な労働者に適切に休職制度を適用する工夫

　休職事由が、連続欠勤を要件となっている場合には、休職事由を適用できない。就業規則における休職事由の定め方としては、「連続出勤を経ない複数の傷病欠勤期間を通算」という制度とするより、「傷病により○日の間に○日以上の欠勤」という一定期間内の欠勤日数をカウントする休職要件としておくことを検討したい。

　また、休職要件には、欠勤要件等を満たさない場合に適用できる一般条項として、「会社が必要と認めた場合、休職命令を発令できる」とする休職事由を必ず定めておく。

イ　診断書提出命令、医療機関受診命令の発令、活用

(ア)　一般条項として「会社が必要と認めた場合」との休職事由を定めたとしても、長期療養が必要と認められるだけの情報をもって合理的に判断がされたものでなければならない。従業員の健康状態に不安や疑問がある場合に、その内容を調査・確認、そして治療や休業の必要性を確認するため、医療機関へ受診させる、診断書を取得させる、産業医面談を実施するなどの方法によって休職命令の要否に関する情報を収集する。

　　これらの受診、診断書の提出、産業医面談の実施を指示するため、就業規則の規定などの根拠は必要か、という論点がある。私見としては、仮に根拠規定がない場合でも、勤怠状況や就業中の様子などから客観的に健康状態の不良が疑われる場合には、就業上の安全配慮や健康管理の必要から、労働契約に基づく業務命令として、診断書の提出や産業医面談を指示することは適法であり、むしろ実施すべきと考える。ただし、規定整備の段階においては、使用者の判断でこれらの指示をすることができる旨の根拠規定を設けることを積極的に検討したい。労働者に診断書の提出等を指示する際、根拠規定を明示できることによって労働者の理解が円滑に進む場合も多いからである。

（イ）　指示・命令をしても診断書が提出されない、受診命令に応じない場合の対応はどうすべきか。病状がわからない場合、私傷病に限定しない自己都合休職制度がある場合には適用を検討することもあり得る。

　　　診断書の不提出や受診命令拒否について、指示・命令に対する背反行為であるとして、懲戒処分を検討することもあり得る。ただし、精神疾患の可能性がある場合には、その精神疾患の影響による判断能力の低下等に起因するものでないかに留意しなければならない（日本ヒューレット・パッカード事件判決（最判平成24年4月27日労判1055号5頁〔28180956〕）について第11章参照）。

　　　診断書や産業医の見解がない場合には、勤怠状況や就業中の様子など、周囲において具体的に健康状態の不良が疑われる客観的状況を記録し、その状況を示して専門医の見解を求めるという方法があり得る。

（3）私傷病再発時の休職期間通算の必要性

　「〇か月以内に同一又は類似の疾病により欠勤する場合には、前後の休職期間を通算する」という通算規定は設けておくべきである。精神疾患など傷病によっては、通常の業務に従事することが可能な程度に快復したようにみえて復職したが、実際には快復しておらず、再度、休業を要する状態となることがあり、これに対応するためである。

3. 休職命令発令時から休職期間中の取扱い

　休職期間が長期にわたる場合、休職期間満了のころに連絡をとろうとしても所在不明となっている場合があるので、可能であれば、定期的な連絡はとっておくのがよい。

　労働者の私傷病休職期間中も、労働契約関係は存続しており、使用者は人事権に基づき人事労務管理をすることができる。ただし、その傷病に悪影響を及ぼす場合（例えば、第三者との対人折衝による精神疾患の増悪のリスクがある場合に労働者本人からの連絡を求めることなど）は、療養に専念するという私傷病休職の趣旨に反し、後に問題となり得るので避けなければならない。

　この場合、労働者本人に限らず、労働者の家族等と連携して、必要な情報

の収集等を行う必要がある。休職命令を発令し、休職期間が開始する前に、主治医や産業医の意見も踏まえて、あらかじめ労働者側との連絡のタイミングや方法を定めておくことも有用である。状況によっては、主治医を通して連絡をとる場合もあり得るので、必要な場合には主治医の協力が得られるか否か相談を試みることも考えられる。

4. 私傷病休職からの復職可否判断

（1）復職判断時に行うべき情報収集

復職の可否の判断とは、「治癒」すなわち「休職前の業務を通常の程度に行える健康状態に回復した」か否かを判断することである。この判断をするに当たり行うべき情報収集とは何か。

ア　主治医からの情報収集：診断書、主治医への医療情報照会

職場復帰の可否に関し、まず最初の情報は、労働者本人を通じて提出される「復職可能」とする主治医の診断書である。労働者が使用者に、職場復帰の意思を伝えた場合、使用者は、労働者に対して主治医による職場復帰が可能という判断が記された診断書の提出を求める。

しかし、主治医による診断は、日常生活における病状の回復程度によって職場復帰の可能性を判断していることが多く、必ずしも職場で求められる業務遂行能力まで回復しているとの判断とは限らない。そのため、必要に応じ、産業医や指定医などと相談のうえ、労働者本人を通じて、主治医に医療情報の照会を行う。照会時には、あらかじめ主治医にて、復職後に従事する予定の業務の具体的内容、職場で必要とされる業務遂行能力に関する情報を提供し、その業務内容や負荷との関係で労働者の状態が就業可能であるという回復レベルに達しているか、予定された担当業務の中に「禁止」や「制限」の必要がないか、復職後も継続する治療（通院や服薬）の内容、業務遂行に影響を及ぼす症状や薬の副作用の有無、などを、具体的に尋ねることが肝要である。予定の担当業務との関係で「禁止」や「制限」の必要がある場合には、業務遂行可能な程度には回復していない、という判断もあり得る。

イ　産業医又は会社指定医への面談、意見聴取

　主治医の判断と職場で必要とされる業務遂行能力の内容等については、産業医等、会社と密なコミュニケーションをとれる医師が精査した結果の意見を踏まえて判断する。産業医未選任の小規模事業場や、産業医が当該疾患の専門医でない場合には、当該疾患の専門医で会社と密なコミュニケーションをとれる医師を探索して依頼し、又は、地域産業保健センター、労災病院勤労者メンタルヘルスセンター等の事業場外資源を活用しながら判断を行う場合もある。

ウ　試し出勤

　一般に、職場復帰前に、職場復帰の判断等を目的として、本来の職場などに試験的に一定期間継続して出勤することを「**試し出勤**」という。試し出勤のあり方については、傷病の種類や労働者の状況によって千差万別なので、産業医や会社指定医の意見を聞きながら、労働者ごとに個別に検討して期間や、期間ごとの具体的内容やプランを定める。

　この制度の導入に当たっては、この間の処遇や災害が発生した場合の対応、人事労務管理上の位置付け等について、一定のルールを定めておく必要がある。NHK（名古屋放送局）事件（名古屋高判平成30年6月26日労判1189号51頁〔28265022〕）は、精神疾患による休職者に対し、休職期間満了直前に無給のテスト出局をさせ、その結果を踏まえ復職不可とし、休職期間満了による解職を有効とした。他方、テスト出局中、無給であったことについては、「テスト出局が単に休職者のリハビリのみを目的として行われるものではなく、職場復帰の可否の判断をも目的として行われる試し出勤（勤務）の性質を有するものであることなどにも鑑みると、休職者は事実上、テスト出局において業務を命じられた場合にそれを拒否することは困難な状況にあるといえるから、……当該作業が使用者の指示に従って行われ、その作業の成果を使用者が享受しているような場合等には、当該作業は、業務遂行上、使用者の指揮監督下に行われた労働基準法11条の規定する『労働』に該当する」として、最低賃金法の適用により、賃金請求権が発生すると判断している。試し出勤期間の内容やプランを定めるに当たり、「労働」に該当すると評価される内容が含まれていないか十分に検討し、含まれる場合には暫定的な試し出勤中の賃金を別途定める等の方法も検討する。

（2）留意点

ア　復職時の業務内容、配置

　私傷病休職からの復職後の業務内容や配置は、**原則、休職前の原職への復帰**を検討することでよい。就業規則においてもそのように規定されているものが多い。ただし、私傷病休職からの復職時、労働者が疾病等によって、休職前の業務に就業することはできないものの、軽減業務等、他の業務であれば就労できる、との主治医の意見が示され、労働者本人が軽減業務による復職を申し出ている場合には、どのように考えるべきか。

　復職後の業務内容に関連して、**片山組事件最高裁判決**（最判平成10年4月9日労判736号15頁〔28030784〕）は、「労働者が職種や業務内容を特定せずに労働契約を締結した場合においては、現に就業を命じられた特定の業務について労務の提供が十全にはできないとしても、その能力、経験、地位、当該企業の規模、業種、当該企業における労働者の配置・異動の実情及び難易等に照らして**当該労働者が配置される現実的可能性があると認められる他の業務**について労務の提供をすることができ、かつ、その提供を申し出ているならば、なお債務の本旨に従った履行の提供があると解するのが相当である。」としている。

　具体的な対応としては、最初に、労働者本人や主治医の述べる「軽減業務」の具体的な内容が何か、労働者本人に尋ねる、主治医に照会して確認をするなどして、情報を集めてその解像度を上げて検討しなければならない。労働者本人の述べる「軽減業務」が主治医の見解においても就業可能な業務の範疇にある場合、片山組事件における「当該労働者が配置される現実的可能性があると認められる他の業務」があり得るのか、企業内の人事配置を一望して検討する。

イ　休職期間満了直前の復職申出

　休職中の労働者から休職期間満了直前に、「傷病が治癒したから復職したい」と申出があった場合、休職期間満了までの間に、復職可否判断をする時間的余裕がなくなる。この場合には、使用者としては、**休職期間の延長**により休職期間満了日を延期し、復職可否の判断をする期間を設けるという方法があり得るが、休職期間の延長を適法に行うことができるか検討を要する。

「会社が特に必要と認めたとき」などと就業規則に延長の根拠規定がある場合が多いが、安易な延長判断は紛争のもととなるので避けなければならない。この場合の休職期間の延長は、労働者の復職可否を判断するための期間を設けるための措置であり、労働者にとっては、休職という無給の期間が長くなるという不利益を受けるものとなるからである。使用者としては、あらかじめ、就業規則に休職期間の延長の根拠規定を設けておくべきであるし、延長判断をする場合にも、延長の目的・必要性に応じて、それを達成するために必要な長さに限って適切な延長期間を定めなければならない。

　就業規則に、休職期間延長の根拠規定がない場合、どのように考えるべきか。私見としては、休職期間延長が可能という解釈はできると考える。すなわち、労働者が健康・安全に業務に従事するためには、復職可否の判断者は、人事権を持つ使用者であり、そのような制度設計、規定としておかなければならない。そして、「治癒」という休職事由の消滅の主張立証責任は、労働者側が負う（伊藤忠商事事件・東京地判平成25年1月31日労経速2185号3頁〔28213202〕など）。復職可否の判断に必要な情報が提供されていない状態で休職期間満了を迎える場合に、その情報不足によって労働者に不利益な判断、すなわち復職不可、休職期間満了に伴う退職となることもあり得る。その事態を回避して復職可否判断に必要な情報を収集するための一定期間、休職期間を延長することは、労働者が失職するよりは不利益が軽減されることになることから、休職期間の延長はあり得る、と考える。

〈参考文献〉

　菅野和夫＝山川隆一『労働法〈第13版〉』弘文堂（2024年）

　厚生労働省「事業場における治療と職業生活の両立支援のためのガイドライン」（2024（令和6）年3月版）

　石嵜信憲編著『労働契約解消の法律実務〈第3版〉』中央経済社（2018年）

　渡邊岳『休職・復職　適正な対応と実務』労務行政（2016年）

　浅井隆編著『最新裁判例にみる職場復帰・復職トラブル予防のポイント』新日本法規出版（2014年）

佐藤有美（さとう　ゆみ）　弁護士

第10章　休職期間満了時における労使紛争の防止

具体例

　労働者Xは、体調不良を理由とする有休取得が続いていた。会社（Y）は、Xに対し、医師の診断書の提出を求めたところ、「1か月程度要加療」とあり、Xからは「しばらく休みたい」との希望が出された。

　Y社としては、今後、休職扱いになった場合の処遇など、Xに説明をする予定であるが、どのような内容を伝えれば、事後のXとのトラブルを回避することができるか。

　なお、Xについては、従前より、体調不良を理由とする遅刻や当日連絡の有休取得が目立ち、勤怠状況がかんばしくない。何度注意しても、一時的に改善されるだけである。今年度付与した有休も使い果たしており、Y社としては、復職させてもまた同じことの繰り返しになると予想されるため、できれば休職期間満了をもって退職扱いとしたいと考えているがそれは可能か。

検討事項

　労働者が業務外の傷病により一定期間、労務の提供ができなくなった場合、労働契約上の債務不履行となり、契約の相手方の会社にとっては、契約解除事由になり得る。多くの会社は、就業規則における普通解雇事由に、「精神又は身体の障害により業務に耐えられないとき」と記載している。

　ただし、労務の提供を為すのが人である限り、けがをしたり、病気になることは当然あり得る。会社はそうしたことを前提として労働者の雇入れをしているはずである。そのため、労働契約関係においては、労働者が傷病により一定期間、労務の提供ができなくなったからといって、労働者に治療・回復の機会を与えることなく、直ちに解雇するのは社会通念上相当ではないと考えられている。そのため、いわば**解雇の猶予措置**として、多くの会社では**休職制度**を設けている。

　休職制度は法令での付与義務や最低基準等は定められておらず、会社が就業規則において任意で設計し運用するものである。ただし、休職期間満了による労働契約の終了（自然退職の扱い）は、労契法16条による解雇規制の潜

脱となり得るため、会社がなした復職の可否判断をめぐって労使紛争に至るケースが多くみられる。

筆者は、休職期間満了時に労使紛争に至る原因の1つとして、休職制度の趣旨、休職期間中の処遇についての会社からの事前説明が十分ではないことをあげる。そうした対応が労働者に不安を与えることとなり、会社への不信感、時には敵対心につながると考えている。

本章では、私傷病により休職に至った労働者との紛争防止の視点で、会社があらかじめ、休職制度の適用となる労働者に対し説明すべき内容を示す。そのうえで、休職期間満了による労働契約の終了（自然退職の扱い）の解釈・適用の合理性判断について近年の裁判例を通じて検討する。

基本情報

1. 休職制度に関する説明内容と規定例

休職者とのトラブルが起こりやすい場面は、**休職期間満了を迎えるとき**である。その際に労働者から「事前に復職要件を聞いていなかった」「休職発令自体の根拠がない」など、休職発令時における対応の不備を主張されることとなる。

こうした事後のトラブルを避けるため、休職制度適用時に、休職発令の根拠、休職期間中の処遇などを丁寧に説明し、休職期間満了までに従前の労務提供が可能となったことを労働者が立証し、会社が復職決定を出さなければ、期間満了により退職扱いとなることについてもあらかじめ説明し、**休職期間には上限があること**を認識してもらうことが肝要である。

（1）医師の診断書の提出命令

病気休職は怪我や病気の療養を目的とするものである。そのため、休職発令は、「**業務外の傷病によって従前の労務の提供ができなくなったこと**」をその理由とすることとなる。

労働者は会社からの休職発令を受けることにより、労務提供義務を免除されたうえで、雇用関係を継続したまま療養に専念することができるというプラス面がある一方で、休職によりキャリア形成が中断されること、休職期間中は給料が得られないこと、復職が認められなかった場合に失職につながる

ことなど、マイナス面も多くある。

そのため、会社が恣意的に休職発令をしたととらえられないよう、休職発令の根拠となる労働者の心身の不具合について**医学的根拠となる診断書を得ること**が必要である。

会社が心身に不調を抱える労働者を職場から排除すること等を目的として、医師が就労可能とし、本人も通常勤務をしているにもかかわらず、休職発令し、労務提供をさせないことは、当該労働者に対する不法行為とみなされることになり得る（富国生命保険（第1回、第2回休職命令）事件・東京高判平成7年8月30日労判684号39頁〔28011614〕）。休職発令は、医師の判断に沿って慎重に行うべきである。

さらに、休職発令時のみならず、診断書による「就労不能」とされた期間を超えて療養が必要となった場合は、延長する期間について新たな診断書の提出が必要なこと、及び就労可能と診断された場合も診断書の提出が必要なことも事前に労働者に伝えておく必要がある。

加えて、会社は労働者の回復状況や復職後の配慮の内容を把握するために主治医に意見を求めたり、労働者に対し産業医及び会社が指定する専門医への受診を命じる場合があることも併せて説明し、労働者の同意を得ておく必要がある。

【規定例1】医師への受診命令を定めた規定

会社は社員に対し、その健康状況を把握するために医師への受診、及び診断書の提出、医師への意見聴取を求めることができる。社員は正当な理由なくこれを拒むことはできない。

（2）休職発令のタイミングの説明

休職発令のタイミングは就業規則によることとなる。「業務外の傷病による欠勤が〇か月を超え、なお療養を継続する必要があるため勤務できないとき」（厚労省モデル就業規則より）と規定されていることが一般的であるが、この規定だと断続的に出勤と欠勤を繰り返す労働者に対する休職発令ができなくなる。出勤状況が安定せず、客観的にみて心身の健康状態が不安定であると認められる労働者に会社が医師への受診命令を出したうえで、休職発令ができる規定にしておく必要がある。

139

休職開始日は休職満了日と連動するものであり重要である。休職可能期間、休職満了日とともに書面で伝えるべきであろう。

【規定例 2 】休職発令に関する規定

業務外の傷病により引き続き**若しくは断続して 1 か月以上就労不可の状態**が発生したとき、又はその回復に一定の期間を要するとき、若しくは職務に耐えず、通常の労務提供が困難であると会社が判断する場合は、会社は休職発令を行う。

（3）休職期間及び復職に関する説明

休職可能期間は就業規則に定める期間となること、休職期間満了までに、**従前に従事していた職務を通常の程度に行うことができる状態**に回復していることを労働者自身が示さなければ、雇用契約が終了する（自然退職となる）ことを、労働者に説明しておく必要がある。

休職発令時は、労働者は心身の状態が健常時とは異なるため、簡潔に、**「いつまでに（休職期間満了までに）、何を（医師による就労可能の診断書を添えて）、どうするか（会社に復職希望を申し出ること）」**をしなければ、休職期間満了をもって雇用契約が終了することを文書で示すべきである。

その際、診断書の提出及び復職希望の申出により、直ちに復職が認められるわけではないことをはっきり伝える必要がある。会社は、診断書を確認し、就業規則に定めた復職基準（例えば「従前に従事していた職務を通常の程度に行うことができる状態」）まで労働者が回復しているかどうかを産業医（場合によっては専門医の診察を含む）及び人事担当者との面談、試し出勤等で確認して、復職の可否判断を行うことを労働者に文書で説明することが重要である。

なお、労働者が休職中に復職可否判断に関し、使用者の裁量権の余地を広げる形で就業規則の変更を行い、復職判断の時点において適用し、それを根拠に復職を認めないとした場合、**就業規則不利益変更の問題**となり、労契法10条による合理性判断がなされることとなる（アメックス事件・東京地判平成26年11月26日労判1112号47頁〔28231278〕）。

第10章　休職期間満了時における労使紛争の防止

> **【規定例3】復職に関する規定例**
> 1　休職期間満了までに休職事由が消滅したときは、社員は速やかにその旨を会社に通知し、医師の診断書を添付した復職願を提出して会社の承認を受けなければならない。会社が必要と認めた場合は、会社が指定する医師による診断を命じることがある。
> 2　私傷病により休職をした場合の復職要件は、従前の業務を通常の程度に行える健康状態に回復していること、とする。
> 3　私傷病により休職を命じられた者が休職期間満了時に復職できないときは、休職期間満了日をもって退職とする。

2. 休職期間中の処遇に関する説明と案内文例

　病気休職に至った労働者は休職期間中の処遇に関し不安を抱えているケースが多い。会社は、処遇等につき丁寧に説明し、傷病手当金の申請の手続を速やかに行うことが求められる。また、傷病手当金申請のための医師の証明の取得、社会保険料の立替の返済など、労働者がやるべきこともきちんと示す必要がある。

　労働者に対し、**参考**で示すようにあらかじめ文書で説明をしておくことで、労使双方にとって手続等をスムーズに行うことが可能になる。その際、就業規則の規定も併せて示すとよい。

141

参考　労働者への案内例（筆者作成）

●年●月●日
株式会社●●
管理部総務課●● ●●

●●●●殿

病気欠勤・休職に関する取扱いについてのご案内

　貴殿の休職に関する取扱いについて、今後の手続を含めてこ案内します。なお、○月○日に有給休暇の残日数をすべて消化する旨の申出を受けています。

◎日程の確認
　欠勤開始日：令和5年9月19日（火）
　■有給消化期間
　＊9月18日時点　年次有給休暇残日数13日
　　9月19日（火）～10月5日（木）まで　年次有給休暇消化期間

　■欠勤期間　10月6日（金）～11月5日（日）
　＊●月●日付けの診断書には「10月末日までの休養が必要」との記載があります。11月1日以降も引き続き休業される場合は再度医師の診断書の提出をお願いします。医師の診断書により引き続き休業が必要だと会社が判断した場台は、11月6日を始期とした休職発令をします。

　■休職期間　令和5年11月6日～令和6年5月5日（最長6か月）
　＊休職期間満了日までに復職ができない場台は同日付で「休職期間満了による退職」となります。

◎給料計算及び今後の手続について
１．9月25日払、10月25日払の給与の扱い
　　9月分給与は通常通りの計算、10月分給与は日割り計算となります。11月分給与以降は、給与の支給はありませんが、厚生年金保険科（○○円）・健康保険科（○○円）・住民税（○○円）の負担があるため立替金が

発生します。

　立替金については、毎月月末までに会社の口座にお振込みください。

　《振込み先》●●銀行　●●支店　普通●●●●　カ）●●●

2．傷病手当金の申請について

　休職期間中については給料の支給はなく、傷病手当金を受給することになります。同封しております「傷病手当金支給申請書」につき、以下の手順で手続してください。

　（手順略）

3．休職期間中の療養の状況報告及び復職申請について

○療養期間中の状況報告について

　療養期間中、提出いただいている診断書での期間を超えて療養が必要な場合は、再度医師の診断書の提出をお願いします。

○復職の申出について

　復職を希望される場合、医師による「復職可能」と記載された診断書を得て、人事担当者にご連絡ください。そのうえで、産業医、人事担当者と面談を行います。面談にて、現在の体調、復職後の働き方の希望等のヒアリングをさせていただいたうえで、通勤練習を経て、復職発令を出すかどうかの決定となります。この過程で、主治医との面談や主治医からの意見聴取、場合によっては会社が指示する専門医への受診をお願いすることもありますので、ご協力をお願いします。

　なお、当社においての復職基準は「従前に従事していた職務を通常の程度に行うことができる状態」を指します（就業規則○条）。

○復職までのプログラムについて

　復職前の面談で詳しくご説明しますので概要のみお伝えします。

　（概要略）

4．問い合わせ先

　本件につき、不明点等の問い合わせ窓口は総務部●●までお願いします。

(1) 休職期間に対する賃金の支払の有無

休職期間に対する賃金の支払の有無は、会社の就業規則で定めることができる。**ノーワークノーペイが原則**であることから、「休職期間に対する給与の支払はしない」と就業規則に定めること自体は違法ではない。

賞与支給についても、会社の就業規則によることとなる。賞与の査定対象者の要件に当該期間の出勤率を明記している場合は、対象外となることもあり得る。

いずれにせよ休職期間中の賃金の支払の有無について、労働者にとっては生活維持に関わる重要な情報であるため、その**取扱いを事前に労働者に伝える必要がある。**

(2) 休職中の労働者負担の社会保険料・税負担の処理

休職期間中の賃金の支払の有無にかかわらず、社会保険料（厚生年金保険料・介護保険料・健康保険料）の負担は労使双方に生じる。産前産後休業、育児休業期間のような社会保険料免除の制度はない。

休職が続き、4月・5月・6月の就労がない場合は、従前の標準報酬月額がそのまま翌年度も維持される。休職者は休職開始前に負担していた社会保険料を休職期間中も負担することになる（会社負担も同じ）。

また、住民税は前年（1月～12月）の所得に対し課税がされるため、休職期間中であっても税負担が生じる。休職期間が長引く場合は、労働者に事前通知したうえで、会社が市町村に対し届出をすることで、労働者が直接市町村に住民税を納付する方法に切り替えることができる。

このように、休職中に無給であっても労働者が負担すべき社会保険料・住民税が発生することを労働者に通知し、立替分の返済方法についても事前に取り決めておく必要がある。**参考**の事例では、毎月給与計算において立替金を計上し、休職者に会社への振込みを命じる形としているが、会社で定めたルールによることとなる。

(3) 社会保険制度からの傷病手当金請求手続

労働者が、業務上以外の傷病により労務に服することができない状態であることにつき医師の証明がある場合で、連続して4日以上の休業をし、当該

期間について給与の支払がない場合、傷病手当金の請求が可能である。傷病手当金の受給額は、休業開始4日目から休業1日当たり、傷病手当金支給開始日が属する月以前の継続した12か月間の各月の標準報酬月額を平均した額を30で除して得た額の3分の2に相当する額である。傷病手当金は、支給開始日から、通算1年6か月を限度として支給される。

　傷病手当金は、休業中の被保険者の生活の保障のために支給されるものであるため、通常、賃金計算期間ごと（1か月ごと）に請求することとなる。労働者の中には、傷病手当金は、給料と同じように決まった日に毎月振り込まれると誤解しているケースもある。無給の欠勤、休職に入る時点で、会社の担当者から、請求しないと支給されないことや、請求のためには、請求期間について労務不能であったことの医師の証明を傷病手当金の請求書に記載してもらう必要があり、その証明は、会社に提出した診断書（上記1.（1））とは別に得る必要があることなどを説明しておく必要がある。

　なお、傷病手当金の請求書類への医師の証明は、実際に就労不能であった期間について事後に証明を得るものとなる。将来に向けて療養が必要な期間を示し、当該期間の労務提供義務の免除を求めるための診断書（上記1.（1））とは異なる。

　例えば、5月1日から1か月の休職を求める場合は4月30日までに当該期間について要加療の診断書を医師から得て会社に提出する必要がある。他方、傷病手当金を得るための労務不能証明は、現実に療養していた期間の経過日以降、すなわち5月1日から1か月間の休職に対する医師の証明は、5月31日以降に、傷病手当金請求書にある医師の証明欄に得る必要がある。

　通常、傷病手当金の支給申請は会社を通じて行うこととなる。申請書類に記載された医師の意見を含め提出前に写しをとり、申請の際に写しに受付印を押印してもらい、保管しておくとよい。

　受付印があることで、労働者から傷病手当金の入金がないなどの連絡があったときに、健康保険組合等への問い合わせが容易になり、写しがあることで、傷病手当金の請求書に記載された医師の意見と、診断書に記載された医師の意見に相違がないかどうかなどの確認をすることが可能となる。

COLUMN

労働者とのやりとりの記録と健康情報の取扱い

　労働者が休職に至った経緯（入社以降休職発令前までの労働者の担当業務・人事評価を含む）、休職発令時・休職期間及び復職面談等における労働者とのやりとり、医師（主治医・産業医・会社が指定する専門医など）の意見（上記２.（３）傷病手当金請求書の控を含む）などはすべて記録して保管する必要がある。

　記録には、要配慮個人情報である労働者の健康情報が含まれることから、労安法104条３項及びじん肺法35条の３第３項に基づいた、厚労省による**「労働者の心身の状態に関する情報の適正な取扱いのために事業者が講ずべき措置に関する指針」**（平成30年９月７日労働者の心身の状態に関する情報の適正な取扱い指針公示第１号）により、会社で策定した「健康情報等に関する取扱規程」に沿って、作製・管理をしなければならない。規程作成時には、厚労省が示す「事業場における労働者の健康情報等の取扱規程を策定するための手引き」（平成31年３月）を参考にすることができる。

　さらに休職発令、復職判断などの過程において、医師から労働者の健康情報を取得するには、あらかじめ本人の同意を得る必要がある（個人情報の保護に関する法律２条３項、20条２項）。

3. 休職期間満了による退職扱いの相当性判断

　休職期間満了時に自然退職扱いにする場合は、就業規則にその旨の記載が必要である（【規定例３】）。労働契約の自動終了という効果を招く退職扱い規定については、就業規則の合理性の範囲内での慎重な解釈及び適用が求められる。

　近年の裁判例では、休職の事由が消滅していること（傷病が治癒に至っており従前の労務提供ができる状態となっていること）は**労働者が立証**しなければならないとされており（早稲田大学事件・東京地判令和５年１月25日労

経速2524号3頁〔28313018〕、アメックス事件・東京地判平成26年11月26日労判1112号47頁〔28231278〕、伊藤忠商事事件・東京地判平成25年1月31日労経速2185号3頁〔28213202〕など）、**労働者は主体的に主治医による「就労可能」の診断書を提出しなければならない。**

　労働者が「就労可能」であることを医師の診断によって証明できない場合は、会社は、労働者に休職期間満了により退職となることを通知したうえで、退職手続を進めることとなる。

　他方、主治医が就労可能とし、労働者が復職の意思を示しているケースで会社側が、休職事由の消滅を認めず、休職期間満了により退職扱いとする判断を示す場合は、判断根拠の相当性が求められる。

　近年の裁判例を通じて検討する。

（1）判断根拠としての医学的見地の重要性

　主治医の就労可能判断があったにもかかわらず、会社が復職不可と判断し、休職期間満了による退職扱いとしたことを認めなかった裁判例及び、主治医の見解ではなく産業医・専門医の見解を採用し、退職扱いを認めた裁判例を挙げる。

ア　アメックス事件（東京地判平成26年11月26日労判1112号47頁〔28231278〕）
　本件は、主治医による「就労可能」とした診断書の内容と傷病手当金請求書への「療養が必要」とした記載内容の矛盾、及び主治医が作成した情報提供書の記載内容を根拠としてYがXの復職を認めず退職扱いとした事案である。

　裁判所は、Yが主治医による診断書及び情報提供書内容について矛盾点や不自然な点があると考えるならば、Xの承諾を得て主治医に照会する、産業医の意見を聴くなどの措置をとるべきであり、**医学的見地を得ることなく主治医の意見を排斥し**、就業規則による判定基準を満たさないと判断したことは、Xの復職を著しく困難にする不合理なものであり、Yの裁量権の範囲を逸脱し又は濫用したものであるとし、退職扱いの効力を認めなかった。

イ　綜企画設計事件（東京地判平成28年9月28日労判1189号84頁〔29020028〕）
　本件は、主治医による「就労可能」という診断を得て、復職に向けて試し

出勤をしていたXについて、Yが試し出勤中の勤務状況は、従前の職務を通常どおりに行うことはできないと判断し、退職措置をとった事案である。

裁判所は、Xの試し出勤中の勤務状況及び、退職措置をとる直前に提出された主治医からの「通常勤務可能で残業制限が解除できる状態」と記載された診断書から、Xは「試し出勤中に従前の職務を通常程度行うことができる状態になっていたか、仮にそうでないとしても、相当期間内に通常の業務を遂行できる程度に回復すると見込まれる状況にあった」と判断した。

試し出勤中に提出された主治医の診断書に疑義があったが、主治医への問い合わせは困難であるとともに実効性に乏しかったと主張するYに対し、裁判所は、YがXに対し別の医師に受診を命じるなどの対応をとるなどして**医学的見地からの検討を行っておらず**、主治医の診断を排斥する医学的根拠が乏しいとして、退職措置の効力を認めなかった。

ウ　東京電力パワーグリッド事件（東京地判平成29年11月30日労判1189号67頁〔28261702〕）

本件は、休職中のXから主治医による就労可能という診断を得たものの、Yが産業医、専門医から復職不可の意見書を得てXを休職期間満了による雇用終了とした事案である。

裁判所は、産業医が判断根拠として示したXの病識欠如、及び面談の際の状態、専門医が示した病識欠如に加え、リワークプログラムの出席率及び評価が低いという意見を採用した。就労可能とした主治医の見解は、リワークプログラムの評価を参照としていないこと、職場の実情や労働者の職場での勤務状況を考慮したうえでの判断ではないこと、休職期間中にいかなる治療をし、どの程度の改善がみられたかなどが明確ではないことを指摘し、その見解を参酌することはできないとし、休職期間満了による雇用契約の終了を認めた。

そのほか、主治医は復職可としたが産業医の意見を採用し、休職期間満了による雇用契約終了を認めたものとしてホープネット事件（東京地判令和5年4月10日労経速2549号3頁〔29078135〕）がある。

実務での対応

傷病休職の場合、復職判断の際にも、労働者が従前の職務を通常の程度に

行える健康状態には回復していないこと、また相当期間内にそうした状態に至る見込みがないと判断した**医学的根拠を得る**ことは必須である。

主治医から「就労可能」と診断が出ているが、会社側が面談や試し出勤などを通じて、労働者の健康状態の回復が十分ではないと判断する場合は、その具体的根拠、例えば、面談時に「話をしているときに目が泳いでいる」「不自然な汗をかいている」「落ち着きがない」、試し出勤時に「定時に出勤できない」「話しかけても反応が鈍い」「服装の乱れがある」「勤怠状況に問題がある」などを示し、**労働者の同意を得て、そうした状態に対する医学的見地による判断を求める必要がある。**産業医を通じて主治医に対し医療情報の提供を求める、場合によっては労働者に対して別の専門医への受診を命じることなどが考えられる。

(2) 労働者の復職に向けての配慮義務

裁判所は、復職の可否判断において、会社から自宅療養を命じられた労働者の賃金請求権の有無について争われた片山組事件（最判平成10年4月9日裁判集民188号1頁〔28030784〕）で示された判断枠組みに沿い、健康状態の回復については、医師の就労可能の診断に加え、**「従前に従事していた職務を通常の程度に行うことができる状態」**若しくは**「当初は軽易業務であっても、程なく従前の業務に従事できる状態になるのか」**という視点での判断を会社に求める傾向にある。さらに、職種・業務内容の限定特約がない場合で、労働者が労務提供を求めているときには、従前の業務でなくとも、他部署への配置の可能性も探るべきだとされている。

労働者の復職に向けての配慮義務は信義則上の義務から派生するとされ、復職準備期間の提供や教育的措置をとることを使用者に求める裁判例として、全日本空輸事件（大阪地判平成11年10月18日労判772号9頁〔28050314〕）、使用者がとり得る負担軽減措置を具体的に検討するものとして、キヤノンソフト情報システム事件（大阪地判平成20年1月25日労判960号49頁〔28141147〕）、JR東海事件（大阪地判平成11年10月4日労判771号25頁〔28050195〕）などがある。

ただし、**「休職開始前（従前）から職務を通常程度に行うことができていなかった」**ケースや、休職の原因となった疾病が原因で障害が残り**「従前に従事していた職務を通常程度には今後も行うことができない」**ケースについ

て、どこまで会社は復職に向けての配慮をしなければならないのかという問題が生じる。近年の裁判例を検討する。

ア　シャープNECディスプレイソリューションズ事件（横浜地判令和3年12月13日労経速2483号3頁〔28300417〕）

　本件は、従来から「業務遂行の遂行に必要とされるコミュニケーション能力、社会性を欠く状態」（本件では上司の指示及び指導に従わない等業務に支障を来す状態）を抱えていたXに対し、Yが主治医から提供された診断書及び診療情報提供書を根拠とし、病状回復が十分ではないと判断し、休職期間満了による退職扱いとした事案である。

　裁判所は休職理由を「適応障害」による症状（本件では、業務中泣き出す、会話が成り立たない等）と限局し、適応障害の症状により生じていた従前の職務を通常の程度に行うことができないような健康状態の悪化は解消されたとした。

　Yが復職不可の判断の根拠とした、労働者が自身の能力発達の特性を受容できていないこと、意図することが伝わらず双方向コミュニケーションが成立しない場面が多いことについては、当該労働者が本来的に持つ人格構造又は発達段階での特性が含まれており、休職理由（「適応障害」による症状）には含まれないとした。休職理由に含まれない事由を理由として、解雇権法理の適用を受けることなく、休職期間満了による雇用契約の終了という効果を生じさせることは相当ではないとし、Yによる休職期間満了による退職扱いを認めなかった。

イ　早稲田大学事件（東京地判令和5年1月25日労経速2524号3頁〔28313018〕）

　本件は、脳出血とその後遺症により休職していた大学教授であるXに対し、労働者の復職希望に添って、Yが面談等を重ねたものの、Xには運動性失語、高次脳機能障害が残存することから、大学の教授として授業を任せられるまで回復しているとは判断できない（休職事由の消滅は認められない）とし休職期間満了をもって解任した事案である。なお、Yは当初の休職期間満了時点では解任は行わず、休職期間を延長したうえで、Xに対し模擬授業の実施を提案したが、Xは応じず模擬授業は実施されなかった。

裁判所は、休職事由の消滅の判断基準としてXが「大学の教授としての職務を通常の程度に行うことができるというためには、授業において学生との間で同時性ないし即応性を有する双方向のコミュニケーションを行うことを前提とし、そのための能力を備えていることが必要であると認められる。そして、学生とのコミュニケーションの内容も、高等教育研究機関である大学の授業等に求められる教育効果からすれば、学生に対する適切なフィードバックを含む相応に高度なものが求められる」とした。

そのうえで、主治医、産業医、専門医の意見書、診断書から、当初の休職期間満了時には教授としての職務を通常の程度に行うことができる健康状態に回復していたとは認めることができないとした。

さらにYが、Xの復職可否判断を慎重に行うための判断材料を得ることを目的とした模擬授業の実施の提案をしたが、Xはそれに応じなかったこと、その他Xから復職可能であることに係る情報提供もなかったことから、本件解任は有効であるとした。

実務での対応

休職制度は解雇猶予の措置であり、休職者の復職の可否判断は会社側が「従前の職務を通常程度に行うことができる健康状態であるか否か」の視点で行うものであるが、その判断は慎重に行う必要がある。

会社は、医学的見地を得ること（上記3.（1））は当然として、**「従前の職務を通常程度に行うことができるか」の判断材料を収集する必要がある**。筆者はやみくもに休職期間を延長することは就業規則の規定が形骸化してしまうことから、避けるべきであるとする立場であるが、当該労働者との紛争が生じ得る場合に、より慎重に判断材料を集めるための時間を得るという目的においては有効であろう。

早稲田大学事件においては、裁判所は障害者雇用促進法36条の3により事業主に課せられた合理的配慮の範囲についても判示している。

裁判所は、障害者雇用促進法36条の3が障害者である労働者の特性に配慮した職務の円滑な遂行に必要な施設の整備、援助を行う者の配置その他の必要な措置を講じなければならない旨定めているが、同条ただし書が「事業主に対して過重な負担を及ぼすこととなるときは、この限りでない」としていることからも、**労働契約の内容を逸脱する過度な負担を伴うまでの提供義務**

を課すことは相当ではないとした（日本電気事件・東京地判平成27年7月29日労判1124号5頁〔28234550〕も同旨）。

　なお、「従前に従事していた職務を通常程度には今後も行うことができない」ケースにおいては、**休職期間満了時点において労務提供可能な業務が存在するのかどうか、労働者の意向や後遺障害の状態、身体能力、健康状態等を確認し、復職可能な選択肢を可能な範囲で検討する必要がある**といえよう（検討がなされたうえでの休職期間満了での退職が有効とされた事案として、日東電工事件・大阪高判令和3年7月30日労判1253号84頁〔28293479〕、三菱重工業事件・名古屋高判令和4年2月18日労経速2479号13頁〔28301514〕）。

　このようなケースで原職以外に復職可能性を見いだすとしても、原職と同様の職種・職位・職責の範囲内の業務について遂行可能であるかどうかの範囲での検討となる。実務では、障害が残る労働者に対する雇用契約終了を避けるため、会社側が配慮として、障害者枠での雇用（職種変更）を提案することも考えられるが、原職と同様の職種・職位・職責の範囲内で業務が可能かどうかの検討をすることなく職種変更の提案はできないことに留意すべきであろう。

　参考として、宮澤史穂「採用後に障害者となった従業員に対する企業の対応や課題」日本労働研究雑誌745号（2022年）49頁がある。

〈参考文献〉

　大内伸哉『最新重要判例200労働法〈第8版〉』弘文堂（2024年）

　横山直樹『メンタルヘルスの諸問題と企業実務』商事法務（2023年）

　迫田宏治「復職の要件である『休職の理由が消滅した』の意味」季刊労働法281号（2023年）209頁

　荒木尚志『労働法〈第5版〉』有斐閣（2022年）

　原田満＝岡崎教行編著『就業規則からみる　メンタル不調の予防と対応　規定整備のポイント』新日本法規（2021年）

　厚生労働省「事業場における労働者の健康情報等の取扱規程を策定するための手引き」（2019（平成31）年3月）

　https://www.mhlw.go.jp/content/000497426.pdf〈2024年4月8日確認〉

井寄奈美（いより　なみ）　特定社会保険労務士

第11章　懲戒処分の制度設計と発令時の留意点

第11章　懲戒処分の制度設計と発令時の留意点

具体例

　Y社のA部門にて、勤怠が不規則で無断の欠勤、遅刻、早退を繰り返す、業務指示について反抗的態度を示す、業務態度の改善を求めると大声で話し続けてこちらの話を聞かなくなってしまい、改善の意向を示さないなどの問題行動を示す労働者Xがいる。

　Xの直属の上長であるA部門の部長Bは、このようなXの態度について自身での対応に限界を感じ、Y社人事部門に対応を求めた。Y社人事部門担当者は、Bの要請に応じ、事実関係の調査を開始した。Xへのヒアリング調査において、Xは趣旨不明なことを大声で話し続けて止まらなくなり、また、「このようなヒアリングはハラスメントである」と主張した。

　Y社は、Xに対する懲戒処分の発令を検討しているが、留意すべき事項は何か。

検討事項

　問題行動、非違行為を行う従業員への対応方法として実施されるべき懲戒処分制度について、その制度設計と内容、そして事実調査から発令までのプロセスにおける留意点について検討する。

　併せて、懲戒処分の過程や発令時において、近時散見されるトラブル事例、非違行為の類型について提示して考察する。

当事者の主張

　Y社としては、Bの要請に基づき、Xの問題行動の有無及び内容について、調査のうえで事実認定を行い、就業規則の懲戒事由を根拠として懲戒処分を行う。

　Xとしては、懲戒処分がY社の懲戒権濫用であるとして懲戒処分の無効を主張する。また、Bの業務指示や懲戒処分発令までの事実調査におけるヒアリング態様がハラスメントである、という主張も考えられる。

153

基本情報

1. 懲戒処分とは

（1）意義

　企業という集団的組織を円滑に運営していくには、一定ラインの企業秩序を維持していくことが必須であり、そのための行為規範としてのルール（服務規律）が必要である。そして、この**服務規律や企業秩序を維持**するための制度として、これらのルール違反（服務規律や企業秩序の違反行為）に対する制裁として、**懲戒処分**をもって対応をする。

　懲戒処分とは、通常は、「従業員の企業秩序違反行為に対する制裁罰であることが明確な、労働関係上の不利益措置を指す」といわれる（菅野和夫＝山川隆一『労働法〈第13版〉』弘文堂（2024年）652頁）。

（2）根拠

　懲戒権の根拠に関し、「使用者は規律と秩序を必要とする企業の運営者として当然に固有の懲戒権を有する」という**固有権説**と、使用者の懲戒処分が労働契約において具体的に同意を与えている限度でのみ可能であるという**非固有権説（契約説）**に分かれる。

　もっとも、懲戒権行使に就業規則上の根拠が必要かについては、固有権説によっても当然に不要となるものではないと考える。最高裁は、「使用者が労働者を懲戒するには、あらかじめ就業規則において懲戒の種別及び事由を定めておくことを要する」。「そして、就業規則が法的規範としての性質を有する……ものとして、拘束力を生ずるためには、その内容を適用を受ける事業場の労働者に周知させる手続が採られていることを要する」としている（フジ興産事件・最判平成15年10月10日労判861号5頁〔28082706〕）。

　また、労基法上も、「制裁に関する事項」は労働契約の締結に際しての労働条件明示義務の内容に含まれる（労基法15条、労基則5条1項10号）。「制裁の定め」は就業規則の必要的記載事項である（労基法89条9号）。

　そうすると、実際の懲戒処分については就業規則による懲戒の種別や事由をあらかじめ就業規則に規定し、これを周知しなければならない。

第11章　懲戒処分の制度設計と発令時の留意点

2.　懲戒権の限界

（1）懲戒権濫用法理

　使用者が労働者を懲戒することができる場合において、当該懲戒が、当該懲戒に係る労働者の行為の性質及び態様その他の事情に照らして、客観的に合理的な理由を欠き、社会通念上相当であると認められない場合は、その権利を濫用したものとして、当該懲戒は、無効となる（労契法15条）。

（2）懲戒処分の根拠規定としての就業規則の規定と適用

　懲戒処分の発令には就業規則の規定と周知が必要であることは既に述べたところ、裁判所は、就業規則の懲戒事由の規定を、労働者保護の見地から限定解釈することがある。すなわち、広範で不明確な懲戒事由の規定については、労働者保護の観点から**合理的な限定解釈**を行ったうえでその該当性を判断する。

（3）罪刑法定主義類似の原則

　刑法において、罪刑法定主義、すなわち、どのような行為が犯罪として処罰されるか、どのような刑罰が科されるかについて、あらかじめ法律で規定しなければならないという基本原則がある。同様の趣旨が企業秩序維持のための懲戒処分にも当てはまり、懲戒処分においても**罪刑法定主義類似の制約**が働く。

　具体的には、懲戒の根拠規定は、その規定が設けられる以前の事案に対して遡及して適用してはいけない（**遡及適用の禁止**）。また、同一の事案に対して、２回懲戒処分を行うことは許されない（**一事不再理の原則**）。

3.　制度設計の工夫

（1）各懲戒事由の定め方

　懲戒事由に関する就業規則の定めを周知することは、労働者の予測可能性を確保して**企業秩序違反行為の予防**の機能を持たせることも期待ができる。

155

また、後に解釈に疑義が生じて紛争化し、裁判所による就業規則の限定解釈によって懲戒事由の該当性が否定されれば、真に懲戒処分を行うべき事案に制裁を与えることができなくなる。そのため、できる限り解釈の幅を持たせず、一義的明確に規定をして、発令時に疑義が生じないようにしておくことを心掛けたい。予想される秩序違反行為の類型については、各企業、各事業場にて異なるので、必要な懲戒事由が定められているかを十分確認したい。

また、どれほどつぶさに検討しても、あらゆる企業秩序違反行為をカバーすることは困難である。懲戒事由に記載された要件を1つでも欠けば懲戒処分を行うことができないとすることは、具体的ケースにおいて懲戒処分を行うべき事案に発令できず、企業秩序維持に支障を生じる。そこで、併せて、包括規定を設けることも検討したい。例えば包括規定を「その他前各号に準ずる行為があったとき」などとしておくことで、一定の労働者の予測可能性や行動の自由も確保することができる。「前各号に準ずる」として、どの懲戒処分にどのように準ずるのかの事実認定と立証は、使用者が行うこととなるからである。

(2) 懲戒処分の種別と懲戒事由の関係

懲戒処分の種別には、一般に、
・譴責（始末書を提出させて将来を戒める）
・減給（労働者の労務提供に対応して受けるべき賃金額から一定額を差し引くこと。ただし労基法91条の制約あり）
・出勤停止（労働者の就労を一定期間禁止する。一般に不就労期間は無給）
・降格（役職・職位・職能資格などを引き下げる降格）
・諭旨退職（所定期間内に退職勧告に応じない場合は懲戒解雇に処する）
・懲戒解雇（労働者を即時解雇する）
などの規定が設けられることが多い。

これらの各懲戒処分の種別に関する規定と、懲戒事由との関係について、就業規則の定め方において大きく2種類の例がみられる。すなわち、懲戒処分の種別ごとに懲戒事由を定める例と、すべての懲戒事由についてすべての懲戒処分の種別を適用するよう定める例である。

懲戒処分の種別ごとに懲戒事由を定める場合には、実際の懲戒事由の発令

の際に懲戒処分の種別選択において、一定程度形式的判断が可能となり、統一的な判断をしやすい面がある。他方で、懲戒事由の数は複雑多様化するうえ、懲戒事由の該当性以外の労働者に不利な情状を、懲戒処分の種別選択の軽重に反映させたい場合に、該当する懲戒事由がないと、とりわけ懲戒処分を重くする種別変更はできない。

　筆者としては、後者の、すべての懲戒事由についてすべての懲戒処分の種別を適用するよう定めるのが柔軟な運用のためにはよいのではないかと考える。ただし、処分量定において、その重さの幅は自ずから広いものとなるから、処分量定に考慮すべき事情（労働者に有利な事情と不利な事情）をすべて列挙して検討し、先例を蓄積したうえでこれらと比較した場合の公平性を担保するなどの工夫が必要である。

4. 懲戒処分発令時の留意点

(1) 事実調査段階

　懲戒処分の発令には、**懲戒対象事実の調査、認定**が使用者側に求められる。また、紛争化を予防することや、万一の紛争化後の立証を見据えて懲戒処分発令までの手続を進めなければならない。

　なお、事情聴取を実施するのが弁護士である場合、このような対応は普段の弁護士業務において求められる場面も多く、このような対応は問題なくできる場合が多い。しかし、これらの事情聴取や調査の手続は、使用者企業の人事担当者が実施する場合も多く、可能であれば、事情聴取を実施する人事担当者へは留意事項をあらかじめ伝えておきたい。

ア　事情聴取のポイント

　事実関係の調査、事実認定のため、一般的に調査対象者や関係者へのヒアリング調査が行われる。この場合には、「いつ、どこで、誰が、何を、なぜ、どのように」といういわゆる5W1Hを具体的にして事実関係を聞き取ることを心掛けたい。そして、ヒアリングによる調査結果に基づき、5W1Hを特定して懲戒対象事実を定めること、「感想、意見、推測」と、「実際に供述者が見聞きした事実」とを分けること、（特に調査対象者の聴取におい

て）供述の強要を疑われないように留意したい（場所、時間、回数等）。また、曖昧、抽象的な表現の供述には注意が必要であり、そのような供述が現れた場合には、具体的な５Ｗ１Ｈについてさらに説明を求めることが必要である。例えば、「いつも」「何度も」「執拗に」などの表現は「事案発生の時期、回数」について、「暴言」「暴力」「反抗的」などの表現は「具体的な発言内容、行為内容」について、「うそ」「架空」「無断」などの表現は「あるべき行為と実際の言動の差異」について、それぞれ特定されなければならない。

イ　事情聴取の記録化

　事情聴取で聞き取った５Ｗ１Ｈを明記して、できる限り供述に忠実に記録することに留意したい。供述内容の具体性、迫真性を基礎付けることになると同時に、聴取時に意味がないと思われる供述にも、調査の進行により意味が生じる場合がある。また、供述内容の変遷の有無が確認できるようにすることで供述の信用性判断の材料となることもある。

ウ　事情聴取以外の調査

　事情聴取以外には、供述の裏付けとなる書類、データ等の資料収集、社内文書、帳簿、メールデータの確認などの客観的資料の収集、精査がある。調査の着眼点としては、文書やメールの作成時期から時系列を整理し、資料内に矛盾点、不自然な点がないか、事情聴取における関係者の供述との整合性を確認することなどである。

　なお、調査対象者の事情聴取を行う時期に注意が必要である。使用者企業が調査を行う場合、懲戒対象事実に該当する事案発生の可能性を認知した後、即座に行為者とされる調査対象者の事情聴取を実施する例がみられる。しかし、即座に調査対象者を事情聴取してしまうと、懲戒対象事実について調査を行っていることが調査対象者に知れてしまい、懲戒対象事実が真実であった場合に、自身に不利益な客観証拠を隠匿、消去するなどのリスクが生じる。客観的資料による調査が可能な事案では、まずその調査を行い、その後、周辺関係者の事情聴取、そして最後に調査対象者の事情聴取を行うことを心がけたい。

（2）手続段階

　懲戒処分発令に至るまでに手続的な相当性を欠く場合には、社会的相当性（労契法15条）が認められないリスクがあり、刑事手続に準ずる適正手続が求められる。

　特に重要なのは、**弁明の機会の付与**である。懲戒処分の効力との関係では、あらゆる場合に弁明の機会の付与が必要不可欠とまではいえない。ただし、実務上は、懲戒処分の発令の是非ないしその内容を検討するに当たり、対象労働者の見解を考慮することは、処分内容の適切性を担保する事情ともなり得るから、手続の履践を積極的に検討したい。

　弁明の機会を付与する際には、懲戒対象事実を具体的に告知したうえで、これに対する意見や反論などを自由に述べることを許し、弁明の機会を与える。使用者企業の人事担当者においては「自分で心当たりがあるだろう」などと述べるのみで弁明を促すケースがあるが、これでは本質的に弁明の機会を与えたことにはならない。

5. 近時の問題点

（1）非違行為を指摘するとメンタルヘルス不調を訴える労働者

　懲戒対象事実となり得る非違行為を指摘し、懲戒処分の調査を開始するとメンタルヘルス不調を訴える労働者の例をよく見聞きする。この場合、懲戒対象事実としての非違行為に当該メンタルヘルス不調の影響が疑われるか否かによって対応を変えなければならない。

ア　非違行為について精神疾患の影響が疑われる場合

　典型的には、メンタルヘルス不調を訴えて無断欠勤、遅刻早退を続けるケースや、業務中、突然涙を流す、あるいは、趣旨不明なことを大声で叫ぶなどの行動があり得る。例えば、無断欠勤や遅刻早退などの勤怠不良は、就業規則に定めがあれば懲戒対象事実となるには違いないものの、これについて懲戒処分を行うべきか否かは検討が必要である。

　すなわち、**日本ヒューレット・パッカード事件**（最判平成24年4月27日労

判1055号5頁〔28180956〕）は、傷病休暇制度がある企業において、実際には事実として存在しないにもかかわらず、集団的な監視・嫌がらせが行われているとして出社を拒否し、約40日間欠勤を続けた労働者を諭旨退職処分とした事例において、「精神的な不調のために欠勤を続けていると認められる労働者に対しては、精神的な不調が解消されない限り引き続き出勤しないことが予想されるところであるから、使用者である上告人としては、その欠勤の原因や経緯が上記のとおりである以上、精神科医による健康診断を実施するなどした上で（記録によれば、上告人の就業規則には、必要と認めるときに従業員に対し臨時に健康診断を行うことができる旨の定めがあることがうかがわれる。）、その診断結果等に応じて、必要な場合は治療を勧めた上で休職等の処分を検討し、その後の経過を見るなどの対応を採るべきであ」るとして、諭旨退職の懲戒処分は無効であると判断した。

　そうすると、客観的状況から懲戒処分対象者に明らかに精神疾患が疑われ、非違行為についてもその精神疾患の影響が考えられる場合には、懲戒処分の前に、その**精神的不調の状況**や**精神疾患の内容**を確認して対応を検討しなければならない。精神疾患の疑いの端緒としては、対象者自身の申告、対象者の言動があり得る。通院治療中の場合には診断書の提出を要請し、必要に応じて主治医の見解を求め、ないし産業医や会社指定医との面談を命じ、調査結果に応じて、休職命令等の対応、懲戒処分の見送りを検討すべきである。

イ　メンタルヘルス不調者に対する懲戒処分

　非違行為について精神疾患の影響が疑われない場合でも、精神的不調者に対して懲戒処分を検討する場合には、調査への協力や懲戒処分による精神的・心理的負荷への配慮が必要か否か問題となり得る。すなわち、懲戒処分により症状が増悪したとして、使用者が不法行為ないし安全配慮義務違反の責任を追及されることがあり得るかという点である。

　やはりこの場合も、診断書の提出や主治医・産業医の見解などにより情報を集め、精神疾患・メンタルヘルス不調の状況の確認を行い、必要に応じて休職命令の要否を検討する。筆者の私見としては、懲戒対象事実に関する調査への協力や、労働契約に基づく懲戒処分の発令は、通常の就業の範囲内の負担であることから、精神疾患によりこれらの精神的・心理的負荷に耐えら

れない状態である場合には、通常の就業に耐え得る程度の健康状態にないとして、休職命令の発令を検討できると考える。

（2）注意指導や事実調査について繰り返しハラスメントを訴える従業員

　労働者による問題行動に対する注意指導を行う場合、あるいは、非違行為の可能性を認知してその事実調査を実施しようとする場合に、これらの対応について対象労働者から「ハラスメント」を訴えられることがある。労働者からハラスメントを申告されれば、話を受けた上司や人事担当者は、おのずから慎重になり、注意指導や懲戒処分を躊躇してしまうケースがある。また、対象労働者に日ごろから問題行動が多いなどの背景事情がある場合などでは、逆に、上司や人事担当者において「ハラスメント」という主張が懲戒処分を逃れるための詭弁であると考え、取り合わなかった事例も耳にしたことがある。

　この場合、いずれの対応も適切でない。労働者からハラスメント申告を受けた場合でも、業務上必要かつ適切な注意指導や懲戒処分は実施しなければならない。半面、ハラスメント申告を申告として取り合わないことも、事後にハラスメント申告案件の不適切処理として問題となりかねない。

　そのため、注意指導や調査のもととなった対象労働者の問題行動と、対象労働者の訴えるハラスメント申告を、全くの別事案として処理を進めるのがよい。すなわち、対象労働者のハラスメントの訴えについては、社内に整備されたハラスメント申告窓口への申告を促す、人事担当者が認知した場合にはハラスメント申告案件としての調査、事実認定、対応の策定というプロセスを開始するなど、懲戒対象事実とは別事案として手続を進めることである。迅速に調査を進めたうえで、注意指導や懲戒対象事実に関する事実調査について、真にハラスメントに該当する可能性があると判断した場合には、その時点でその方法を是正する対応（調査担当者の変更など）の措置を採る。もちろん、注意指導や事実調査の進め方にそのような問題がない場合には、そのような会社の判断を申告者（対象労働者）に伝えたうえ、従前どおり、粛々と手続を進めることで問題ないであろう。

〈参考文献〉

　本文中に引用したもののほか、

石嵜信憲編著『懲戒処分の基本と実務』中央経済社（2019年）

弁護士法人御堂筋法律事務所編『懲戒処分をめぐる法律実務　Q&A と事例』新日本法規（2014年）

石嵜信憲編著『懲戒権行使の法律実務〈第 2 版〉』中央経済社（2013年）

川田琢之「精神的不調を抱える労働者に対する無断欠勤を理由とする懲戒処分の効力　日本ヒューレット・パッカード事件（平成24・ 4 ・27最高二小判）［労使で読み解く労働判例　第 9 回］［連載］」季刊労働法241号（2013年）249頁

下田敦史「判批」『平成16年度主要民事判例解説（判タ1184号臨増）』判例タイムズ社（2005年）304頁

佐藤有美（さとう　ゆみ）　弁護士

第12章　能力不足の従業員への対応と留意点

| 第**12**章 | 能力不足の従業員への対応と留意点 |

具体例

　Ｙ社は、海外取引先との取引拡大に伴い、品質管理部海外担当チームで即戦力となる人材を求め、品質管理業務の専門知識と経験を有し、海外取引先と問題なくコミュニケーション可能な英語力を有する人材を中途採用することにした。Ｙ社は、他社の品質管理部門で勤務経験があり、英語も堪能であるとして応募してきたＸを好待遇で採用した。しかしその後、Ｘは前職ではさしたる勤務経験を有しておらず、品質管理の基本的な知識・能力が不足していること、Ｘの英語能力についても期待していた能力とは程遠いことが判明した。また、Ｘは上司からの教育・指導に対して反抗的な態度を取り、改善もみられない。Ｙ社から顧問弁護士に対し、

①　Ｘを解雇したいが可能か、

②　すぐに解雇できない場合、Ｘを降格し、給与を減額することは可能か、

との相談があったが、弁護士としてどのような点に留意してアドバイスをすべきか。

　また、相談があったのがＸの試用期間中か本採用後かで違いがあるか。

検討事項

　慎重な採用プロセスを経て採用したはずが、実際に仕事をさせてみたところ、従業員の能力が使用者の期待を大幅に下回っており、再三の指導にもかかわらずパフォーマンスが改善しない等、従業員の能力不足に関する問題は、企業の規模にかかわらず使用者が直面し得る問題である。

　このような場合、使用者は、直ちに当該従業員を解雇したいとの希望を有することもあるが、裁判例上、**能力不足**を理由とする**普通解雇**が有効と認められるハードルは決して低くない。裁判例は、能力不足の普通解雇事由該当性について、使用者側に具体的な主張立証を求める傾向にあり、さらに、使用者が、指導・教育により改善の機会を付与したか、配転・降格等人事上の措置による**解雇回避努力**を尽くしたか等についても検討のうえ、解雇の有効

163

性を判断している。なお、能力不足を理由とする普通解雇の有効性については、裁判例・学説上、伝統的な日本型の長期雇用を前提とした新卒社員と、管理職、高度専門職、地位や職種を特定されて中途採用された管理職・専門職従業員等（以下、まとめて「管理職・専門職従業員等」という）との間では、使用者に要求される解雇回避努力の必要性や程度が異なると考えられているため、その違いを理解することも重要である。

　また、能力不足の従業員に対し、普通解雇に踏み切る前に、**退職勧奨**を行うことも考えられるため、退職勧奨における留意点についても理解しておきたい。

　さらに、**試用期間**中に従業員の能力不足が明らかになることも考えられ、試用期間中の従業員に対する解雇・本採用拒否についても裁判例の考え方を理解しておく必要がある。

　以上を踏まえ、本章では、能力不足の従業員に対する使用者の対応として、**試用期間中の解雇・本採用拒否**、**降格**、**退職勧奨**、**普通解雇**について、順に検討する（関連する問題として、配置転換については第8章、有期雇用社員の雇止めについては第15章及び第16章を参照されたい）。

当事者の主張

　①Y社がXを**普通解雇**し、Xが当該解雇の有効性を争う場合、Xは、労契法16条に基づく解雇権濫用、すなわち、当該解雇は就業規則上の普通解雇事由に該当しない、また、解雇は相当性を欠くとの主張を行うことが考えられる。これに対し、Y社としては、具体的な事実・証拠に基づき、Xの能力不足が就業規則上の普通解雇事由に該当すること（解雇に客観的合理的な理由があること）、及び、解雇が社会通念上相当であることを主張立証し、解雇権濫用には当たらず、解雇は有効であるとの主張を行うことになる。

　②降格及びこれに伴う給与の減額については、Xは、人事規程に根拠のない降格であり無効である、さらに、降格は人事権の濫用に当たるとの主張をすることが考えられる。給与の減額については、そもそもの降格が無効であるとの主張に加え、降格と給与の減額とが人事規程上連動しておらず、給与減額の根拠を欠くとの主張も考えられる。これに対し、Y社は、当該降格が人事権の行使としての**役職・職位の降格**なのか、**職能資格・役割等級等の降格**に当たるのかを特定したうえで、前者に該当するのであれば降格は人事権

164

第12章　能力不足の従業員への対応と留意点

の行使であり人事規程上の根拠は不要であること、後者であれば、降格には人事規程上の根拠が存在し、当該根拠に基づく相当の理由があることを主張立証することになる。さらに、**役職・職位の降格、職能資格・役割等級等の降格**いずれの場合でも、Y社は、当該降格が**人事権の濫用**に当たらないことを、具体的な事実・証拠に基づき主張する必要がある。加えて、給与の減額については、Y社の人事規程上、降格と連動した給与減額であり労働契約上の根拠があるとの主張を行うこととなる。

③Xが**試用期間**中である場合、Xは、解雇又は**本採用拒否**について、客観的に合理的な理由がなく、相当性を欠くもので、留保解約権の濫用に当たると主張することになる。これに対し、Y社は、Xの本採用拒否につき客観的に合理的な理由があり、相当性を有することを、具体的な事実・証拠に基づき主張していくこととなる。

基本情報

1. 試用期間中の従業員に対する解雇・本採用拒否

　試用期間中の使用者と従業員との関係をどのように解するかについては諸説あるが、判例を踏まえ、両者の間には**解約権留保付労働契約**が成立しており、試用期間中の解雇や**本採用拒否**は、留保解約権の行使に当たると解するのが一般的である（**三菱樹脂事件**・最大判昭和48年12月12日民集27巻11号1536頁〔27000458〕）。

　判例上、試用期間中の解約権留保の趣旨は、採否決定の当初はその者の資質、性格、能力等の適格性の有無に関連する事項につき必要な調査を行い、適切な判定資料を十分に収集することができないため、後日における調査や観察に基づく最終的決定を留保することにあるとされている。そして、**留保解約権に基づく解雇・本採用拒否は、通常の解雇よりも広い範囲において解雇の自由が認められてしかるべきであるものの、解約権留保の趣旨・目的に照らして、客観的に合理的な理由があり、社会通念上相当として是認され得る場合にのみ許される**、と解されている。そして、使用者が、採用決定後における調査の結果により、又は試用中の勤務状態等により、当初知ることができず、また知ることが期待できないような事実を知るに至った場合において、そのような事実に照らし当該従業員を引き続き雇用しておくのが適当で

165

ないと判断することが、解約権留保の趣旨・目的に照らし、客観的に相当であると認められる場合には、留保解約権の行使が是認されることになる（前掲三菱樹脂事件）。

　かかる判例を踏まえると、能力不足の従業員に対する試用期間中の解雇・本採用拒否は、本採用後の解雇と比較すれば有効とされ得る余地が広いため、使用者としては、本採用に至る前に対応するのが望ましい場合があり得る。もっとも、上記判例が示しているとおり、留保解約権の行使についても無制限に認められるものではなく、解約権留保の趣旨・目的に照らして、客観的に合理的な理由があり、社会通念上相当といえることが必要となる。**使用者による指導・教育、改善の機会の付与**が不十分であったことを指摘して試用期間中の解雇を無効とした裁判例（日本軽金属事件・東京地判昭和44年1月28日判時548号32頁〔27611967〕、麹町学園事件・東京地判昭和46年7月19日判時639号61頁〔27612217〕等）の存在に鑑みれば、能力不足の内容・程度にもよるが、基本的には、**試用期間中の従業員に対しても、本採用後の従業員同様、能力不足につき指導・教育を行い、改善の機会を与えること、及びそのエビデンスを残しておくことが重要**である。また、解雇・本採用拒否に踏み切るか否かを検討する段階では、後に法的紛争に至った場合に、当該従業員の能力不足につき、具体的事実・証拠に基づき主張立証することが可能な事案であるか否かの見極めが重要となる。

　この点に関連し、当初定められていた**試用期間の延長**について、本採用を拒否できる場合にそれを猶予する延長は認められ得るとした裁判例が存することに鑑みると（雅叙園観光事件・東京地判昭和60年11月20日労判464号17頁〔27613376〕）、能力不足を裏付ける具体的事実・証拠が十分とはいえない事案では、試用期間を一定期間延長することも考えられる。ただし、雅叙園観光事件においては、2回目の試用期間の延長については不相当とされており、試用期間の延長は無制限に認められるものではないことには留意が必要である。また、**試用期間の延長があり得ることについては、あらかじめ、就業規則において、試用期間の延長可能性、その事由及び期間等を明確に定めておくことが望ましい。**

　なお、試用期間中の解雇・本採用拒否についても、入社日から14日を超えて引き続き使用されるに至った場合、労基法20条の適用があり、30日前の予告又は解雇予告手当の支払が必要となる（同法21条4号）。

第12章　能力不足の従業員への対応と留意点

参考裁判例

《能力不足を理由とする試用期間中の解雇・本採用拒否を有効とした例》

・新田交通解雇事件・東京地判昭和40年10月29日判時433号51頁〔27611632〕

・静岡宇部コンクリート工業事件・東京高判昭和48年3月23日判時703号95頁〔27612362〕

・ブレーンベース事件・東京地判平成13年12月25日労経速1789号22頁〔28070438〕

・日本基礎技術事件・大阪高判平成24年2月10日労判1045号5頁〔28181248〕

・リーディング証券事件・東京地判平成25年1月31日労経速2180号3頁〔28212569〕

・社会福祉法人どろんこ会事件・東京地判平成31年1月11日労判1204号62頁〔28272613〕

《能力不足を理由とする試用期間中の解雇・本採用拒否を無効とした例》

・日本軽金属事件・東京地判昭和44年1月28日判時548号32頁〔27611967〕

・麹町学園事件・東京地判昭和46年7月19日判時639号61頁〔27612217〕

・テーダブルジェー事件・東京地判平成13年2月27日労判809号74頁〔28061415〕

・オープンタイドジャパン事件・東京地判平成14年8月9日労判836号94頁〔28080016〕

2.　降格

（1）役職・職位の降格と職能資格・役割等級等の降格の区別

　特定の従業員について、現在の職位・役職や職能資格・役割等級等に見合った職責を果たせていないと使用者が考える場合、使用者としては、当該従業員をその能力に見合ったポジションに降格したいとの希望を有することがある（なお、人事上の措置ではなく、懲戒処分として降格を行うこともあるが、本章では、懲戒処分としての降格については検討しない）。人事上の措置としての「降格」には、役職・職位を引き下げる措置（昇進の反対措置）（以下、「**役職・職位の降格**」という）と、職能資格制度上の資格や職務・役割等級（グレード）制度上の等級を引き下げる措置（昇格の反対措

167

置）（以下、「**職能資格・役割等級等の降格**」という）があり、両者を区別して考えるべきと整理されている。したがって、まずは、使用者が検討している措置が、**役職・職位の降格**と**職能資格・役割等級等の降格**のいずれに該当するのかについて、当該使用者における人事システム、給与体系等を確認し、明らかにする必要がある（両者を併せて実施する複合型の事例もあり得る）。

(2) 役職・職位の降格

　一定の役職を解く**役職・職位の降格**（営業所長から営業社員への降格、部長から一般職への降格等）については、裁判例上、就業規則等に根拠規定がなくても、人事権の行使として、使用者の裁量的判断により可能と考えられており、使用者の裁量の範囲も比較的広く認められている。もっとも、法的紛争となった場合には、裁判所により、当該人事権の行使が裁量権の濫用に当たらないかの審査が行われることとなるため、使用者から役職・職位の降格の可否についてアドバイスを求められた場合、仮に労働者が争ったとすれば、当該措置が人事権の濫用と判断されるリスクがどの程度あるかについて、裁判例を参考に検討する必要がある。かかる検討に当たっては、大阪府板金工業組合事件（大阪地判平成22年5月21日労判1015号48頁〔28163218〕）（事務局長代理から経理主任への降格処分の有効性が争われた事案））で示された、「人事権行使に裁量権の逸脱又は濫用があるか否か……を判断するに当たっては、**使用者側における業務上・組織上の必要性の有無及びその程度、能力、適性の欠如等の労働者側の帰責性の有無及びその程度、労働者の受ける不利益の性質及びその程度等諸般の事情を総合考慮**するのが相当である」との基準が参考になる。

　また、役職・職位の降格に伴う賃金の引下げ（例：管理職手当の不支給等）については、**就業規則・賃金規程等人事規程において定められた賃金の体系と基準に従って行われる必要がある**（スリムビューティハウス事件・東京地判平成20年2月29日労判968号124頁〔28150055〕等）。

　なお、雇用契約上、使用者と従業員との間で職種限定の合意があると認められた場合、かかる職種限定合意に反する降格は、一方的措置としてはなし得ないと考えられている。日本型の長期雇用システムの下で、職種限定合意があると認められる場合は限定的と考えられてきたが、労働条件通知書や雇

用契約書の記載内容、雇用契約締結時の労働者との合意内容により職種限定の合意があるというべき事案でないかについても、念のため確認が必要である（また、2024年4月以降、労働条件通知書において、業務の変更の範囲についても書面での明示が必要となったことから、明示された変更の範囲を超える降格については、労働者の側から、職種限定合意に反し無効との主張がなされることも考えられる）。

参考裁判例

《役職・職位の降格を有効とした例》

・エクイタブル生命保険事件・東京地決平成2年4月27日労判565号79頁〔28170115〕
・星電社事件・神戸地判平成3年3月14日判タ771号139頁〔27810327〕
・バンク・オブ・アメリカ・イリノイ事件・東京地判平成7年12月4日労判685号17頁〔28011582〕
・アメリカンスクール事件・東京地判平成13年8月31日労判820号62頁〔28062188〕
・医療法人光愛会事件・大阪地判平成20年11月6日労判979号44頁〔28151491〕

《役職・職位の降格を無効とした例》

・医療法人財団東京厚生会事件・東京地判平成9年11月18日労判728号36頁〔28030239〕
・近鉄百貨店事件・大阪地判平成11年9月20日労判778号73頁〔28042810〕
・ハネウェルジャパン事件・東京高判平成17年1月19日労判889号12頁〔28100947〕
・明治ドレスナー・アセットマネジメント事件・東京地判平成18年9月29日労判930号56頁〔28130861〕
・コアズ事件・東京地判平成24年7月17日労判1057号38頁〔28210089〕

（3）職能資格・役割等級等の降格

通常、職能資格制度において、資格・等級は企業組織内での従業員の技能・経験の積み重ねによる職務遂行能力の到達レベルを表象するものであり、その引下げは本来予定されていないものと考えられることから、**職能資**

格制度上の資格・役割の引下げを行うには、**労働者との合意がない限り、就業規則等労働契約上の明確な根拠が必要**と考えられている。この点に関し、アーク証券事件（東京地決平成8年12月11日判時1591号118頁〔28020379〕）においては、「使用者が、従業員の職能資格や等級を見直し、能力以上に格付けされていると認められる者の資格・等級を一方的に引き下げる措置を実施するにあたっては、就業規則等における職能資格制度の定めにおいて、資格等級の見直しによる降格・降給の可能性が予定され、使用者にその権限が根拠づけられていることが必要」であり、「資格制度における資格や等級を労働者の職務内容を変更することなく引き下げることは、同じ職務であるのに賃金を引き下げる措置であり、労働者との合意等により契約内容を変更する場合以外は、**就業規則の明確な根拠と相当の理由**がなければなしえるものではな」いと判示されている。同様に、職務・役割等級制度における等級の引下げについても、就業規則等人事規程上の根拠が必要と解されている。

　したがって、使用者が検討している措置が、当該使用者の人事制度に照らし、**職能資格・役割等級等の降格**に該当する場合、降格につき従業員との個別合意が可能なケースを除き、まずは、人事規程上、当該降格の根拠となる規定の有無を確認する必要がある。かかる規定が存在しない場合には、降格に関し法的紛争となった場合、無効と判断されるリスクが大きいため、当該従業員について、直ちに降格を行うのではなく、業務改善に向けた業務指導を行いつつ、必要に応じ、降格に該当しない範囲での配置転換等を検討することになろう。なお、使用者において、将来的に、職能資格・役割等級等の引下げを行う必要性があると考える場合には、当該引下げやこれに伴う減給を基礎付ける人事規程の新設についても検討する必要があるが、前掲アーク証券事件においては、降格・減給を基礎付ける就業規則の新設は、従業員らにとって重要な権利、労働条件に関し実質的な不利益を及ぼす就業規則の作成・変更に当たるため、高度の必要性に基づいた合理的な内容のものであることを要する旨判示されており、かかる人事規程の変更を行おうとする場合、その合理性・必要性につき説明ができるよう準備し、労働組合との協議等の手続についても慎重に行う必要がある（労契法10条参照）。

　また、**職能資格・役割等級等の降格**について人事規程上明確な根拠規定がある場合であっても、さらに、当該措置が**人事権の濫用**に当たらないかの審査が行われることとなるため、上記（2）で述べた裁判例の基準を参考に、

職能資格等の引下げの合理性・相当性を基礎付ける事実・根拠があるといえるかについても検討しておく必要がある。

参考裁判例

《職能資格・役割等級等の降格を有効とした例》

・マナック事件・広島高判平成13年5月23日労判811号21頁〔28062325〕
・エフ・エフ・シー事件・東京地判平成16年9月1日判タ1172号183頁〔28100237〕
・日本レストランシステム事件・大阪高判平成17年1月25日労判890号27頁〔28100994〕

《職能資格・役割等級等の降格を無効とした例》

・アーク証券事件・東京地決平成8年12月11日判時1591号118頁〔28020379〕
・マッキャンエリクソン事件・東京地判平成18年10月25日判時1969号148頁〔28130499〕
・コナミデジタルエンタテインメント事件・東京高判平成23年12月27日労判1042号15頁〔28180849〕
・Chubb損害保険事件・東京地判平成29年5月31日労判1166号42頁〔28254799〕
・ビジネクスト事件・東京地判令和2年2月26日労経速2421号31頁〔28282946〕（2回の降格処分のうち1回目の降格は有効、2回目の降格は無効と判断）

3. 退職勧奨

　能力不足の従業員について、普通解雇が可能と考えられるだけの事実・証拠があると考えられる事案であっても、使用者としては、後に労働審判や訴訟を提起される等の法的リスクがある解雇の意思表示に踏み切る前に、労働者の自主的な退職を促す**退職勧奨**を行うことを検討するのが望ましいケースが多い。

　退職勧奨については、裁判例上、労働者の自発的な退職意思を形成する本来の目的実現のために社会通念上相当と認められる限度を超えて、当該労働者に対して不当な心理的圧力を加えたり、又は、その名誉感情を不当に害す

るような言辞を用いたりすることによって、その自由な退職意思の形成を妨げるに足りる不当な行為ないし言動をするような退職勧奨行為は不法行為となるとされている（日本IBM事件・東京地判平成23年12月28日労経速2133号3頁〔28180100〕）。したがって、労働者が退職勧奨に応じない意思を明確に使用者に示した後にまで退職勧奨を続けることは避けるべきである。また、退職勧奨のための面談の時間や回数、面談時の言動などについては、事前に、面談を行う上司等に対し指導したうえで実施することが望ましい。

退職勧奨に応じ、従業員の側から退職届が提出された場合には、従業員による撤回がなされないよう、速やかに権限者による受理手続を行っておくことも重要である。

4. 普通解雇

一般的な就業規則を有する会社であれば、能力不足は、普通解雇事由の1つとされているものと思われ、理論上も、労働者が期待された職務遂行能力を有さないことは、労働者側の債務不履行といい得る。

しかしながら、伝統的な日本型の長期雇用システムにおいて、特に新卒社員については、社内教育や職務経験を通じて職務能力を向上させていくことが予定されていることから、裁判例上、能力不足を理由とする普通解雇が有効とされるためには、当該従業員の能力不足の程度が高く、指導・教育によっても改善が見込まれないこと、使用者が配置転換・降格等により解雇回避努力をしたこと等が求められており、能力不足を理由とする普通解雇が有効と認められるハードルは決して低くない。

例えば、能力不足を理由とする解雇が認められるためには、労働者の能力が「平均的な水準に達していないというだけでは不十分であり、著しく労働能率が劣り、しかも向上の見込みがないときでなければなら」ず、**相対評価による考課が下位というだけでは不十分**であると判示した裁判例がある（セガ・エンタープライゼス事件・東京地決平成11年10月15日判タ1050号129頁〔28050121〕）。**能力不足を理由とする普通解雇の有効性につき争いになった場合、使用者は、当該従業員に求めていた能力を明らかにし、その能力に達していないことを、具体的な事実及び証拠に基づき主張・立証していく必要がある。**

さらに、多くの裁判例において、使用者が労働者に対し、十分な**教育・指導**を実施し、**改善の機会**を与えたにもかかわらず、当該労働者の職務能力が向上せず、その見込みもないといえるか否か、**配置転換・降格等により解雇回避努力をしたか否か**の検討がなされており、使用者がこれらの点につき十分な主張・立証ができない場合、解雇権濫用と判断されるリスクが高い。具体的な立証方法については、「解雇回避努力の立証においては客観的証拠が重要であり、指導、教育の実施と、その内容を裏付ける面談記録、経過報告、労働者の能力向上の有無を裏付けるメール、その他業務関係資料、人事考課資料等、会社内に存在する関係証拠を早期に提出することが重要」との指摘がなされている点も参考になる（「東京地裁労働部と東京三弁護士会協議会　第21回」労働判例1303号（2024年）18頁）。

　一方で、**管理職・専門職従業員等については、雇用維持努力の必要性が緩和される**との判断を示した裁判例もある。例えば、具体例類似の事案において、ヒロセ電機事件（東京地判平成14年10月22日労判838号15頁〔28080008〕）においては、「長期雇用を前提とし新卒採用する場合と異なり、被告が最初から教育を施して必要な能力を身につけさせるとか、適性がない場合に受付や雑用など全く異なる部署に配転を検討すべき場合ではない。労働者が雇用時に予定された能力を全く有さず、これを改善しようともしないような場合は解雇せざるを得ない」と判示され、結論として解雇有効とされている。学説においても、管理職や高度専門職の従業員については、その職責上、能力不足については一般従業員よりも厳しく判定され、その程度が著しい場合、能力向上等の機会を与えることなくして行った解雇も正当とされる可能性が高く（ただし、解雇回避措置の検討が全く不要となるわけではなく、ある程度の事前指導・注意、職種転換による雇用継続の努力は必要と指摘されている）、地位や職種を特定されて中途採用された管理職や専門職従業員については、当該地位に要求される高度な職務能力や適格性が判断の基準となり、その基準を満たさない場合、ほとんど解雇回避措置がとられていない場合であっても当該解雇は正当とされ得るとの分析もなされている（白石哲編著『労働関係訴訟の実務〈第2版〉』商事法務（2018年）319、320頁）。

　もっとも、管理職・専門職従業員等について能力不足を理由とする普通解雇の有効性が争われる場合、使用者が、当該労働者に期待されていた能力を特定したうえで、その能力に達していないことを、具体的な事実に基づき主

張・立証していく必要がある点は、新卒採用者と同様である。したがって、使用者としては、管理職・専門職従業員等を高待遇で中途採用するような場合、期待値と実際の能力のギャップにより生じる紛争を予防するため、**募集要項や面接等において、当該地位の募集理由、必要資格、使用者が期待する能力等をできる限り客観的に明示し、かかる説明を行ったことを記録に残しておく、職位・地位を特定していることを労働条件通知書や雇用契約書等に明記する、採用後の面談等において、使用者が当該ポストの従業員に求める目標や成果、当該成果を達成するまでの期間等をできる限り客観的に明示する等の工夫が必要となる**。また、管理職・専門職従業員等について、雇用維持努力の必要性が緩和されるとしても、「解雇有効とされた裁判例では、一定の指導、教育などの措置は実施されたという事実関係が前提となっているようにも見える」との指摘もなされていることに鑑みれば（「東京地裁労働部と東京三弁護士会協議会　第21回」労働判例1303号（2024年）17頁）、管理職・専門職従業員等に対しても、新卒社員同様、**日々の業務指導や査定時のフィードバックを通じ、当該従業員に明確に問題点の指摘をし、改善の機会を与えるとともに、当該従業員の能力不足を裏付ける具体的事実を記録し、証拠を残していく必要がある**といえよう。

　具体例のケースのように、使用者が能力不足の従業員の処遇について弁護士に相談する段階で、直ちに当該労働者を解雇したいとの希望を有していることもある。しかし、相談を受ける弁護士としては、当該従業員を解雇した場合、労働者から労働審判や訴訟を提起されるリスクがあることや、裁判所において能力不足を理由とする普通解雇が有効と判断されるためにはどのような主張・立証が必要となるのかについて当該使用者に説明し、仮にその時点で解雇に踏み切った場合、裁判例に照らし、解雇権濫用と判断されないだけの事実及び証拠があるといえる事案かを、使用者からの事実関係の聞き取り、関係資料の精査により、慎重に検討する必要がある。弁護士としてこれらが不十分であると判断する場合には、直ちに解雇に踏み切るのではなく、まずは、使用者において、日々の業務における教育・指導の徹底とその証拠化、PIP（業務改善プログラム）の制度がある場合には当該プロセスの開始・遂行、必要に応じて降格や配置転換の検討・実施、定期の査定における問題点の明確な指摘や改善機会の付与及びその証拠化等を粘り強く行っていくようアドバイスすることになろう。

なお、従業員に対する問題点の指摘、教育、指導や PIP を行うに当たっては、従業員の人格を否定するような言葉を用いる、必要もないのに他の従業員の面前において大声で指導する、従業員の問題点を指摘するメールの宛先に不必要な従業員まで含める等、パワーハラスメントとの指摘を受けるような態様で行わないよう注意が必要である（パワーハラスメントについては、第17章を参照されたい）。

使用者としては、仕事ができない従業員に重要な仕事は任せられないとして、仕事を与えない、簡単な業務のみ命じるといった対応をとろうとするケースもある。しかし、最終的に能力不足を理由とする普通解雇を視野に入れる事案であれば、**当該従業員の職位・役割等級等や当該従業員への期待値に見合ったレベルの業務を与え、当該従業員が当該業務を遂行する能力を有さないことのエビデンスを残していく**ことが非常に重要である。また、従業員に対し、事実上仕事を与えない、過小な業務のみ与えるといった対応は、それ自体、パワーハラスメントとの主張を受けるリスクもある。当該従業員の担当業務によっては、上司や周囲の従業員のきめ細やかなフォローが必要となるケースもあり得るが、使用者に対しては、能力に問題のある従業員に対しても、本来の職位・役割等級等に見合った業務を与え、教育・指導を行う中で、当該従業員が能力不足であることを裏付ける事実・証拠を粘り強く揃えていくことの重要性について説明し、理解してもらう必要がある（なお、従業員への教育・指導を行う中で、当該従業員のパフォーマンスや勤務態度の向上がみられる場合には、解雇という当初の想定を修正すべきケースもあろう）。

参考裁判例

《能力不足を理由とする解雇を有効とした例》
・リオ・テイント・ジンク（ジャパン）事件・東京地決昭和58年12月14日労判426号44頁
・フォード自動車事件・東京高判昭和59年 3 月30日労働関係民事裁判例集35巻 2 号140頁〔27613260〕
・三井リース事業事件・東京地決平成 6 年11月10日労経速1550号23頁〔28020705〕
・ゴールドマン・サックス・ジャパン・リミテッド事件・東京地判平成10年

12月25日労経速1701号 3 頁〔28041355〕

・高島屋工作所事件・大阪地判平成11年 1 月29日労判765号68頁〔28042437〕

・日本エマソン事件・東京地判平成11年12月15日労経速1759号 3 頁〔28060729〕

・プラウドフットジャパン事件・東京地判平成12年 4 月26日労判789号21頁〔28052370〕

・リアテック事件・大阪地決平成13年11月20日労経速1791号22頁〔28070586〕

・ヒロセ電機事件・東京地判平成14年10月22日労判838号15頁〔28080008〕

・日水コン事件・東京地判平成15年12月22日労判871号91頁〔28092045〕

・三菱電機エンジニアリング事件・神戸地判平成21年 1 月30日労判984号74頁〔28150333〕

・トムの庭事件・東京地判平成21年 4 月16日労判985号42頁〔28153161〕

・日本ヒューレット・パッカード事件・東京高判平成25年 3 月21日労判1073号 5 頁〔28213041〕

・メルセデス・ベンツ・ファイナンス事件・東京地判平成26年12月 9 日労経速2236号20頁〔28231489〕

・アクセンチュア事件・東京地判平成30年 9 月27日労経速2367号30頁〔28270707〕

・欧州連合事件・東京地判令和 4 年 2 月 2 日労経速2485号23頁〔29069222〕

《能力不足を理由とする解雇を無効とした例》

・セガ・エンタープライゼス事件・東京地決平成11年10月15日判タ1050号129頁〔28050121〕

・エース損害保険事件・東京地決平成13年 8 月10日判時1808号129頁〔28070640〕

・森下仁丹事件・大阪地判平成14年 3 月22日労判832号76頁〔28072542〕

・PwC フィナンシャル・アドバイザー・サービス事件・東京地判平成15年 9 月25日労判863号19頁〔28090738〕

・コアズ事件・東京地判平成24年 7 月17日労判1057号38頁〔28210089〕

・ブルームバーグ・エル・ピー事件・東京高判平成25年 4 月24日労判1074号75頁〔28211479〕

・芝ソフト事件・東京地判平成25年11月21日労判1091号74頁〔28222986〕

・日本 IBM 事件・東京地判平成28年 3 月28日労経速2287号 3 頁〔28242651〕

〈参考文献〉

「東京地裁労働部と東京三弁護士会協議会　第21回」労働判例1303号（2024年）5頁

菅野和夫＝山川隆一『労働法〈第13版〉』弘文堂（2024年）

渡邉和之「【論説】問題社員対応の法的留意点」労働経済判例速報2532号（2023年）13頁

白石哲編著『労働関係訴訟の実務〈第2版〉』商事法務（2018年）

東京弁護士会労働法制特別委員会編著『新労働事件実務マニュアル〈第4版〉』ぎょうせい（2017年）

安西愈『トップ・ミドルのための採用から退職までの法律知識〈14訂〉』中央経済社（2013年）

加茂善仁『Ｑ＆Ａ労働法実務シリーズ6　解雇・退職〈第4版〉』中央経済社（2011年）

川田由貴（かわた　ゆき）　弁護士

第13章　従業員の非行による解雇と退職金の扱い

具体例

　X社はホームページ、チラシその他宣材作成を業とする、従業員50人程度の会社である。下記の場合に、従業員A、B、Cを解雇できるか。解雇を進めるに当たってどのような事項に注意すべきか。

　①　従業員Aが、業務上の必要性があるとして部下の女性Oを無人の研修施設に呼び出したうえで、Oにわいせつ行為を行ったが、AはOの同意のうえの行為だと主張している。

　②　従業員Bが、勤務時間外に、マッチングアプリで知り合った女性Pを自宅に招き性行為を行った。Pは会社に対して「泥酔させられたうえで無理やり性行為をされた」と主張している。

　③　従業員Cが、音楽イベントに参加した際集団で大麻を使用したとして逮捕・勾留された。この事実は直接の上司と社長をはじめ社内の数人のみが知っており、報道等もなされていない。

　④　上記①～③の事例において、従業員は仮に解雇が有効であるとしても、退職金の支給は免れないと主張している。

検討事項

　まず具体例①～③はいずれも従業員の非行を理由として解雇できるか、言い換えれば、解雇権濫用に該当するかどうかという問題である。①は業務上の非行といってよく、逆に②及び③は私生活上の非行の事案である。④は懲戒解雇時に退職金を不支給とすることが認められるかという問題である。

　解雇権濫用の成否について、一般的な基準を見いだすのは非常に困難である。そこで、業務内外の非行について実際の裁判例がどのような事例で、どのような要素に着目して判断をしているか検討する。また、③のような事例について、報道はされておらず、実際に会社の名誉や信用の毀損という結果は発生していないが、このことをどのように考慮すべきかについても併せて検討する。

第13章　従業員の非行による解雇と退職金の扱い

当事者の主張

　基本的には具体例①～③いずれの事案についても、「このような非行をした従業員は解雇したい、解雇に値する」という主張が使用者側からなされることになり、従業員側からは逆の主張がなされることになる。

　事例ごとにポイントとなる主張は次のとおりである。

　まず、①については同意なきわいせつ行為であるとすれば懲戒解雇可能となることはほぼ異論がなく、事実認定上の問題として、同意の有無に関する主張の当否が問題である。

　次に、②については、性行為を行ったこと自体に争いがないとして、Ｐが泥酔していたのか、その酩酊の程度、性行為に対する同意の有無の事実が問題となり、併せてかかる私生活上の非行を理由に解雇が可能かという点について労働者側と使用者側の主張が分かれることになる。

　③については、事実関係自体については争いがないとして、②同様に私生活上の非行を理由に解雇が可能かどうかという点が問題となる。

　④については、一般に懲戒解雇の場合には就業規則上退職金を支給しない扱いが通常であるが、実際に不支給が認められるのはどのような場合か、また全額の不支給が認められるのかなどが問題となる。

基本情報

1. 使用者は非行による解雇は容易でないとまず意識すべき

　解雇権濫用に対する一般論については本書では立ち入らない。実務的には具体例①～③を区別することなく、「解雇するつもりだがどう手続を進めるべきか」という相談であればまだよいのだが、「当然解雇してもよいね」とか、さらには「**解雇したのだが、不当解雇だと言われている**」という形で弁護士に相談があることが、とりわけ中小企業であれば往々にしてみられるところである。

　そうして、①②のような性被害、セクハラ事案、あるいはパワハラなどの事案では使用者側の事実確認の程度が不十分であることもまた頻繁にみられ、③のような事実関係に争いのない事例においても「私生活上の非行であって慎重な判断を要する」旨の説明をすると、「納得がいかない」という反応を受けることがよくある。

179

端的には、従業員が非行を行ったとして解雇なり別の処分を考える際に、（ア）事実認定は適切かという事実認定上の問題と、（イ）私生活上の非行か否かの区別を含め、当該非行が従業員を解雇するのに十分な理由となるのか、という観点から、「非行による解雇は容易ではない」という基礎認識を持つことが使用者側としては出発点となる。

2. 事実認定・調査上の問題点

懲戒手続全般の事実認定・調査上の問題点については、基本的には第11章、第17章を参照されたい。具体例①②は同意の存否について、実際の行為の状況、前後の状況など、相当慎重な聴取が必要であろう。

3. 業務上の非行か私生活上の非行かという区別の意識

まず、特に使用者側に注意しておいて欲しいのは、具体例①のように明らかに業務上の非行であるものと、②のように業務外の非行では実務上扱いが異なるという点である。

後述するように②のような場合に懲戒解雇することが必ずしも否定されるわけではないのであるが、例えば私生活上の痴漢や盗撮の事例であっても「当然解雇できる」という前提で相談に来る経営者は多い。**業務の内外という基準は法律専門家とそれ以外で感覚の差がある部分**と感じるので、弁護士の方もそう心得ておくとよいであろう。

さて、本章では特に私生活上の非行の処分についてフォーカスして問題点を論じるものであるが、対比の視点を明瞭にするために、先に業務上の非行について整理しておく。

4. 業務上の非行と懲戒解雇

上記1. で記載したとおり、一般に非行による懲戒は容易ではないと認識しておいて誤りではない。ただし、筆者も実務に出てはじめて知ったのであるが、業務上の非行において、**業務上の横領行為に関してだけは意外に少額、すなわち軽微であっても懲戒解雇が認められていることは注目に値す**

る。

　例えば、タクシー・バス運転手などの運賃着服行為は少額であっても古くから懲戒解雇の有効性が認められてきた。比較的新しいものとして、川中島バス事件（長野地判平成 7 年 3 月23日労判678号57頁〔28010064〕）は**バス運転手が3,800円の運賃を着服した行為**について、「バス料金の適正な徴収は会社経営の基礎であること、ワンマンバスにおいては、料金収入額に関する的確な証拠書類は存しないから、運転手の右料金徴収業務に関する誠実性が強く要求される」などとして**懲戒解雇を有効としている**。もっとも、交通系ICカードなどキャッシュレス決済が主流となった現在ではあまり問題になることは多くないかもしれない。

　金融機関における横領についても同様である。これもまだ比較的新しいものとして、**集金業務に従事する信用金庫職員が 1 万円を着服した**という前橋信用金庫事件（東京高判平成元年 3 月16日労判538号58頁〔28223633〕）は**「信用に立脚する金融機関の性格上やむを得ない」**として解雇を有効としている。

　着服事案については被害回復がなされていても必ずしも懲戒解雇の有効性の判断に影響を及ぼしていないようにも思える。例えば**少なくとも100万円の着服があり、後日同額を会社に返還した**という日本旅行事件（大阪地判平成 6 年 2 月23日労判652号43頁〔28019224〕）は**解雇有効としている**（ただし、退職金及び解雇予告手当請求事件で、これらの請求を棄却したもの）。同じく旅行会社従業員で、**後に返金されたが、横領金額の総額約215万円に及ぶ日本交通公社事件**（東京地判平成12年 6 月23日労経速1739号20頁〔28051954〕）**でも同様である**。もっとも、前掲川中島バス事件も前橋信用金庫事件も着服自体を争っていた事情があり、これらのごく少額事案で仮に着服の事実を直ちに認めて返金がなされていた場合についてまで同様の判断となるかまでは不明といわざるを得ない。

　いずれにせよ、**業務上の着服行為などでは比較的容易に懲戒解雇が認められていることについては、特に新人弁護士などは勘違いしがちな点がある**かもしれないので、注意を要する。

　その余の非行類型まで立ち入って述べるほどに紙幅に余裕がないが、おおむね**不正経理行為やリベートの収受なども着服行為と同一線上にある**といってよい。逆に職場での暴行傷害事件などは、着服類型ほど懲戒解雇に寛容で

はなく、動機や結果の面で悪質な場合に限り懲戒解雇が認められているという印象である。

パワハラ、セクハラ行為についても容易に懲戒解雇が認められるとはいえない。ただ、具体例①でＯの同意が否定された場合、すなわち不同意性交に該当するような行為であれば、懲戒解雇が認められることにはそう問題はなかろう。

5. 私生活上の非行と懲戒処分

さて、本章の本題である私生活上の非行に対する懲戒処分、特に懲戒解雇について以下に論じる。

かつては、懲戒権の法的根拠論と関連付けて、私生活上の非行が懲戒の対象となるかどうかについても大きな議論があった。もっとも極端には、企業は本来従業員の私生活に介入することはできないから、私生活上の非行は懲戒の対象とならないという説もあるが（盛誠吾「経歴詐称・企業外非行と懲戒」季刊労働法160号（1991年）60頁等）、今日では私生活上の非行であることをもって直ちに懲戒処分の対象とならないとする考え方はほぼ存在しないといってよいであろう。

そうすると、問題はどのような場合に懲戒処分が認められるか、懲戒権の濫用とならないのか、その判断要素である。

6. 企業の名誉・信用毀損を重視する傾向とその問題点

さて、具体例②③のような私生活上の非行事例では、「当該事件が公になっておらず、会社の名誉・信用を毀損した事実はないから、懲戒解雇は解雇権の濫用に当たる」という主張が労働者側からほぼ決まってなされることになる。筆者は報道の有無やそれにより現実に企業の名誉・信用が毀損されることはもちろん、潜在的・抽象的であっても企業の名誉・信用が毀損されることを、解雇権濫用を否定する要素として考慮すべきでないという立場である。単純には私生活上の非行の悪質性のみに着目すればよく、裁判例なども踏まえつつどのような事情がどの程度のウェイトで考慮されているのかを整理するのが有益と考えている。

しかし、以下で述べるように、企業は私生活上の非行に立ち入ることができないという一種のドグマの存在と、現実に最高裁が一部そのようなドグマに影響されているとみられること、さらにその影響で裁判例上も報道の有無への言及がしばしばみられるところである。そこで、この点についてやや詳しく検討しておきたい。

いわゆる私生活上の非行について企業の懲戒権の行使が許されるかという問題についてのリーデングケースは、横浜ゴム事件（最判昭和45年7月28日民集24巻7号1220頁〔27000698〕）とされる。この事例は、業務とは無関係な住居侵入罪で罰金2,500円に処された従業員に対する懲戒解雇について、罰金額の低さ、従業員の地位が指導的なものでないことを考慮し、懲戒解雇を無効とした原審判決を支持したものである。事例判決であって、私生活上の非行についての一般的な判断基準を示したものではない（岡本舞子「本件判批」『労働判例百選〈第10版〉』（2022年）120頁参照）。

その後、国鉄中国支社事件（最判昭和49年2月28日民集28巻1号66頁〔27000451〕）及び日本鋼管事件（最判昭和49年3月15日民集28巻2号265頁〔27000446〕）が一般的基準を示すこととなる。

すなわち、国鉄中国支社事件は、私生活上の非行であっても**「企業秩序に直接の関連を有するもの」**が企業による規制の対象となること、また**企業の社会的評価の低下毀損につながるおそれがあると客観的に認められる行為**は、「**広く企業秩序の維持確保のために**」**規制の対象となること**を認めた。かつ、国鉄の懲戒規定の「著しく不都合な行いのあったとき」には、「前述の社会的評価を低下毀損するおそれがあると客観的に認められる職場外の職務遂行に関係のない所為のうちで著しく不都合なものと評価されるがごときものをも包含する」とし、かつ**「具体的な業務阻害等の結果の発生をも要求しているものとまで解することはできない」**とした。かつ具体的な懲戒規定の適用においては、「〔非違行為の〕態様のほか右所為の原因、動機、状況、結果等を考慮すべきことはもちろん、更に、当該職員のその前後における態度、懲戒処分等の処分歴、社会的環境、選択する処分が他の職員及び社会に与える影響等諸般の事情をも斟酌することができ……これら諸事情を綜合考慮」して、懲戒権者が相当と判断した処分を選択すべきと考慮要素を明らかにし、懲戒処分はこのような「広い範囲の事情を綜合」してなされるもので、「懲戒権者の裁量が認められる」と広い裁量を認めたものである。

日本鋼管事件も「営利を目的とする会社がその名誉、信用その他相当の社会的評価を維持することは、会社の存立ないし事業の運営にとつて不可欠であるから、会社の社会的評価に重大な悪影響を与えるような従業員の行為については、それが職務遂行と直接関係のない私生活上で行われたものであつても、これに対して会社の規制を及ぼしうることは当然認められなければならない」と私生活上の非行が懲戒の対象になることを同様に認めている。そして、「会社の体面を著しく汚した」との懲戒規定は、「**必ずしも具体的な業務阻害の結果や取引上の不利益の発生を必要とするものではないが、当該行為の性質、情状のほか、会社の事業の種類・態様・規模、会社の経済界に占める地位、経営方針及びその従業員の会社における地位・職種等諸般の事情から総合的に判断して、右行為により会社の社会的評価に及ぼす悪影響が相当重大であると客観的に評価される場合**」を指すとしたものである。

　この2判例の定立した規範を整理すると、私生活上の非行が懲戒の対象となる場合の要件・考慮要素は、次のようになろう。

① 　事業活動に直接関連する行為
② 　企業の名誉・信用などを相当程度害するおそれが客観的にある行為（具体的な損害の発生は不要）
③ 　上記行為について懲戒処分するについては懲戒権者たる企業の広い裁量を認めたうえで、行為態様、動機、状況、結果等、当該労働者の態度、懲戒処分等の処分歴、社会的環境、選択する処分が他の職員及び社会に与える影響等を考慮する。特に社会的評価に対する悪影響については「行為の性質、情状のほか、会社の事業の種類・態様・規模、会社の経済界に占める地位、経営方針及びその従業員の会社における地位・職種等諸般の事情」を考慮する。

　一見するともっともにみえるかもしれない。しかし、「企業の名誉・信用を相当程度害する」ことを要件としてしまっていることに違和感を拭うことはできない。シンプルに具体例②のような事案は外部に漏れる前に示談金の支払などによって解決し、刑事処分もされない例も相当数あると思われる。具体例②③を通じて、企業が自らの信用毀損を恐れて不祥事が外部に漏れないように行動すればするほど懲戒解雇が否定されることになるのであろうか。極端な話、このような従業員を懲戒解雇することを重視するならば、あえて不祥事を公開することになるのだろうか。

もちろん、このような懸念を踏まえて、上記2判例は具体的な業務阻害の結果までは要求しなかったととらえることは不可能ではないかもしれない。しかし、やはりなお迂遠な感じを払拭できない。

単純には、殺人犯や不同意性交犯を私生活上の非行であることを理由に懲戒解雇できないとする見解はまず存在しないと思われる。直接的には、先に指摘したとおり、**私生活上の非行の悪質性にのみ着目すれば足りるのではないか**。このような重大犯罪を犯した者である場合、そのことが公になり企業の名誉・信用が具体的に害されるかどうかを問わず、言い換えれば、名誉・信用を相当程度害するおそれがあるから懲戒解雇可能であると説明するのではなく、単純にその悪質性に根拠を求めるべきではないか。前掲国鉄中国支社事件や日本鋼管事件は、組合活動や政治活動が盛んなりし時代に、使用者側が真実はこれらの活動を忌避して、しかも比較的軽微な事件を理由に解雇することを防止するという実質的考慮が働いていた可能性を否定できないように思われる。

7. 公務員の懲戒基準より

ここで視点を少し変えて、公務員の懲戒基準を検討してみる。公務員の懲戒処分については人事院が「懲戒処分の指針について」（平成12年3月31日職職68。以下、「人事院基準」という）を定めており、公務内外の非行に分けて（実際の分類はより細かい）、非違行為の類型ごとに標準的な懲戒処分の種類を掲げている。

また、具体的な処分量定に当たって、次の5点を考慮すべきとしている。

① 非違行為の動機、態様及び結果はどのようなものであったか
② 故意又は過失の度合いはどの程度であったか
③ 非違行為を行った職員の職責はどのようなものであったか、その職責は非違行為との関係でどのように評価すべきか
④ 他の職員及び社会に与える影響はどのようなものであるか
⑤ 過去に非違行為を行っているか

ここでは、少なくとも直接的には当該公務に対する信用を毀損したか否かというような要素は規定されておらず、強いて考慮するのであれば④の他の職員及び社会に与える影響の一部ということになろうか。要するに公務員の

公務外非行の懲戒処分に当たっては、報道の有無を含めた名誉・信用毀損の有無や程度はほぼ考慮要素とされていないのである。

　私見では原則的に公務員と非公務員、公務員のなかでも現業と非現業という理由のみに基づいて解雇権の裁量の幅に差異が生じることはないと考えている。例えば公務員たる教師であろうと予備校講師であろうと、教え子に手を出すことの悪質性に差異はないと思われるし、業務外で児童買春を行った場合について教師は懲戒解雇相当、予備校教師は不相当と分けることはできないと考えている。この点については、飲酒運転に関する懲戒処分の公務員・非公務員の詳細な事例分析として、安藤高行「判例にみる民間企業の従業員の飲酒運転と懲戒解雇処分」九州国際大学法学論集20巻3号（2014年）1頁が参考になる。

8. 私生活上の非行に関する懲戒処分の裁判例と実際上の考慮要素

　次に実際の裁判例でどのような事情が重視されているかを、若干の裁判例とともに検討する。

　まず、**報道の有無や社会的評価の毀損という点は、表面上言及があっても実質的には考慮要素として機能していない、少なくとも決定的な考慮要素ではないといえる**。下記表の小田急電鉄事件、日本テレビ事件はいずれも報道されていない事案であるが、懲戒処分は有効とされている。東京メトロ事件は、仮処分事件においては諭旨解雇の有効性を認めていたところ、有効性を否定したものである。判決文は報道なく社外からも苦情がなかったことを指摘しているが、**略式命令レベルの刑事処分で終わった場合、前科等がない限り、懲戒解雇・諭旨退職等の重い処分は比例原則に反し懲戒解雇が無効とされる傾向があり、報道の有無は決定的要素でないと指摘されている**（岩出誠「本件判批」ジュリスト1516号（2018年）115頁）。報道のあった加古川市事件の最判でも、原審と最高裁の判断の差異のポイントは、性的ハラスメント行為に対して一見同意したようにみえる被害者の対応のとらえ方の差にあると思われるのである。

　公務員懲戒基準における考慮要素のうち、①②は単純に刑事処分における犯情としての考慮要素と重なる。前科前歴の有無、過去の懲戒処分の有無というのもおおむね⑤に重なるであろう。結局単純化すれば、**報道の有無や信**

用・名誉の毀損の有無にかかわらず、当該行為の悪質性によると考えて差し支えないと思われる。

　以上について実務家が注意すべきなのは、裁判官を含め、当事者たる法曹は過去の最高裁判例や近時の裁判例が表面的に報道や信用等の毀損に言及していることに引っ張られてはならないということである。使用者側弁護士の立場からは、裁判所もときに報道の有無などを今日でも重大な考慮要素と誤解している場合もみられるため、そのような場合はその誤解をしっかり解消することに努めるべきである。

事件名 / 判決年月日 / 出典等	処分	結論	内容
小田急電鉄事件・ 東京高判平成15年12月11日 労判867号 5 頁〔28090629〕	懲戒解雇	○	私鉄従業員の勤務時間外の別会社電車内の痴漢。逮捕→罰金刑→懲戒解雇は報道なくても有効。前科 2 件。退職金請求事案。
日本テレビ事件・ 東京地判平成19年 4 月27日 労経速1979号 3 頁 〔28132018〕	休職 6 か月	○	24時間テレビ募金業務担当が、ボランティアで参加した女子大生と飲み会、無理やりキス、ストーカー行為。業務との直接関連性あり、未報道も迷惑行為が知れ渡り、社会的評価の毀損あり。
東京メトロ事件・ 東京地判平成27年12月25日 労判1133号 5 頁〔29015949〕	諭旨解雇	×	東京メトロ従業員が14歳女子の右臀部左大腿部付近を着衣上から左手で触る。刑事手続で略式命令罰金20万も会社との関係では否認。法定刑低い、報道なし、社外から苦情なし。
加古川市事件・ 最判平成30年11月 6 日 裁判集民260号123頁 〔28264737〕	停職 6 か月	○	地方公共団体職員が勤務時間中にコンビニの女性従業員の手を自らの下半身に接触させようとする等。原審は①顔見知りで渋々同意、②報道後も処罰を望まず、捜査なし、③社会影響大とはいえないとして懲戒無効。最判は①は客とのトラブルを避けるため、②は営業への悪影響等を考慮した可能性がある、③は制服着用中で、報

187

| | | 道された結果、社会的影響は小さくないとした。 |

9. 退職金支給の要否とその程度（具体例④について）

　最後に懲戒解雇が可とされる場合においても、退職金の支給拒否まで認められるか、その範囲はどこまでかという点が問題となる。この点については、先例も多くあり、多数の参考文献もみられるところであるから本書では実務的な観点からいくつかの注意事項を指摘するにとどめるものとする。

①　まず、いうまでもないが、懲戒解雇をめぐる紛争では、労働審判・訴訟等手続を問わず、たとえ裁判所が懲戒解雇有効という心証であっても、ほぼ必ずや退職金の一定割合を念頭においた和解の勧試がなされるということである。

②　それゆえ、ある従業員について懲戒解雇相当という意見を持ったとしても、これも実務上よくなされるように諭旨退職としたうえで退職金の全部又は一部の支給を行うという柔軟な対応も検討に値する。

③　ここでも業務上の非行と私生活上の非行では一定の扱いの差がみられる。業務上の非行について退職金の全額不支給を違法とした裁判例はごく一部とされている（森戸英幸「懲戒解雇による退職金不支給―みずほ銀行事件」ジュリスト1582号（2023年）117頁）。

④　あくまで筆者の経験上であるが、**和解においても裁判所は比較的「3割」という基準で考えることが多いように思われる**。これは、東京高裁が事案も異なる複数の私生活上の非行の事案で、3割程度とした判決が3つあること（山下昇「酒気帯び運転を理由とする懲戒解雇と退職金請求権」法学セミナー711号（1991年）139頁）が影響しているのかもしれない。

10. 各ケースの検討

　具体例①は同意が否定されれば（なお、Aが無人の研修施設に呼び出した事情に加え、A・O間で従来私生活上の関係がないような場合、まず同意は

否定されることになろう）、わいせつ行為の程度が比較的重く、刑法上の強制わいせつ罪に該当しない程度であれば、業務上の地位を利用した部下に対する行為であることと相まって、まず懲戒解雇は有効と認められよう。併せて退職金の全額不支給も問題ないであろう。

　具体例②も同意が否定されれば、やはり私生活上の非行であっても懲戒解雇が有効となる可能性が高い。とはいえ、刑事上強制性交罪で有罪とされていれば別論、起訴猶予となっているような場合には事実関係について民事において強く争われるであろう（自宅には自由な意思でついてきている、飲酒量は多くない又は積極的に飲酒していた等々）。懲戒解雇自体の有効性、退職金支給の要否、その割合いずれもこの事実認定に大きく影響されると思われる。

　具体例③は私見としては懲戒解雇有効と考えたいが、裁判所によるとも予想され、極めて微妙である。なお、前述した人事院基準は大麻使用について「免職」のみを定めており、薬物使用には比較的厳しい態度をとっている。また、このような事案で、報道されていないことや、事実を知っている者が限られていることは判断にほとんど影響しないと考えるのが私見であって、裁判例上も同様であると考えるが、実際の訴訟の場においてはやはり裁判所によるところはあるかもしれない。

〈参考文献〉

　中山慈夫「勤務中のわいせつ行為等を理由とする停職６月の懲戒処分の是非―加古川市事件」ジュリスト1538号（2019年）125頁

　岩出誠「私生活上の性的非違行為と懲戒解雇の可否―東京メトロ事件」ジュリスト1506号（2017年）112頁

　早津裕貴「公務員懲戒処分における裁量論の現在―判例分析を中心にした検討―」名古屋大学法政論集253号（2014年）604頁

野田雄二朗（のだ　ゆうじろう）　弁護士

| 第**14**章 | 労働条件・変更に関する労働者の同意・承諾 |

具体例

　経営破綻の危機に瀕した使用者企業が、破綻を回避するため同業者との吸収合併をすることとなった。吸収合併消滅会社の労働者らは、合併前の就業規則に定められた退職金の支給基準を変更することに同意する旨の記載のある書面に署名押印をした。ただし、実際に労働者らが退職する際に退職金がゼロ又は著しく減額となる内容であった。

　この対応に問題はないか。退職金規程の変更、支給基準の引き下げについて、有効に変更ができるか。

検討事項

　労働条件の不利益変更などの場面で、労働者から同意を得て進めている場合に、後にその同意の有効性が問題になることが増えている。具体例は、山梨県民信用組合事件判決（最判平成28年2月19日民集70巻2号123頁〔28240633〕）をモデルとしたものである。同判決が言い渡されて以降、労働者の不利益を伴う個別同意がある事案では、必ず同判決とともに、同意の無効主張がされて争点化するといっても過言ではなく、この判決が労働事件実務に与えた影響は大きい。

　同判決の射程範囲の理解が拡大傾向にあることに関し、同判決の判断枠組みを用いるべき場面について検討をし、労働者の同意や承諾についてどのように解釈するべきか、議論の状況を整理する。そのうえで、実務上、安易に労働者が署名をした同意書を集める手法を採ることについて慎重な考慮を強く勧めるとともに、他方で、むしろ労働者とのコミュニケーションにより紛争を予防、回避する方策について検証する。

当事者の主張

　労働者らは、労働条件変更の同意の前提となる情報（具体例では、退職金規程の変更の内容）を十分認識していなかったことを理由として、同意の無効を主張する。そして、旧退職金規程に基づく退職金の支払を求める。

使用者としては、労働者らの同意が有効であり、同意が有効であることを前提に、有効に労働条件が変更されたことを主張する。

基本情報

1. 労働者の同意や承諾が問題となる局面

（1）山梨県民信用組合事件判決の判旨

山梨県民信用組合事件判決の事案は、合併に伴う退職金規程の変更により、退職金が著しく減額（一部労働者についてはゼロ）となった事案で、この変更に際して個別合意書に署名押印した労働者の同意の有効性が問題となった事案である。

同判決は、「就業規則に定められた賃金や退職金に関する労働条件の変更に対する労働者の同意の有無については、当該変更を受け入れる旨の労働者の行為の有無だけでなく、当該変更により労働者にもたらされる不利益の内容及び程度、労働者により当該行為がされるに至った経緯及びその態様、当該行為に先立つ労働者への情報提供又は説明の内容等に照らして、当該行為が労働者の自由な意思に基づいてされたものと認めるに足りる合理的な理由が客観的に存在するか否かという観点からも、判断されるべきものと解するのが相当である」として、労働者の同意の意思表示に関する有効性の判断枠組みを示した。労働契約上の合意原則を民法上のそれよりもはるかに厳格化したものとみることができる、と指摘されている（菅野和夫＝山川隆一『労働法〈第13版〉』弘文堂（2024年）240頁）。

（2）労働条件の不利益変更（賃金以外）

この山梨県民信用組合事件判決が出されて以降、賃金以外の不利益変更の問題や有期契約の不更新条項の同意についても、同事件判決の判断枠組みを用いて同意の有効性を判断したものがある。

定年制なしの無期契約から定年制ありの有期契約への変更に関する労働者の同意について、これを否定したもの（福祉事業者Ａ苑事件・京都地判平成29年3月30日労判1164号44頁〔28254254〕）、降格の同意を否定したもの（Chubb損害保険事件・東京地判平成29年5月31日労判1166号

42頁〔28254799〕)、無期契約から有期契約への変更の同意を否定したもの(社会福祉法人佳徳会事件・熊本地判平成30年2月20日労判1193号52頁〔28270963〕)などがある。

(3) 業務内容の変更

妊娠中の女性労働者を軽易業務に転換させることを契機に降格させる使用者の措置が、雇用機会均等法9条3項の禁止する不利益取扱いに該当するか否かが争われた事案で、「原則として同項の禁止する取扱いに当たるものと解される」としたうえで、例外的に不利益取扱いに当たらない「特段の事情」の1つに、これらの措置により受ける有利な影響や不利な影響の内容や程度、事業主による説明の内容等に照らして、「当該労働者につき自由な意思に基づいて降格を承諾したものと認めるに足りる合理的な理由が客観的に存在するとき」を挙げる(広島中央保健生活協同組合事件・最判平成26年10月23日民集68巻8号1270頁〔28224234〕)。

(4) その他

その他、例えば未払残業代に関する紛争事案における和解合意が後日争われた事例も耳にしたことがある。労働者が未払残業代の存在を主張し、使用者が未払を争うという状況において、双方、代理人弁護士の関与なく、使用者が労働者に一定の和解金を支払うことで、一切を清算する内容の和解書を締結したが、後日、その和解合意が無効であると争われて再度紛争化したものである。

賃金債権の放棄や一切の異議申立て・金銭その他請求・訴えなどを行わないこと等の清算条項の同意を、山梨県民信用組合事件判決の枠組みを用いて否定する裁判例も存在する(東京地判令和4年11月22日令和2年(ワ)24264号公刊物未登載〔29073588〕)。

2. 労働者の同意を限定的に解釈する根拠

(1) 実質的根拠

山梨県民信用組合事件判決は、それまでの最高裁先例(シンガー・ソー

イングメシーン事件（最判昭和48年1月19日民集27巻1号27頁〔27000514〕）
など）が述べていなかった、「労働者の意思表示について慎重、厳格に解釈
しなければならない実質的な理由について述べている」点が指摘されている
（和田肇「労働契約における労働者の意思の探求　山梨県民信用組合事件最
高裁判決を素材に」季刊労働法257号（2017年）155頁）。

　すなわち、山梨県民信用組合事件判決は、「労働者が使用者に使用されて
その指揮命令に服すべき立場に置かれており、自らの意思決定の基礎となる
情報を収集する能力にも限界があること」をその理由としている。

（2）論理的根拠

　労働者の意思表示を限定的に解釈する場面において、山梨県民信用組合事
件判決が判示したような、「自由意思に基づく合理的理由の客観的存在」を
問題とすることについては、民法上の意思表示理論との関係でどのように
位置付けられるか。この点については、**「自由意思に基づく同意」**という労
働法独自の意思表示理論であると理解する立場と、民法の意思表示理論の一
般的枠組みから理解する立場に分かれる。前者は、**合意原則**（労契法3条1
項、8条）及び**信義則**（同法3条4項）などにその法的根拠を求める（土田
道夫『労働契約法〈第2版〉』有斐閣（2016年）など）。

3. 労働者の同意の有効性の考慮要素と認定

（1）最高裁の判断枠組み

　山梨県民信用組合事件判決は、労働者の同意の有効性に関して、
① 当該変更により労働者にもたらされる不利益の内容及び程度
② 労働者により当該行為がされるに至った経緯及びその態様
③ 当該行為に先立つ労働者への情報提供又は説明の内容
等に照らして、当該行為が労働者の自由な意思に基づいてされたものと認め
るに足りる合理的な理由が客観的に存在するか否か、という判断枠組みを示
した。なお、同判決が「等」と述べているところからしても、この考慮要素
は限定列挙ではなく例示であり、その他にも当該同意の真意性に関連する事
情を含めて総合的に判断されることになる。

（2）山梨県民信用組合事件判決の射程

　同判決の射程範囲については、必ずしも明らかではない。同事件判決は、「就業規則に定められた賃金や退職金に関する労働条件の変更に対する労働者の同意の有無については」と、賃金や退職金に関する労働条件の変更の場面に関する判断であるという留保をつけていると読める。

　しかし、山梨県民信用組合事件判決の言渡し以降、上記「１．労働者の同意や承諾が問題となる局面」で述べた、様々な場面で、同判決が引用され、又は、同様の枠組みを用いて労働者の同意の有効性が判断する事例が相次いでいる。私見としては、この流れについては一定の歯止めが必要だと考えている。「外部事情により認定される意思と実際の目に見えない真意とは異なることもあり得る」「当該意思表示をしないことによる不利益（山梨県民信組事件で言えば合併が成立せず倒産することによる雇用喪失）が回避された後になって、使用者の説明不足等を奇貨として当該意思表示の無効を訴えることができる」との指摘もされている（経営法曹会議「労働者・労働組合等の同意・合意の認定と効力」経営法曹研究会報87号（2017年）11頁）。

　未払残業代に関する**紛争事案における和解合意**について、山梨県民信用組合事件判決を引用して労働者の合意が争われる例（上記１．（４））を述べたが、この場面でも「紛争の早期解決による早期の解決金の受領」という利益を受けた後、紛争を蒸し返すことが可能となってしまう。紛争化事案の解決の場面における和解金の額や附帯条項（口外禁止条項など）などの和解条件については、紛争の早期解決のニーズとの兼ね合いで協議により定まり、必ずしも合理的な根拠や経過が存在するとは限らない。そして、和解契約が「互譲」すなわち紛争について相互に譲歩することを前提としている以上、和解契約の内容に、同契約の一方当事者である労働者側の一定の不利益は含まれる。労働者の不利益を含む同意であることの一事をもって、漫然と山梨県民信用組合事件判決の枠組みを用いて同意の有効性を判断するのは適切ではない。一定の話合いを経て、和解金を支払って合意に至った事案にまで一律に、山梨県民信用組合事件判決の判断枠組みを利用して、厳格にその有効性を判断するとなれば、**和解契約（民法695条）の紛争解決機能への影響**も懸念される。

　使用者としては、山梨県民信用組合事件判決を引用して労働者の同意の有

効性が争われた場合には、その同意の内容や背景、経緯、同意をすることによる労働者の利益などから、真に同判決の枠組みを用いて判断すべき場面かどうか、反論をして争うことを検討されたい。

（3）労働者の同意取得における実務上の留意点

筆者の私見はさておき、実務では山梨県民信用組合事件判決の判断枠組みが拡大する流れを前提に、必要な対応を採っていかなければならない。もとより、一般論として、使用者と労働者の間に、交渉力の差、情報の偏在という背景事情が存することは否定し得ないのであり、同意の意思表示の成否という事実認定自体が慎重にされるべきこと自体は、首肯できるものである。

実務上、労働者の同意を求める場面は、労働条件の変更などをはじめとして多くある。このときに労働者が署名押印をした同意書を集める、という手法を何らの留意や考慮もなく安易に採ってしまえば、後にその同意の効力が否定されるリスクがあることは、あまり知られていない。それだけ、一般的に「書面に署名押印すること」の重要性が高いものと認知されており、それが労働者においても同様だと理解されていることが要因であると思われるが、使用者には、労働者の同意を得るといった局面で、同意の考慮が否定されるリスクや紛争回避の観点から、慎重な考慮を強く勧めなければならない。

労働者の同意取得に際して留意すべき事項としては、以下のような点が挙げられる。

ア　労働者の同意取得に係る**手順・計画策定**を行うこと

とりわけ、就業規則の変更により労働条件を不利益に変更する場面のように、事業場全体に個々の労働者の個別同意を求める局面では、労働者への説明や同意取得に関し、下記イ以下に述べるような考慮事項などを検討し、一定の手順・計画を策定する。個別の労働者との関係で労働条件の変更や降格などの同意を得る場面であっても、その説明内容や同意取得の手順について、あらかじめ検討、用意をしておくことはミスや誤解を防ぐことにもつながり、また、万一の紛争発生時に備えた記録化にも有効である。

いずれにしても、労働者の同意取得について「同意書に労働者の署名押印」という単純な事務手続のみにて完了する、という誤った理解は改めた

い。

イ　書面による同意

　同意の意思表示の存否を明らかにしておくため、同意を書面によって受けることは有用である。あらゆる場合に必ず書面によるべきである、とまではいえないまでも、同意の意思表示の有効性の前に、意思表示の存否が争点となることのないよう、書面による同意は積極的に検討したい。

　ただし、繰り返しになるが、同意書に労働者の署名押印があったとしても、それは同意の存在を示す必要条件であり、それで十分とはいえない。

ウ　労働者が納得して合意するだけの理由の説明や条件設定

　同意を取得する内容そのものについて、**有利・不利な影響の内容・程度**を十分に考慮し、**同意取得に至る背景事情**等を検討のうえで、同意を求める事項の内容自体を策定する。

　例えば、一方的に労働者に不利なだけの条件は、労働者にとって同意をするメリットがなく、相当に高度な必要性がない限り、労働者が自由意思によって同意する合理的理由は客観的に存在しないと判断されるリスクは高まる。労働者が受ける不利益が大きいほど、労働者がその条件に同意をするだけの理由・事情があるか、労働者に対してどのような説明をするかの策定が必要である。労働者に不利益が生ずる内容の同意を取得する場合に、この不利益に対する労働者への代償措置（例えば一時的な金銭補償や経過措置など）は、あらゆる場合に必須とはいえないものの、場合によっては設定することも、同意の有効性を基礎付ける一事情として有効である。

　個別的に労働条件を変更する場合などの場面では、同意取得に至るプロセスとなる労働者との協議において明らかになった、労働者の要望、意見などを取り入れて順次に条件変更を検討、提示することも、「同意をするに至った経緯」という一事情として同意を有効とする要素となり得るだろう。

エ　説明方法、同意の取得方法の工夫

　説明文書の配付、説明会の開催、必要に応じた個別面談、質疑応答など、同意を取得する内容について、労働者に十分に理解させるプロセスを踏むことが必要である。山梨県民信用組合事件判決が「**同意をするに至った経緯**」

を考慮要素として挙げていることはもとより、後の記録化（他面では万一紛争化した場合の証拠化）という観点からも、同意取得までの間に慎重かつ段階的なプロセスが存在することは有利に働く。

とりわけ、説明内容が複雑、専門的、難解である場合には、労働者の理解しにくい部分について、かみ砕いた、丁寧な説明が求められる。また、労働者の受ける不利益についてより明快かつ目立つように説明しておく（説明文書に記載するなど）ことによって、後で「不利益を知らなかった、説明を受けなかった」という紛争を避けることができる。

同意取得の際には、労働者がその内容について真に理解をしているかどうかチェックリストを用いて確認をする、同意取得までに労働者がその是非を熟慮検討するための一定の期間を設けることなどの工夫を施したい。

オ　説明内容について留意すべき事項

労働者が被る不利益について明確に説明すべきことは既に述べたが、将来の可能性に係る事項など不確定な部分について、どの程度説明すべきかは難しい問題である。将来の不確定な事項や、今後あり得る選択肢・可能性の内容について説明をする場合には、必ず、現時点での情報を前提にすること、現時点での使用者の経営方針を前提にすること、などの留保を確実に付したうえで説明をすることが肝要である。

4. （付言）労使間の合意、コミュニケーションによる紛争の予防方策

ここまで、労働者の同意取得の難しさ、ハードルや、慎重な対応が求められることについて述べてきたが、むしろ、労使間の合意や丁寧なコミュニケーションが紛争回避に有効であって積極的に活用することを検討したい場面があることを最後に指摘したい。

本章冒頭の1.（3）にて、妊娠中の女性労働者を軽易業務に転換させることを契機に降格させる使用者の措置が、雇用機会均等法9条3項の禁止する不利益取扱いに該当するか否かが争われた事案（**広島中央保健生活協同組合事件・最判平成26年10月23日民集68巻8号1270頁**〔28224234〕）を紹介した。長期雇用を前提とする労働関係において、労働者の個別の事情として、

ライフステージに応じて働き方や労働条件を変更する必要が生じる場面は多くある。ここに挙げた**妊娠出産、育児介護**などが典型であるが、あるいは傷病などによる**治療と仕事の両立**等の問題も個別対応を避けられない。

このように、労働者の個別の事情によって働き方の調整が必要な場面では、当然、労働者ごとに必要な対応は異なる。この際に使用者が労働者の個別の事情を全く考慮することなく、働き方や労働条件を定めれば、紛争リスクはより高いものとなりかねない。できれば、当該労働者の事情を十分に把握したうえで今後の働き方や労働条件などを定めたいところではあるが、使用者の対応にもおのずから限界がある。

同意取得に関する留意点については、先に述べたものがほぼ同様に当てはまる。しかし、同意取得に関し後に有効性が問題とならないために、というより、むしろ積極的に、明快な説明、協議、質疑応答などを繰り返し労使間で綿密なコミュニケーションをとることで、将来の可能性も含めて双方の事情を共通認識としておく。双方の事情を前提にとり得る選択肢を検討したうえで、双方におけるメリットデメリットの両面を検討し、適時に労使で合意をする。このようなプロセスをたどっていくことは、同意取得に関する紛争に関して有利に働くだけでなく、労働者の不満を避け、紛争の回避や円滑な労務管理につながるといえよう。

〈参考文献〉

　本文中に引用したもののほか、

　大内伸哉「キーワードからみた労働法　第199回　労働者の同意」ビジネスガイド942号（2024年）78頁

　平井康太「就業規則に定めた労働条件の不利益変更に関する要件事実　山梨県民信用組合事件・最二小判平成28・2・19民集70巻2号123頁を素材に［要件事実で読む労働判例　主張立証のポイント（第5回）］［連載］」季刊労働法282号（2023年）152頁

　千野博之「労働者の同意をめぐる労働法と民法の議論の交錯」経営法曹212号（2022年）1頁

　飛澤知行「判例解説」最判解民事篇平成28年度（2019年）33頁

　白石哲編著『労働関係訴訟の実務〈第2版〉』商事法務（2018年）

　清水知恵子「就業規則に定められた賃金や退職金に関する労働条件の変更に対する労働者の同意の有無についての判断の方法／合併により消滅する信用協同組合の職

員が、合併前の就業規則に定められた退職金の支給基準を変更することに同意する
旨の記載のある書面に署名押印をした場合において、上記変更に対する当該職員の
同意があるとした原審の判断に違法があるとされた事例」ジュリスト1508号（2017
年）90頁

佐藤有美（さとう　ゆみ）　弁護士

第15章 | 有期雇用契約の労務管理

具体例

　労働者Xと会社（Y）は、3か月の有期雇用契約を締結したが、契約期間満了の30日前にY社から契約更新しない旨の通知をした。Y社はXが度重なる遅刻と欠勤だけではなく、前職で経験していたと面接では説明していた業務を遂行できなかったという事実に基づき、Xに対して契約更新しない旨の通知をしたが、Xは不当な雇止めだと主張してきた。Y社は、3か月の有期雇用契約を試用期間の代替としていたということを主張できるのか。

　また、有期雇用契約の締結時、契約更新時、無期転換権発生に関する留意点は何か。

検討事項

1. 有期雇用契約と試用期間

　有期雇用契約と試用期間の定義を整理したうえで、有期雇用契約が試用期間だと判断されるケースを解説する。また、実際に試用期間を活用する方法についても検討する。

2. 有期雇用契約における労務管理の基本

　有期雇用契約を締結する際に必要となる基本事項と労務管理全般を解説する。特に雇止めに関する注意事項も確認しておきたい。

3. 無期転換権に関する事項

　有期雇用契約の更新上限を定めないことで5年超の有期雇用契約が発生する可能性がある場合に、労働者への明示義務のある事項や無期転換後の労働条件整備など準備しておくべきことを解説する。

第15章　有期雇用契約の労務管理

基本事項

1. 試用期間とは

　試用期間は正規労働者の採用において設けられていて、その期間は入社から3か月という期間設定をしていることが多く、6か月くらいまでの期間が一般的といえるだろう。具体的にはその期間で社員としての適格性を判断し、不適格と認める場合は解雇ができる制度と位置付けている。試用期間は文字どおりの「試用」の期間であるが、実際には試用期間満了で契約終了、つまり本採用拒否とすることは、なかなか困難であることもよく知られている。採用決定時には知ることができなかったような事実を知るに至った場合に、契約終了とできるという判断がされている（三菱樹脂事件・最大判昭和48年12月12日民集27巻11号1536頁〔27000458〕）ことが背景にある。

2. 有期雇用契約ではなく試用期間だと判断されるケース

　有期雇用契約は期間の定めのある労働契約であり、企業内では無期雇用契約の正社員とは別に社内で契約社員、アルバイト、パート、嘱託など名称をつけて運用されている。長期雇用システム下の無期雇用労働者とは区別されるが、臨時的雇用に限り有期雇用契約とするわけではない企業が多く、有期雇用契約であっても、更新することを前提としているケースも多いのが実態だろう。

　正社員などの無期雇用を前提として採用したいと考えていても、最初の数か月の試用期間で本採用拒否と判断することは困難と考え、その期間を有期雇用契約とする企業もある。この有期雇用契約が試用期間の代わりになるのかという論点については、神戸弘陵学園事件（最判平成2年6月5日民集44巻4号668頁〔27806502〕）で一定の考え方が示されている。有期雇用契約はその契約締結の目的は法的制限を受けることはないため、「試用目的」とすること自体は不可能ではない。しかし、**有期雇用契約は決めた期間が経過することにより契約が終了することが明確になっていることが原則であり、それが明確でなく労働者の適正を評価・判断することが目的となっているだけであれば、無期雇用契約における試用期間と同じと判断される**と示されている。

201

つまり、期間満了により契約を終了する明確な合意があれば、有期雇用と判断されるものの、単に無期雇用契約における試用期間と同様の位置付けとしている場合は、形式だけ有期契約雇用とすることで自動的に雇止めが有効となるわけではなく無期雇用の試用期間と同じ扱いとなる。書面の体裁を整えても効果はなく、実態で判断されることに留意しなければならない。

　また労働者側からの視点では、応募条件では無期雇用の正社員募集とあったところ、契約締結時に有期雇用となるという説明を受けると会社に対して不信感を持つ可能性が高い。たとえ同意して入社してきても雇止めをすると、不当だと主張される可能性が高くなる。一方、応募条件の段階から有期雇用とすると、応募者自体が少なくなってしまうことも考えられると同時に、応募者の母集団自体が異なってくるため会社が求める人材を採用しづらくなるということも考えられる。以上のことから、有期雇用契約を無期雇用契約の試用期間の代わりに締結することで結果的にトラブルになるリスクがあると考えられる。

3. 有期雇用契約における労務管理の基本事項

　労働契約の締結において、労使は対等の立場により、就業の実態に応じて均衡を考慮しなければならない。また仕事と生活の調和に配慮すべきではあるものの、信義に従い誠実に行動しなければならず、権利濫用は禁じられている。これらは基本原則として労契法で示されている。また有期・無期は問わず、使用者が労働者を雇い入れるときには労働条件を原則書面で明示しなければならないことは労基法15条に定めがあり、有期雇用契約は毎回契約を締結することになるため、結果的に契約更新時には書面明示が毎回必要となる。具体的に明示しなければならない事項は次のとおりである。

●必ず書面で明示しなければならない事項
① 労働契約の期間
② 就業の場所と従事する業務内容
③ 始業・終業時刻、所定労働時間を超える労働の有無、休憩時間、休日、休暇
④ 賃金
⑤ 退職に関する事項

有期雇用契約や所定労働時間が短い短時間勤務者に対してはパート有期法の適用により、上記の提示しなければならない事項に加えて、有期労働契約の更新の有無とその判断基準、退職金の有無、昇給の有無、賞与の有無についても明示しなければならない。

有期雇用に限らず、雇入れ時にはその労働条件を具体的に明示し労働者の合意を得ることがトラブル防止にもつながる。さらに有期雇用などの非正規雇用の場合はより労働条件が不明確になることが想定されるためか、契約更新に関することや、処遇についてもより細かく明示が義務付けられている。日本の長期雇用システム下では、有期雇用労働者は企業経営に一定の柔軟性を確保する手段として利用されてきた背景があったが、労契法により雇止め法理が明文化された。

4. 有期雇用契約締結時における留意事項

労基法15条で定められている労働条件明示について、その明示しなければならない内容の一部が2024（令和6）年4月に労基則の改正により変更された。

すべての労働者に対して、労働契約締結時に雇入れ時の就業場所と従事する業務を明示するだけではなく、**改正後はそれらの変更の範囲も明示しなければならなくなった。**また有期雇用契約を締結する労働者に対しては、更新上限の有無と内容を明示するだけではなく、無期転換申込権が発生するときにはその申込機会があることと無期転換した後の労働条件を明示しなければならないことが追加された。この内容は職安則も改正され、募集時に明示すべき労働条件にも同様に追加された。

次に、具体的に有期雇用締結時に留意しておきたい点について、トラブルを未然に防ぐためという観点で整理していきたい。

まず、有期雇用契約の締結時には、その契約が有期であること、またその期間がいつまでかということ、契約更新があるのか、契約更新がある場合は何を基準に判断するのか、という点について労働者と認識を合わせておくことが最も重要となる。なぜならば、有期雇用労働者とのトラブルの多くは雇止めの際に発生するためである。厚労省が毎年公表している「個別労働紛争解決制度の施行状況」でも、民事上の個別労働紛争相談件数は高止まりの傾

向で、最も多い内容は「いじめ・嫌がらせ」ではあるものの、2023（令和5）年実績では雇止めと解雇が15％程度を占めている。

その他にも労働条件の引下げなどにより会社に対して不満を感じることも多いが、「有期雇用とは知らなかった」「契約更新されると思っていた」などの主張がされないように、正確に労働条件の明示をすることが求められる。特に有期雇用契約は更新のたびに契約締結の手続をしなければならないが、その手続を怠ってしまうことがある。この手続を怠ると有期雇用契約ではなく無期雇用と同じ扱いとみなされてしまうこともあるため、**毎回の手続も確実に行うことが重要**となる。

5. 契約更新の問題

有期雇用契約を締結するに当たり契約更新の有無についてははっきりさせておきたい。有期雇用は、雇用期間を定める契約なので当然にその契約期間の終期到来により契約は終了することになる。しかし実態は「契約更新する場合がある」という内容で契約締結していることが多いので、契約更新するかしないかは、契約締結時ではなく契約が終了する前になってから決定することが多い。あらかじめ契約更新がないことが明らかであれば労働者が契約更新の期待を持つことはないのでトラブルにはならないが、「契約更新する場合がある」という条件の場合は労働者が一定の期待を持つことは当然であり、結果として契約更新しないことに不満を感じるケースも出てくる。

また雇止め予告については、「有期労働契約の締結、更新及び雇止めに関する基準」（平成15年厚労告357号）において、3回以上更新されている場合、又は通算1年を超える契約期間を締結している場合に、少なくとも期間終了日の30日前までには行う必要があると定められている。つまり契約更新手続は契約終了日の30日前までには完了していることが必要となる。

また労働者が更新を希望していたが会社側が契約更新しないことを決めた場合には、雇用保険の被保険者資格喪失の手続において会社都合と同じ取扱いとなることがあるが、それは契約期間が通算して3年以上の場合に該当する。この「会社都合退職」の扱いとなるかどうかという点は、労働者にとってはその後に受給可能な給付金の額が変わってくる可能性があるため、また会社にとっては会社が受給している助成金に制限がされる可能性があるた

め、両者とともに重要視していることが多い。

　情報を整理しておくと、以下のとおりとなる。

・契約更新が3回以上、又は通算1年を超える契約期間の場合は、30日前までの雇止め予告をしなければならない。

・契約期間が通算3年以上で、労働者が契約更新を希望していたが会社側から契約終了とする場合は、雇用保険被保険者喪失手続で会社都合扱いとなる。

　そもそも「契約更新する場合がある」という契約を締結する背景には、有期雇用契約を臨時的雇用に限り活用されているとは限らないという会社側の事情もある。しかし契約締結時には、契約更新の有無だけではなく、その判断基準も雇入れ時に明示しなければならないため、この判断基準を具体的に明らかにしておくことでトラブルを未然に防ぎたいところである。厚労省が労働条件通知書のモデル様式を公表しているが、その中で、契約更新の判断基準の例が以下のとおり示されている。

・契約期間満了時の業務量

・勤務成績、態度

・能力

・会社の経営状況

・従事している業務の進捗状況

・その他

　あくまでもこれらは例示されているものであり、どのケースにおいてもこの内容が適切とは限らないので、より具体的な判断基準を示すことができるのであれば、労使の共通認識として共有して明示しておくとトラブル防止につながる。

　また、同様に労働条件通知書のモデル様式では、契約更新の有無の欄の選択肢に「更新する場合があり得る」「契約の更新はしない」だけではなく「自動的に更新する」という選択もある。この自動的に更新するとはどういう意味なのか調べてみたところ、厚労省が作成している「特定求職者雇用開発助成金」のパンフレットで「対象労働者が望む限り更新できる」ことが自動更新だと説明がされていることを確認した。

　実務の現場では、労働者が望む限り更新するのであれば会社側の視点では有期雇用とする効果が少ないため選択されることは少ない。つまり実際には

このような特殊事情がない限りは「自動的に更新する」という選択肢はないことも注意しておきたい。

　以上のことを踏まえると、契約更新については「契約更新をしない」と「契約更新する場合があり得る」のいずれかが選択されることになると考えられる。

　契約更新をしないことが明確な契約を締結することにより、雇止めのトラブルは防ぐことができるので、契約締結の際に確実に労働者の合意を得ておくことが肝要となる。

6. 試用期間の活用方法

　形式的に有期雇用とすることで会社が自由に雇止めをすることができるわけではないので、最初から無期雇用契約を締結し、試用期間を適切に運用することの方が健全だと考えることができる。試用期間は、新規採用時には判断しきれないことを試用期間という一定期間で従業員としての適性の有無を見極め、適性がないと認めたときには解約できる旨の特約と位置付けられている。しかし無条件に本採用拒否ができるわけではなく、試用期間満了で会社から本採用しないと通知して契約終了とすることは、契約期間満了ではなく会社からの労働契約の解除となり、解雇に該当する。しかし通常の解雇と全く同じではなく、多少の解雇の自由が認められるものと考えられている。採用決定後の調査結果や試用期間中の勤務状態等により当初知ることができず、また知ることが期待できないような事実を知るに至った場合において、その人を引き続き雇用しておくことが適当ではないと判断された場合に、留保した解約権を行使することができると解されている。試用期間中に丁寧に適性を見極めるためにも教育し、改善の見込みの有無を判断することが必要となる。試用期間中は定期的な面談で業務の進捗や求める役割・能力を共有し、必要に応じた指導を繰り返すことで、適性の有無について、本人と共有認識を持つことができるので、結果として大きなトラブルにまで発展することは少なくなる。労働者本人が抱く期待と会社の考えている評価結果に差を生じさせないことが重要となる。

第15章　有期雇用契約の労務管理

7. 無期転換権が発生する具体的なタイミング

　有期雇用を継続すると無期雇用への転換権が発生するという労契法改正がされたのは2013（平成25）年4月1日で、同一使用者との有期雇用契約が通算5年を超えた以降に無期労働契約に転換することを労働者が申込みすることができる権利が発生する。これがいわゆる無期転換ルールだが、この権利が発生する具体的なタイミングを確認しておきたい。

　例えば、1年単位で契約更新がされていた場合は、最初の契約から5回目の契約更新をして6年目になる契約期間に無期転換申込権が発生することになる。6年目の契約期間中に労働者が無期転換の申込みをすれば、当該契約が終了したのちに、自動的に無期雇用契約となる。つまり、継続勤務の7年目が開始するタイミングから無期雇用となることになる。

　次に、1年単位ではなく、例えば3年単位で契約更新をしていたケースを考えてみよう。最初の3年の有期雇用契約が終了し、再度3年の有期雇用契約を更新・締結した場合、2回目の契約の途中に5年が経過することになる。その期間の途中である5年を超えたタイミング以降に無期転換申込権が発生するため、発生した後に労働者が申込みをすれば、当該契約が終了する6年経過時から無期雇用契約となるため、通算して勤続7年目から無期雇用契約となる。

8. 有期雇用契約において明示しなければならない事項

　2024（令和6）年4月の労基則改正により、無期転換申込権が発生する労働契約更新時にその権利があることを明示することが義務付けられた。具体的には、2024年4月1日以降に締結される有期雇用契約において、以下の事項を明示しなければならない。

・更新上限の有無とその内容
・無期転換申込権が発生する更新のタイミングごとに無期転換の申込みができることの明示
・無期転換申込権が発生する更新のタイミングごとに無期転換後の労働条件の明示

　また、有期雇用契約の更新上限を新たに設定した場合や、更新上限を短縮

207

する場合には、その理由を労働者にあらかじめ説明することも必要となった。

　これらのことを適切に運用していくために今後は有期雇用契約締結の状況を個別に管理していくことが必要となる。具体的には契約更新回数や通算契約期間が何年なのかという情報管理も必要となる。

9. 無期転換した労働者の労働条件と就業規則

　有期雇用契約で働く労働者のうち、5年超の継続雇用により実際に無期転換権が発生していても、その権利を行使する人が多くないことから、労基則改正により労働条件として明示する内容に追加される改正が行われたと推察されるが、今後は会社側も無期転換となった場合を想定して労働条件を整備しておくことが必要と考えられる。

　まずは**無期転換後の労働者に適用する就業規則を準備する必要がある**。無期雇用契約が締結されている労働者が正社員しかいない会社で、有期雇用から無期転換した後に適用する就業規則がないと、自動的に無期雇用である正社員の就業規則が適用されると主張されるリスクもあるため、適用する就業規則を必ず準備しておかなければならない。また、有期雇用契約であるときと労働条件に変わりがないので、有期雇用契約の場合と同じ就業規則を適用するということも考えられるが、有期か無期かという点で就業規則の前提が異なるため現在の就業規則に規定している労働条件に不足が生じないかもチェックしておくことが大切である。

　無期雇用が前提となると不足することの具体例の1つは、有期雇用契約では設定していない定年制度を設けるかどうか、である。定年は必ず設ける必要があるわけではないので、定年制度を設けないという選択肢もあるが、他の雇用形態の労働条件とのバランスも考慮して検討しておきたい。そのほかにも、有期雇用だからこそ制限をしていた休職やその他の処遇についても、無期雇用を想定した場合に必要に応じた見直しをすることが望ましい。

10. 定年再雇用者に対して5年を超えて継続雇用をする場合の課題

　有期雇用契約で雇用している労働者には、正社員として雇用され65歳未満

で定年となり、その後65歳までの継続雇用制度により有期雇用契約を締結している、いわゆる定年再雇用者がいる。この定年再雇用者については高年齢者雇用安定法で義務付けられているのは65歳までの継続雇用であり、70歳までは就労確保が努力義務化されている。つまり65歳を超えての雇用は義務化されているわけではないが、今般の労働力不足なども1つの要因となり、65歳を超えても継続雇用をするケースもある。60歳定年後に65歳まで継続雇用され、さらにそれ以上の継続雇用となると通算5年を超えることになる。そこで再度無期雇用に転換する権利が発生することになってしまうため、継続雇用の高齢者については特例が設けられている。それは定年後引き続き雇用される有期雇用労働者に限られているが、都道府県労働局の認定を受けた事業主であれば、無期転換申込権が発生しないという特例である。この認定手続は継続雇用の高齢者に関する申請書（第二種計画認定・変更申請書）を提出することにより行われるものである。これは無期雇用で定年を迎えた後の有期雇用者に限る特例なので、**最初から有期雇用の人が65歳を超えて継続雇用されていてもこの特例は適用されず、有期雇用が5年を超えて更新され続けると年齢にかかわらず無期転換権が発生する**点に留意しておきたい。

11. 有期雇用契約の更新上限の設定方法

　有期雇用契約の更新上限を設定することについて、法令で制限はしていないため、更新回数や通算年数などで上限設定をすることは可能となる。しかし、留意しておきたいことは、更新上限を設けることにより更新することへの期待を高める可能性があるという点である。あくまでも有期雇用契約は一定期間が経過すると契約が終了することが前提と考えられるが、更新上限があることでその上限まで契約更新されると期待を持つことは自然なことだと考えられる。例えば、無期雇用転換権が発生しない通算5年までと上限を決めるケースも、通算5年までは契約更新されるという期待が生じる可能性は否定できない。

　正社員は無期雇用契約としていて、契約社員などの有期雇用契約の雇用区分がある会社では、正社員の定年と同じ年齢までを契約更新の上限として設定している場合がある。つまり正社員の定年を60歳と設定しているので、その最低条件である60歳までを有期雇用契約の場合の更新上限としていること

209

がある。しかし、60歳を有期雇用の更新上限とすることについては厚労省から「高年齢者雇用安定法Ｑ＆Ａ（高年齢者雇用確保措置関係）」が出ており、**65歳を下回る年齢に達した日以上は契約しないという定めは高年齢者雇用安定法9条の趣旨を踏まえると法違反だと解される**と示されている。高年齢者雇用安定法9条では、定年を定める場合は65歳まで定年を引き上げるか、継続雇用制度を設けるか、定年の定めを廃止するかのいずれかの措置を講ずることが求められている。他の雇用形態との労働条件のバランスを考えたとしても、継続雇用が義務化されている65歳を下回る年齢を上限とすることはできないと考えておかなければならない。

〈参考文献〉

菅野和夫＝山川隆一『労働法〈第13版〉』弘文堂（2024年）

厚生労働省労働基準局編『令和3年版　労働基準法　上巻　労働法コンメンタール』労務行政（2022年）

厚生労働省「令和5年度個別労働紛争解決制度の施行状況」

https://www.mhlw.go.jp/stf/houdou/newpage_00165.html〈2024年9月14日確認〉

厚生労働省「特定求職者雇用開発助成金ちらし」

https://jsite.mhlw.go.jp/niigata-hellowork/content/contents/2.pdf〈2024年9月14日確認〉

濱田京子（はまだ　きょうこ）　特定社会保険労務士

第16章　トラブル防止のための有期雇用契約の運用

第16章　トラブル防止のための有期雇用契約の運用

具体例

　Ｙ社は、契約期間を１年間とする有期労働契約を締結した労働者Ｘ１とＸ２について、期間満了日において退職してもらおうと考え、彼らに対し雇止めの通知を行った。その理由は、Ｘ１については問題行動が多いため、Ｘ２については余剰人員となるためであった。

　ところが、Ｘ１とＸ２は、雇止めは無効であると反論し、地位確認請求等訴訟を提起した。当該訴訟の第１審の終盤で、Ｙ社は裁判所からの和解勧告に応じ、Ｘ１、Ｘ２に解決金を支払い、Ｘ１、Ｘ２は退職するという結論となった。

　Ｙ社としては、有期雇用労働者と、再度同様の紛争に発展しないように対策を講じたいと考えている。どのような対策が効果的か。

検討事項

　雇止めの局面で紛争が頻発する原因を分析する。

　第１に、**使用者が雇止め法理を把握していない**ことである。雇止め法理とは、労契法19条１号（実質無期労働契約タイプ）、２号（期待保護タイプ）のいずれかに該当する有期労働契約については、使用者による雇止めをすることが「客観的に合理的な理由を欠き、社会通念上相当であると認められないとき」は無効になるというルールである。

　第２に、各有期雇用労働者との労働契約が、**労契法19条１号、２号に該当するか否かの判断を明確にはつけにくく**、労使の見解の対立が生じやすい。

　第３に、労契法19条の「客観的に合理的な理由を欠き、社会通念上相当であると認められないとき」という要件を満たすか否かについても**明確な判断をつけにくく、判決前に結論を確実に予測することは難しい**。

　このように、知識の欠如や、グレーゾーンをめぐる主張の対立が、労使双方にとって想定外の結論を招きやすい分野であることを理解したうえで、**社労士が、有期雇用契約の運用についてアドバイスをすることが重要**である。また、使用者が雇止めの判断をするに当たっては、**弁護士が、具体的事情を**

211

考慮したうえで、法的リスクの程度についてアドバイスを適切に行うことが不可欠である。

当事者の主張

1. 労契法19条1号、2号該当性をめぐる主張・反論

労働者が各号への該当性を根拠付ける事実（評価根拠事実）を主張し、使用者が各号該当性を否定する事実（評価障害事実）を主張する。

労働者側が主張しやすい事実関係は、求人・採用の過程や雇用期間中における**使用者側の言動のうち継続した雇用を期待させるもの**である。例えば、「60歳まで頑張ってください」「1年ないし2年頑張れば自動的に正社員になる」「よほどのことがなければ契約は更新される」といった説明があったこと等は、自らが経験している事実として主張しやすい。また、**契約期間が長いとか、更新回数が多い**、といった客観的事情も主張しやすい。

これに対し、使用者側としては、有期雇用労働者の運用状況について主張をすることになる。業務内容や責任において正社員と有期雇用労働者とでは**明確な違いがあること**、有期労働社員については**採用手続が簡易である**、有期労働社員については**更新上限を設けており上限〇回、上限〇年で必ず雇止めをしている**、有期労働社員については**更新基準に満たないものは雇止めをしている**といった事情である。

2. 労契法19条の合理性・相当性をめぐる主張・反論

当該要件についても、労働者が評価根拠事実を主張し、使用者が評価障害事実を主張することになる

（1）問題行動があるとの主張に基づく雇止めをめぐる紛争について

使用者は、労働者の問題行動を具体的に主張・立証し、その問題行動に対し、**注意指導、教育、配置転換、懲戒処分、降格等により改善を促す機会を提供したこと**、それにもかかわらず問題行動が十分に改善されなかったことを主張する。

労働者は、これらの使用者の主張に対する反論として、そもそも問題行動

が存在しない、些細な問題にすぎないといったことや、それに対する注意指導や教育等がなされていないといったことを主張する。

（2）リストラ局面での労働者の雇止めをめぐる紛争について

使用者が正社員の**整理解雇の場合に準じて**、4要素を主張し、労働者がそれに反論をする、という構図となる。

3. 労契法19条各号該当性と、合理性・相当性の相関関係について

実務上は、上記1.と2.の議論には相関関係があると考えられる。すなわち、実質無期契約タイプについては、期待保護タイプに比べて、労働者保護の要請がより強く働くため、合理性・相当性を満たすためのハードルは高くなる傾向にある。そのため、労働者・使用者の攻防においては、「実質無期労働契約タイプなのか、期待保護タイプなのか」という点も、重要な争点となる。

基本情報

1. 労契法19条1号、2号該当性について

雇止め法理が適用されるためには、労契法19条1号、2号のいずれかに該当することが必要である。

（1）労契法19条1号該当性について

労契法19条1号の要件を満たすものは、実質無期労働契約といい得るような有期労働契約である（以下、「**実質無期労働契約タイプ**」ともいう）。過去に反復更新された有期労働契約で、その雇止めが無期労働契約の解雇と社会通念上同視できると認められるものが、これに該当する。

具体例としては、契約期間の満了ごとに厳密な更新手続がとられない状況下で、有期労働契約が多数回更新された事情がある場合である。

筆者の実務経験上は、実質無期労働契約タイプに該当する事例は多くない。

（2）労契法19条2号該当性について

労契法19条2号の要件を満たすものは、有期雇用労働者の更新に対する期待に合理的な理由がある場合の有期労働契約である（以下、「**期待保護タイプ**」ともいう）。例えば、有期雇用労働者について雇止めがされた先例がない職場において、有期雇用労働者に対して「よほどのことがない限り契約は更新される」と説明している場合は、更新の都度契約書を交わすようにしていたとしても、同条2号に該当する可能性が高い。

（3）該当性判断は総合考慮

実質無期契約タイプや期待保護タイプに該当するか否かは、**総合考慮により判断される**。

この点、「労働契約法の施行について」（平成24年8月10日基発0810第2号）は、「法第19条第1号又は第2号の要件に該当するか否かは、これまでの裁判例と同様、当該雇用の臨時性・常用性、更新の回数、雇用の通算期間、契約期間管理の状況、雇用継続の期待をもたせる使用者の言動の有無などを総合考慮して、個々の事案ごとに判断されるものであること。」としている。

裁判実務上は、労契法19条各号は規範的要件であり、**労働者が評価根拠事実について、使用者が評価障害事実について、主張立証責任を負う**ことになる。

このように、事案ごとに、労働者及び使用者により主張される多岐にわたる考慮事情を天秤にかけて該当性を判断するゆえに、労使の認識の齟齬が生じやすく、トラブルに発展しやすい。

2. 雇止め法理の適用により、雇止めが無効となる場合について

労契法19条1号、2号のいずれかの要件を満たせば、雇止め法理が適用される。すなわち、使用者による雇止めが「**客観的に合理的な理由を欠き、社会通念上相当であると認められないとき**」は、雇止めが無効となる。

裁判実務上は、**労働者が評価根拠事実について、使用者が評価障害事実について、主張立証責任を負う**ことになる。

労契法の当該文言は、正社員の解雇にかかる労契法16条「解雇は、客観的に合理的な理由を欠き、社会通念上相当であると認められない場合」と同様の文言となっている。裁判実務においても、有期労働契約社員の雇止めについては、**正社員の解雇の有効性判断に類似する判断過程**を経て、有効性が判断されている。

（1）問題行動がある労働者の雇止め

冒頭の具体例において、Ｘ１については、問題行動が多いという理由で雇止めがされている。この種の事案において雇止めの有効性を判断するに当たっては、労働者に問題行動があることのみならず、それに対して使用者側からの注意指導等の働きかけがなされたかどうかが重視される。すなわち、**使用者側から労働者に対し、その問題点の改善を促す働きかけがあったにもかかわらず、十分な改善がみられなかった**、という場合に、雇止めが有効と認められるということである。使用者が改善を促す努力をしていない、あるいは、それがいまだ不十分であると判断されれば、雇止めは無効となる。

この判断手法は、正社員の解雇の場合と同様である。もっとも、日本航空事件（東京高判平成24年11月29日労判1074号88頁〔28213269〕）においては、「契約社員の雇止めについては、期間の定めのない労働契約についての解雇とまったく同視することはでき」ない、と判示されている等、正社員の解雇よりは、有期雇用労働者の雇止めは認められやすい傾向がある。

雇止めを有効とした近時裁判例として、すみれ交通事件（横浜地判令和元年９月26日労判1222号104頁〔28280156〕）を紹介する。原告は、65歳の定年後に契約期間１年で継続雇用され、その契約は３年間更新されてきたが、平成27年６月末日に雇止めをされた。判決は、原告の雇用契約につき、労契法19条２号該当性を認めながらも、原告が高齢であることに言及し「本件雇止め時点で69歳と高齢であって、年々身体能力が低下していくこと自体は否めず、その程度如何によっては、雇用契約が更新されなくなる可能性も否定できないのであるから、その意味で原告の**雇用契約更新への期待の程度は限定的である**」とした。そのうえで、雇止めの効力については、原告が定年後再雇用となった後の時期に「交通事故発生率が比較的高く、とりわけ本件雇止め直前の雇用期間中の平成26年９月と11月に立て続けに事故を惹起していること……、それにもかかわらず……危険運転行為に及び、これについて反省

や今後事故を回避するための方策を真摯に検討する様子が伺えない点……を踏まえると、被告が、今後原告の運転により重大な事故等が発生することを危惧し、前記運転行為について真摯な謝罪や反省がなければ契約の更新を行うことはできないと判断したことは、やむを得ないというべきである。」「このような状況のもと、被告がC労組を通じて謝罪等を求めたのに対し、原告がこれを拒絶したことは……、本件雇止めを回避する唯一の機会を自らの言動により逃したものと評価でき、本件雇止めが、原告が主張するC労組の活動に対する意趣返しとしてなされた雇止めであると解する余地はない。」とし、雇止めを有効と判断した。使用者が、事故を多発させる**原告に対し改善を促したが、原告がそれを拒否する対応をした**という経緯から、**雇止めが有効**とされている。また、原告の有期労働契約について期待保護タイプに該当するとしつつも、「期待の程度は限定的」と判示している点は、**労契法19条2号該当性と雇止め有効・無効の判断が、相関関係を有する**ことを示唆していると解釈できる。

(2) リストラ局面での労働者の雇止め

冒頭の具体例において、X2については、余剰人員となるという理由で雇止めがされており、正社員の整理解雇と同様のリストラ局面である。雇止めの有効性の判断においても、正社員の整理解雇の判断枠組みに準じて、整理解雇における4要素を満たすか否かが検討される。4要素とは、①人員削減の必要性、②解雇回避努力、③人選の合理性、④整理解雇手続の相当性である。

もっとも、日立メディコ事件（最判昭和61年12月4日労判486号6頁〔27613448〕）においては、「臨時員の……雇止めの効力を判断すべき基準は……本工を解雇する場合とはおのずから合理的な差異があるべき」との一般論が示され、正社員の希望退職募集に先立ち有期契約社員の雇止めを先行することが容認されている等、やはり正社員の解雇よりは、有期雇用労働者の雇止めが認められやすい傾向がある。

雇止めを有効とした近時の裁判例として、バンダイ事件（東京地判令和2年3月6日労経速2423号10頁〔28283281〕）を紹介する。同事案の原告は、有期労働契約社員として雇い入れられた後、おおむね1年ごとに合計14回にわたり契約更新をされてきたが、平成30年3月31日に雇止めをされた。判決

は、同事案における労契法19条2号該当性を認めたうえで、雇止めの理由については、「原告が担当していたサンプル発送業務を各事業部に平成30年4月から完全移管して原告の担当できる業務がなくなるという経営上の必要によるもの」であると認定した。そのような経営上の理由による「本件雇止めの客観的合理的理由及び社会的相当性の有無については、**本件雇止めの必要性、雇止めの回避努力及び手続の相当性に関する具体的事情を総合的に考慮した上で判断するのが相当である**」という判断枠組みを採用するとした。当該事案における具体的な帰結としては、被告（使用者）側が、原告の担当可能業務の幅を広げる努力を促したものの原告側が技能の習得に向けた真摯な努力をしなかったという事情、異動等の打診をしたが原告がこれらを断ったという事情、労働条件変更の打診をした事情をもって、使用者側が、**雇止め回避の努力を尽くした**とみることができると判断した。また、手続の相当性についても、使用者側が原告に対して、説明や意向確認をしてきたことをもって、肯定できると判断し、雇止めは有効としている。雇止め判断において、整理解雇の4要素のうち、①人員削減の必要性、②解雇回避努力、④整理解雇手続の相当性に準じた事由を検討した裁判例と解釈できる。

3. 紛争解決の方法

　冒頭の具体例ではXらが、雇止めが無効であるとしてY社に対し、地位確認請求等訴訟を提起している。当該訴訟にて、雇止めを無効とする判決が確定すれば、Xらは、期間満了日とされていた日より後にも、Y社において、有期雇用労働者としての地位を有することとなるため、**雇止め後の賃金請求が認容される**。これには、雇止め後にY社で働いていない期間の賃金（いわゆるバックペイ）も含まれる。敗訴をしたY社としては、バックペイの支払をするとともに、**XらをY社の職場に復帰させる**ことを検討しなければならない。これが、使用者が裁判で敗訴した場合の結末である。

　しかし、実務上は、X1（問題行動があった者）やX2（リストラ局面で雇止めしようとした者）を、Y社の職場に復帰させることを困難と考える経営者もおり、敗訴判決の確定を免れるために、和解的解決を模索することも少なくない。この場合の和解的解決とは、要するに、金銭解決であるが、具体的には、Y社が、Xらに解決金等の名目でいくらかの金銭を支払うという

譲歩をし、Xらは職場復帰を断念するという譲歩をする、という和解である。どの程度の解決金で妥結できるかは、雇止めの有効性の根拠とするファクターがどの程度立証できているか、ということにもよるが、その他、Y社の資力やXらの再就職の難易度等にもよるため、明確な基準は見いだしにくいところである。

具体例では、第1審の終盤に、裁判官からの勧告により、和解に至っているが、実務上は、訴訟提起以前に当事者同士で交渉を行い、和解に至ることもある。

4. 雇止めトラブルを防止するための有期労働契約の運用について

企業担当者に勧める有期雇用労働者の運用方法は、**実質無期労働契約タイプにも期待保護タイプにも該当しないように運用**をするというものである。つまり、そもそも雇止め法理が適用されない（労契法19条が適用されない）ように運用をする、ということである。雇止め法理が適用されなければ、各契約で定めた期間が満了すれば、他に何らの理由がなくとも、有期労働契約を終了することができることになり、法的に安全である。

多くの企業では、実質無期労働契約タイプに該当しないように、という備えはできている。雇入れ時や更新時に、きちんと契約書を交わし、その中に「更新することがある、更新する場合の条件はA、B、Cである」旨が記載されていれば、実質無期契約タイプとされる心配は少ない。

では、期待保護タイプに該当しないためには、どのような運用をすべきか。筆者としては、**5年以内の更新上限を設け、1人の例外もなく、上限期間を超えた更新はしないと徹底する**ことを勧めている。

まず、更新上限を有期雇用労働者との間で合意できていれば、その上限を超えた期間にわたっての更新期待は生じないのが原則である。もっとも、更新上限を締結しながらも、実際上はそれを超える更新を行っている実例がその企業内に存在すれば、その実態により他の有期雇用労働者に更新に対する期待が生じ、それが保護されるべきという理屈が通用する余地があるので要注意である。

そして、その上限期間は5年以内で合意をするのが適切である。なぜなら、通算期間が5年を超えれば、無期転換権が発生することとなり、有期雇

用労働者からの一方的な意思表示により、無期契約労働者としての地位を獲得できるからである。

5. 更新上限の合意の効果について

上記4.で紹介した「更新上限」についても、その効力をめぐり紛争は頻発しているので、本項では、更新上限の合意の効果について、当該合意が、初回の労働契約締結時になされたのか、2回目以降の更新のタイミングで新たになされたか、に分けて検討する。

(1) 初回の有期労働契約締結時に更新上限の合意がなされている場合

初回の有期労働契約締結時に、更新上限の合意がなされている場合は、基本的には、**上限を超えて契約が更新されることに対する期待は合理的とはいえず、労契法19条2号該当性は否定される**ことになる。

もっとも、初回契約に、更新上限さえ入れておけば、労契法19条2号の適用を完全に排除できるという万能なものではない。**更新上限が合意されていても、その他の事情により、労働者の更新に対する期待を保護すべきと判断されれば、雇止め法理が適用される**こととなると考える。例えば、有期雇用労働者の契約書には一律、更新上限条項が印字されているものの、実際には、その上限を超えて契約が更新されている者が多く存在している使用者においては、同条2号が適用される可能性は大いにある。

初回契約時に更新上限が合意されており、雇止めが有効とされた事案には、日本郵便（更新上限）事件（最判平成30年9月14日労判1194号5頁〔28264069〕）、日本通運（川崎・雇止め）事件（東京高判令和4年9月14日労判1281号14頁〔28311058〕）等がある。

(2) 2回目以降の更新のタイミングで更新上限の合意がなされている場合

2回目以降の更新のタイミングで更新上限の合意がなされている場合にも、更新上限の合意自体は成立すると考えるが、これは、**労契法19条2号該当性の評価障害事実の1つになるにすぎない**と考える。単に、有期雇用労働者との間で、新たに更新上限が設けられた更新契約書を交わしたからといって、更新に対する期待を保護すべき要請は消滅しないということである。

筆者としては、更新上限が設けられる以前の、**更新の回数・年数**や、**更新期待を生じさせるような上司による声掛けの有無**も、労契法19条2号該当性の評価根拠・障害事実になり得るし、**更新上限を設ける際の使用者による説明の内容や方法**、**労働者が説明を受けた後に更新上限の契約書にサインをするまでの期間**といった事情も、同条2号該当性の判断に影響を与えると考える。

　2回目以降の更新のタイミングで更新上限が合意されており、雇止めが有効とされた事案は、近畿コカ・コーラボトリング事件（大阪地判平成17年1月13日労判893号150頁〔28100946〕）、本田技研工業事件（東京地判平成24年2月17日労経速2140号3頁〔28181343〕）、日本通運事件（東京高判令和4年11月1日労判1281号5頁〔28311056〕）等があるが、ここでは、雇止めが無効とされた博報堂事件（福岡地判令和2年3月17日労判1226号23頁〔28281050〕）を紹介する。

　博報堂事件の原告は、1年ごとの有期雇用契約を合計29回にわたって更新継続した後、2018（平成30）年3月31日に雇止めをされた者である。雇止めから5年遡った2013（平成25）年4月1日の契約更新に当たって、被告は原告に対し、以後は5年間を契約更新の上限とすると説明をし、平成30年3月31日以降に原告と被告が取り交わした雇用契約書には、「2018年3月31日以降は契約を更新しないものとする」旨が記載されていた。つまり、当初の雇入れから20年以上経過したところで、初めて更新上限の合意がなされた、という事案である。判決は、労契法19条2号該当性については、「平成25年まで、いわば形骸化したというべき契約更新を繰り返してきたものであり、この時点において、原告の契約更新に対する期待は相当に高いものがあったと認めるのが相当であり……、被告は、平成25年以降、原告を含めて最長5年ルールの適用を徹底しているが、それも一定の例外……が設けられており、そのような情報は、原告にも届いていたのであるから、上記のような原告の契約更新に対する高い期待が大きく減殺される状況にあったということはできない」として、肯定した。そのうえで、雇止めに客観的に合理的な理由及び社会的相当性があるか否かについては、「被告の主張する人件費の削減や業務効率の見直しの必要性というおよそ一般的な理由では本件雇止めの合理性を肯定するには不十分であると言わざるを得ない。また、原告のコミュニケーション能力の問題については、……雇用を継続することが困難であるほ

どの重大なものとまでは認め難い」として、客観的・合理的な理由はなく、雇止めは無効と判断した。**更新上限を設ける時点で、既に、法的保護に値する合理的期待が生じている状況とみられる場合に、合理的期待を減殺することは容易ではないこと**や、更新上限に対する**例外的運用が合理的期待を増幅させてしまうこと**を物語る裁判例である。

（3）更新上限を設けることによる採用への影響

上記で述べたとおり、契約当初から更新上限を明示したうえで有期労働契約を締結することにより、上限とされたタイミングでの雇止めを安全に（無効とされる法的リスクが低い状況で）することができる。

しかし、企業としては、求人票に更新上限ありと明記したり、採用面接時に更新上限ありと説明したりすると、**優秀な人材を集めることができないとの危惧を持っている**ことも事実である。3年後や5年後には、雇用を失うことが想定される労働条件による求人は、更新上限がない有期雇用契約社員の求人より見劣りしてしまうのは当然であろう。

このような採用難を避けるために考えられる方法の1つが、「**正社員登用制度」の整備及びその周知**である。有期雇用労働者として雇い入れられた者であっても、意欲が高く、職場にマッチする人材であれば、正社員登用のための基準（試験や人事評価）を満たすことにより、正社員（つまり、無期雇用労働者）に登用される道があることを、求職者・応募者に対して情報発信する、ということである。

6. 限定正社員制度について

上記5．において、有期雇用労働者を正社員に登用する制度の整備や周知を勧めたが、これによる登用実績を重ねていくためには、通常の正社員カテゴリーとは別に、**限定正社員というカテゴリーを設ける**ことも検討するとよい。

なぜなら、使用者側が、有期雇用労働者に長年勤めてほしいと期待を寄せたとしても、当該有期雇用労働者の側に、正社員になれない事情があることも多いのである。例えば、育児・介護等の私生活上の事情により、フルタイム勤務ができない、残業ができない、配転に応じられない等である。これら

の支障を取り除くために、所定労働時間、時間外・休日労働、配置される職種や勤務地において、従来型の正社員とは異なる限定を付する働き方を認めていくことが検討課題となってくるのである。

本項では、何らかの限定を付した働き方となる正社員、すなわち、限定正社員に関する制度を設ける場合の留意点を述べておく。

(1) 正社員に付する「限定」の内容を明確にすること

限定正社員という用語は、法律上の用語ではなく、その種類についても、特に法規制があるわけではない。一般には、勤務地限定、職務限定、労働時間が正社員に比べて短い（短時間や、時間外労働に制限がある）といった種類が存在するが、制度設計は使用者の裁量に委ねられている。

それゆえに、使用者ごとに、様々なバリエーションの限定正社員が存在することになり、**どのような限定が加えられているのかが不明確となり、トラブルになる**こともある。トラブルの例としては、使用者が転勤を命じたところ、労働者が、勤務地限定の合意があると主張して転勤を拒否する事例や、使用者が事業場閉鎖に伴い勤務地を同事業場に限定する合意があった労働者を解雇したところ、労働者からは勤務地限定の合意はないとして、解雇無効を主張する事例等である。

このようなトラブルを防止するため、2024（令和6）年4月施行の労基則の改正、及び、職安則の改正により、雇入れ時の労働条件明示及び求人時の求人条件明示において、雇入れ直後の就業場所・業務の内容に加え、**就業場所・業務の変更の範囲の明示も求められる**こととなった。変更の範囲の記載の仕方は、勤務地限定であれば「○○市内」、職務限定であれば「介護業務・介護事務」等といった具合である。

(2) パート有期法上の均等待遇・均衡待遇規制の考慮

限定正社員の労働条件の設定も、使用者の裁量に委ねられているが、一般には、パート労働者・有期労働者と、通常の正社員との中間的な処遇とされていることが多い。

もっとも、使用者の裁量にも限界があり、パート有期法8条の均衡待遇規制、同法9条の均等待遇規制に違反しないような処遇の設定が必要である。

具体的には、**パート労働者・有期雇用労働者の処遇と、限定正社員の処遇**

とを比較した場合に、**不合理な格差が生じていないこと**（パート有期法8条）、**差別的取扱いが生じていないこと**（同法9条）が必要である。特に、限定正社員制度を、パート労働者や有期雇用労働者からの正社員登用の受け皿にする場合には、登用後も、従前（かつて有期雇用労働者として働いていたとき）と仕事の内容も責任の程度も変わらないし、人材活用の範囲も変わらない、という状況が生じやすい。このような状況で、賃金や福利厚生等の労働条件を、パート労働者・有期雇用労働者よりも厚遇としてしまうと、均衡待遇・均衡待遇規制違反が生じやすいのである。様々な限定ありとはいえども、無期雇用労働者として登用するからには、短期雇用を想定していた有期労働契約自体に比較して、責任ある仕事を任せる、目標設定をさせてその達成度により人事評価をするといった、明確な違いを設けることが必要である。

これに対し、限定正社員と正社員の待遇格差については、現時点では規制は存在せず、使用者の裁量は一層大きい。もっとも、限定正社員のモチベーションアップのためには、格差に対して合理的な説明ができるような制度設計を目指すべきであることは、当然である。

7. 社内で運用を徹底することが重要

筆者が提案する有期雇用労働者の運用は、上記4.に述べたとおり、雇入れ時から更新上限を設けておき、その上限を遵守して、それ以上の更新は例外なく認めないこと、その代わり長年の戦力となってもらいたい有期雇用労働者は正社員に登用したうえで、雇用を続ける、という方法である。これにより、雇止めの有効性をめぐる無用な紛争を回避することができ、同時に、優秀な人材の勤続も奨励できると考えている。

この運用に当たって非常に重要なのは、**社内のあらゆる部署において、この運用方針を徹底すること**である。

過去に筆者が関与したある企業では、人事を担当する部署が有期雇用労働者の運用を掌握しきれていないという実情があった。具体的に紹介すると、その企業では、営業部でスタッフの補充が必要になれば、営業部から「有期雇用で1名採用したい」「正社員で1名採用したい」等と人事部に申請を上げるという社内プロセスになっていた。その申請を受けた人事部は、営業部

に配属できる上限人数の範囲内であることのみを確認し、なぜ、正社員ではなく有期雇用で採用したいのかという理由を確認することはなく、申請を承認していた。その後、営業部のスタッフとして1名が有期雇用で採用されたが、当該スタッフの業務内容や職責の範囲は、正社員の営業スタッフのそれと何ら異なることがなかったし、営業部の上司からは長年貢献してもらいたい、という声かけもされていた。このような状況を筆者が把握し、営業部に「なぜ有期雇用のスタッフを採用したのか？　正社員採用と有期雇用採用の場合とで、どのように場合分けをしているのか」と質問をしたところ、「特に理由はない。直近に退職したスタッフが有期だったから、同様に有期とした」という回答であった。この企業では、人事部としては、雇止めには法的リスクがあることを把握しており、リスク回避のための有期雇用労働者の運用をしようとしていたが、現場にその運用が行き届くことなく、実態としては杜撰な契約管理がなされていたといわざるを得ない。

　有期雇用労働者の雇止めをめぐるトラブルを防止するためには、人事部（あるいは人事の責任者）が契約書・更新契約書をきちんと管理することに加え、人事部が先頭に立って、**いかなる場合に有期雇用契約を選択するのかという人事戦略を立て、それを実行していく**ことが必要である。また、有期雇用労働者が配属される職場に対しては、契約更新に対する期待を生じさせるような無用な発言をしないことを徹底するように周知するほか、正社員登用に必要となってくる人事評価等の実施も指示する必要がある。「これまでもそうだったから有期」「何となく契約を切りやすそうで便利そうだから有期」ということではなく、筋の通った方針を立てることが必要と考える。

〈参考文献〉

　菅野和夫＝山川隆一『労働法〈第13版〉』弘文堂（2024年）

　佐々木宗啓ほか編著『類型別　労働関係訴訟の実務Ⅱ〈改訂版〉』青林書院（2021年）

　白石哲編著『裁判実務シリーズ1　労働関係訴訟の実務〈第2版〉』商事法務（2018年）

大浦綾子（おおうら　あやこ）　弁護士

第17章　ハラスメントの申立てに対する適切な対応

| 第 **17** 章 | ハラスメントの申立てに対する適切な対応 |

具体例

　Y社営業部に所属する従業員A（女性）から、Y社のハラスメント相談窓口に、同部部長B（男性）から、体を触られたり、好意や性的な内容をほのめかすLINEのメッセージを送られたりする行為を1年ほど前から受けているとの申告があった。Aは、Bのハラスメントについて相談したことが周囲に知られるとA自身が会社にいづらくなるのではないかとの不安があり、それまで誰にも相談できなかったと述べている。また、男性に対し被害内容を詳細に話すことに抵抗を感じるとして、女性によるヒアリングを希望している。

　Y社は、どのように対応を進めるべきか。また、Y社から相談を受けた弁護士は、どのような点に留意してアドバイスすべきか。

検討事項

　ハラスメントの問題が法的紛争に発展した場合、①被害を訴える従業員（事案によってはその遺族）から使用者に対する損害賠償請求（**職場環境配慮義務違反**に基づく債務不履行責任又は使用者責任が問題となる。三重セクシュアルハラスメント（厚生農協連合会）事件・津地判平成9年11月5日判タ981号204頁〔28030369〕、京都セクシュアルハラスメント（呉服販売会社）事件・京都地判平成9年4月17日判タ951号214頁〔28021098〕、仙台セクハラ（自動車販売会社）事件・仙台地判平成13年3月26日判タ1118号143頁〔28062084〕等）、②加害者とされた（元）従業員から使用者に対し、解雇無効を理由とする地位確認請求（Y社（セクハラ・懲戒解雇）事件・東京地判平成21年4月24日労判987号48頁〔28153452〕等）、懲戒処分や人事異動の無効を前提とする損害賠償請求（辻・本郷税理士法人事件・東京地判令和元年11月7日労経速2412号3頁〔28281819〕等）等の労働審判申立て又は訴訟提起がなされることが考えられる。いずれの場合でも、法的紛争に至った場合、被害者、行為者、使用者いずれにとっても、その対応は相当な負担となる。

225

使用者が従業員からハラスメントに関する通報・相談を受けた場合、被害の深刻化を防ぎ、法的手続に至る前の解決を得るためには、使用者が、ハラスメントとは何か、及び、使用者に求められる義務とは何かについて正確に理解し、迅速かつ適切な対応をとることが不可欠である。具体的には、被害者のプライバシー等に配慮しつつ、適切に調査を遂行し、事実認定を行ったうえで、行為者に対する懲戒処分の要否・内容、人事異動等の措置の要否・内容を決定する必要がある。また、ハラスメントの調査過程においては、個別具体的な事案の解決のみならず、ハラスメント発生の原因となった背景事情についても掘り下げて調査を行い、再発防止策をとることが必要不可欠である。

当事者の主張

　具体例の事案につき、行為者の主張として以下のようなものが考えられる。

- ・申し立てられた行為の全部若しくは一部を行ったことを否認する、又は覚えていない等曖昧な供述に終始する。
- ・被害を訴えている従業員の方から誘われた、当該従業員と自身は恋愛関係にあり、同意のうえの言動であるとの弁解を行う。
- ・当該言動がセクシュアルハラスメントに該当するとの認識がなかった、との弁解を行う。

基本情報

　以下では、まず、1. において、ハラスメントに関する日本の法規制の概要を解説し、**セクシュアルハラスメント**、**パワーハラスメント**について、どのような行為がこれに該当するのか、関係法令を踏まえて要点を解説する（なお、本章では、主に、セクシュアルハラスメント及びパワーハラスメントについて検討する。妊娠・出産・育児休業・介護休業等に関するハラスメントについては、第3章を参照されたい）。

　申告・通報に基づく調査過程における留意事項については以下2. において検討する。必要な事実調査が完了すれば、使用者は、調査により認定された事実に基づき、行為者に対する**懲戒処分**の要否や内容を決定する必要があり、懲戒処分に関する留意点は以下3. で検討する。また、懲戒処分と併せ

て、配置転換等**人事上の措置**の検討が必要となるケースもあり、これについては以下４.で述べる。

　最後に、個別具体的なハラスメント案件の背景には、不適切な業界慣行や企業風土の問題等が潜んでいることも多く、ひとたびハラスメント案件が発生した場合、当該案件への対応にとどまらず、**再発防止策の検討・実施**も重要である。この点については、以下５.で検討する。

1. 職場におけるハラスメント

（1）法規制の概要

　職場におけるハラスメントについて、日本の労働法制は、**セクシュアルハラスメント、パワーハラスメント、妊娠・出産・育児休業・介護休業等に関するハラスメント**の３つを軸として、不利益取扱いの禁止や使用者の措置義務を法定するとともに、厚労省による指針により解釈基準や具体例を示す、という形で規制している。セクシュアルハラスメントについては、雇用機会均等法及び「事業主が職場における性的な言動に起因する問題に関して雇用管理上講ずべき措置等についての指針」（平成18年厚労告615号）（以下、「**セクハラ防止指針**」という）、パワーハラスメントについては、労働施策総合推進法及び「事業主が職場における優越的な関係を背景とした言動に起因する問題に関して雇用管理上講ずべき措置等についての指針」（令和２年厚労告５号）（以下、「**パワハラ防止指針**」という）、妊娠・出産・育児休業・介護休業等に関するハラスメントについては雇用機会均等法、育児・介護休業法及び「事業主が職場における妊娠、出産等に関する言動に起因する問題に関して雇用管理上講ずべき措置等についての指針」（平成28年厚労告312号）、「子の養育又は家族の介護を行い、又は行うこととなる労働者の職場生活と家庭生活との両立が図られるようにするために事業主が講ずべき措置に関する指針」（平成21年厚労告509号）がそれぞれ定められている。なお、労働施策総合推進法上のパワーハラスメント防止措置について、2022（令和４）年４月１日以降、中小企業事業主についても努力義務ではなく義務となっていることには留意が必要である。法令による規制が整備される一方、ハラスメントに関する裁判例の蓄積もなされている。

比較的最近になってハラスメントとして取り上げられることが増えてきた**SOGIハラ、アウティング等LGBTq**に関するハラスメントについては、内容により、セクシュアルハラスメントにもパワーハラスメントにも該当し得るものと考えられるところ、パワハラ防止指針においては、パワーハラスメントに該当する一例として、「労働者の性的指向・性自認や病歴、不妊治療等の機微な個人情報について、当該労働者の了解を得ずに他の労働者に暴露すること。」が挙げられており、使用者には、プライバシー保護の観点から、こうした個人情報を暴露することのないよう、労働者に周知・啓発する等の措置を講じることが求められている。

　なお、近年、新型コロナウイルスのワクチン接種に関連するワクチンハラスメント、カスタマーハラスメント等、「ハラスメント」として取り上げられる内容は多様化してきている。カスタマーハラスメントについては、パワハラ防止指針においても、顧客等からの暴行、脅迫、ひどい暴言、不当な要求等の著しい迷惑行為に関し、使用者が相談に応じ、適切に対応するための体制の整備や被害者への配慮の取組みを行うことが望ましいこと、対応マニュアルの作成や研修の実施等被害を防止するための取組みを行うことが有効であること等が定められており、使用者として適切な対策を取ることが求められる（カスタマーハラスメントについては、厚労省策定の「**カスタマーハラスメント対策企業マニュアル**」も参照されたい）。

（2）セクシュアルハラスメント

　職場における**セクシュアルハラスメント**とは、「職場において行われる性的な言動に対するその雇用する労働者の対応により当該労働者がその労働条件につき不利益を受け、又は当該性的な言動により当該労働者の就業環境が害される」ことをいい（雇用機会均等法11条1項）、セクハラ防止指針上、セクシュアルハラスメントは、①**対価型セクシュアルハラスメント**（職場において行われる労働者の意に反する性的な言動に対する労働者の対応により、当該労働者が解雇、降格、減給等の不利益を受けること）、及び、②**環境型セクシュアルハラスメント**（職場において行われる労働者の意に反する性的な言動により労働者の就業環境が不快なものとなったため、能力の発揮に重大な悪影響が生じる等当該労働者が就業するうえで看過できない程度の支障が生じること）の2類型に整理されている。

ここでいう「職場」とは、業務を遂行する場所であれば、通常就業している場所以外の場所であっても、取引先の事務所、取引先と打合せをするための飲食店（接待の席も含む）、顧客の自宅（保険外交員等）のほか、取材先（記者）、出張先及び業務で使用する車中等も含まれるものとされ、勤務時間外の「宴会」等については、実質上職務の延長と考えられるものは職場に該当し、その判断に当たっては、職務との関連性、参加者、参加が強制的か任意か等を考慮して個別に行うこととされている（平成18年10月11日雇児発1011002号）。

また、対象となる「労働者」は正規労働者に限られず、パートタイム労働者等の非正規労働者も含まれる。派遣先事業主と直接の雇用関係にない派遣労働者についても、派遣法47条の2により、派遣先事業主は、その指揮命令の下に労働させる派遣労働者を雇用する事業主とみなされるため、直接雇用する労働者と同様に、セクシュアルハラスメント防止のため雇用管理上必要な措置をとる必要がある。

また、環境型セクシュアルハラスメントへの該当性判断においては、被害を受けた労働者が女性である場合には「**平均的な女性労働者の感じ方**」を基準に、被害を受けた労働者が男性である場合には「**平均的な男性労働者の感じ方**」を基準に判断することが適当であるとされている（平成18年10月11日雇児発1011002号）。

雇用機会均等法11条1項は、事業主に対し、「職場において行われる性的な言動に対するその雇用する労働者の対応により当該労働者がその労働条件につき不利益を受け、又は当該性的な言動により当該労働者の就業環境が害されることのないよう、当該労働者からの相談に応じ、適切に対応するために必要な体制の整備その他の雇用管理上必要な措置を講じなければならない」との**措置義務**を課しており、これを具体化するセクハラ防止指針において、事業主には、**①事業主の方針等の明確化及びその周知・啓発、②相談・苦情への適切な対応のため必要な体制の整備、③事後の迅速かつ適切な対応、④併せて講ずべき措置（プライバシーへの配慮、不利益取扱いの禁止等）を実施すべき義務**が課されている。

なお、具体例のように、従業員からセクシュアルハラスメントに関する申立てがあり、申し立てられた事実につきセクシュアルハラスメント該当性及びこれに対する懲戒処分等を検討するときに、当該会社の人事規程上、上記

229

法令上の定義より広い範囲の言動をセクシュアルハラスメントと定義している場合、法令上のセクシュアルハラスメントの定義に明確に該当するとまではいえなくても、人事規程上のセクシュアルハラスメントに該当するとして懲戒処分等の対象とすることは可能である。したがって、申し立てられた行為のセクシュアルハラスメント該当性、それに対する処分等を検討する際には、法令や指針の内容のみならず、個社の人事規程における規定内容についても確認のうえ、事実関係の当てはめ、処分内容の決定を行う必要がある。

(3) パワーハラスメント

　労働施策総合推進法及びパワハラ防止指針上、職場における**パワーハラスメント**は、職場において行われる①**優越的な関係を背景とした言動**であって、②**業務上必要かつ相当な範囲を超えたもの**により、③労働者の就業環境が害されるものであり、①から③の要素を全て満たすものをいうとされている（労働施策総合推進法30条の2第1項）。「職場」及び「労働者」の範囲については、基本的にセクシュアルハラスメントと同様である（令和2年2月10日雇均発0210第1号。派遣労働者については、派遣法47条の4により、派遣先についても、その指揮命令の下に労働させる派遣労働者を雇用する事業主とみなされる）。

　パワハラ防止指針上、①「優越的な関係を背景とした言動」とは、「当該事業主の業務を遂行するに当たり、当該言動を受ける労働者が当該言動の行為者とされる者に対して抵抗又は拒絶することができない蓋然性が高い関係を背景として行われるもの」を指し、上司から部下に対する言動のみならず、「同僚又は部下による言動で、当該言動を行う者が業務上必要な知識や豊富な経験を有しており、当該者の協力を得なければ業務の円滑な遂行を行うことが困難であるもの」や、「同僚又は部下からの集団による行為で、これに抵抗又は拒絶することが困難であるもの」も含まれるとされる。

　パワーハラスメントについては、実務上は、上記②の要素への該当性、すなわち、業務上必要かつ相当な範囲で行われる適正な業務指示・指導とパワーハラスメントとの線引きが問題となるケースが多い。この点に関し、パワハラ防止指針では、**業務上必要かつ相当な範囲を超えた言動**とは、「**社会通念に照らし、当該言動が明らかに当該事業主の業務上必要性がない、又はその態様が相当でないもの**」をいい、例えば、業務上明らかに必要性のない

言動、業務の目的を大きく逸脱した言動、業務を遂行するための手段として不適切な言動、当該行為の回数、行為者の数等、その態様や手段が社会通念に照らして許容される範囲を超える言動等が含まれるとされている。判断に当たっては、**問題となった言動の目的、当該言動を受けた労働者の問題行動の有無や内容・程度を含む当該言動が行われた経緯や状況、業種・業態、業務の内容・性質、当該言動の態様・頻度・継続性、労働者の属性や心身の状況、行為者との関係性等様々な要素を総合的に考慮**することが適当であり、個別の事案における労働者自身の行動が問題となる場合は、その内容・程度とそれに対する指導の態様等の相対的な関係性が重要な要素となることについても留意が必要とされている。

　また、③「労働者の就業環境が害される」とは、「当該言動により労働者が身体的又は精神的に苦痛を与えられ、労働者の就業環境が不快なものとなったため、能力の発揮に重大な悪影響が生じる等当該労働者が就業する上で看過できない程度の支障が生じること」を指し、同様の状況で当該言動を受けた場合に、**平均的な労働者**が、就業するうえで看過できない程度の支障が生じたと感じるような言動か否かを基準に客観的に判断すべきとされている。

　パワハラ防止指針では、(i)身体的な攻撃（暴行・傷害）、(ii)精神的な攻撃（脅迫・名誉棄損・侮辱・ひどい暴言）、(iii)人間関係からの切り離し（隔離・仲間外し・無視）、(iv)過大な要求（業務上明らかに不要なことや遂行不可能なことの強制・仕事の妨害）、(v)過小な要求（業務上の合理性なく能力や経験とかけ離れた程度の低い仕事を命じることや仕事を与えないこと）、(vi)個の侵害（私的なことに過度に立ち入ること）の６つを、職場におけるパワーハラスメントに該当し得る言動の代表例（例示であり限定列挙ではない）として取り上げ、それぞれにつきパワーハラスメントの該当例・非該当例が示されている。

　例えば、(ii)精神的な攻撃について、遅刻など社会的ルールを欠いた言動がみられ、再三注意してもそれが改善されない労働者や、企業の業務の内容・性質等に照らして重大な問題行動を行った労働者に対し一定程度強く注意することについては、パワーハラスメントに該当しない具体例とされる一方、労働者の人格を否定するような言動を行うこと、他の労働者の面前における大声での威圧的な叱責を繰り返し行うこと、相手の能力を否定し、罵倒する

ような内容の電子メール等を、当該相手を含む複数の労働者宛てに送信することについては、いずれもパワーハラスメントに該当すると考えられる例とされている（複数の労働者を宛先に含めたメールでの叱責についてハラスメント該当性を判断した裁判例として、Ａ保険会社上司（損害賠償請求）事件・東京高判平成17年４月20日労判914号82頁〔28111490〕、ちふれホールディングス事件・東京地判令和５年１月30日労経速2524号28頁〔28313020〕等）。

　雇用主には、パワーハラスメントについても、セクシュアルハラスメントと同様に、①事業主の方針等の明確化及びその周知・啓発、②相談・苦情への適切な対応のため必要な体制の整備、③事後の迅速かつ適切な対応、④併せて講ずべき措置（プライバシーへの配慮、不利益取扱いの禁止等）を実施すべき措置義務が課されている（労働施策総合推進法30条の２、パワハラ防止指針）。さらに、パワハラ防止指針においては、事業主が職場におけるパワーハラスメントに関し行うことが望ましい取組みの内容として、セクシュアルハラスメント等他のハラスメントと一元的に相談に応じることができる窓口を設置し、その旨を労働者に周知することや、職場におけるパワーハラスメントの原因や背景となる要因を解消するため、コミュニケーションの活性化や円滑化のために研修等必要な取組みを行うこと、適正な業務目標の設定等の職場環境の改善のための取組みを行うこと、必要に応じて、労働者や労働組合等の参画を得つつ、アンケート調査や意見交換等を実施することにより、パワーハラスメント防止措置の運用状況の的確な把握や必要な見直しの検討に努めること等が挙げられている。使用者は、パワーハラスメントの予防・再発防止のため、措置義務の内容にとどまらず、一歩進んで、これらの取組みについても積極的に取り入れることが望ましいといえよう。

2. ハラスメント調査に関する留意事項

（1）調査遂行過程での留意事項

　弁護士が使用者からハラスメントに関する事実関係の調査を依頼された場合、申告内容に応じ必要な範囲で、関係者の社内における地位や人間関係を把握できる社内組織図、関係者の入社年数や社内での異動歴・職務経験等を

把握できる資料、当該企業の就業規則やハラスメント関連規程、当該企業で過去に実施されたハラスメントに関する研修資料や行為者の受講歴、行為者が過去に懲戒処分や注意等を受けたことがある場合その内容がわかる資料、当該使用者において過去にハラスメントに関する懲戒処分等を行ったことがある場合には事案及び処分内容がわかる資料等の基礎資料を入手、精査する必要がある。

　関係者のヒアリングの日程や実施場所については、被害者の希望も考慮したうえで、可及的速やかに調整し、ヒアリングを実施すべきである。ヒアリングに当たっては、５Ｗ１Ｈ及び時系列を意識した具体的な事実関係の確認を行うことに加え、被害者と行為者との関係性、具体例のように被害申告に至るまでに一定の時間が経過しているようなケースでは、申告に至るまでの経緯や被害者の心情の変化に関する聴き取りも必要となる。また、被害者、行為者以外のヒアリング対象者（目撃者等）の選定に当たっては、その者の供述を得る必要性と、関係者のプライバシー保護の要請とを衡量し、必要十分な範囲でヒアリングを実施できるよう検討する必要がある。なお、ヒアリングの実施に先立ち、ヒアリング対象者に対し、ヒアリングを受けた事実やヒアリングでのやりとりを口外しないことや、被害者・通報者への報復とみられる言動の禁止について説明することも必要である。

　被害者が、行為者による報復や社内の人間関係の悪化を懸念し、ヒアリングの過程において被害者の名前を行為者に告げることを躊躇するケースもある。この場合、調査自体による精神的被害の拡大を避けるために慎重に対応する必要があるが、被害者の名前を出さないと、具体的な事実に関する行為者へのヒアリングを実施することができず、適切な事実認定や処分を行うことが困難と考えられるケースでは、その点につき被害者に説明のうえ、協力を求める必要があるケースもあろう。

　また、セクシュアルハラスメントの事案では、被害者が異性によるヒアリングに対し拒否感を示すことも多く、その場合、ヒアリング実施者の選定に当たっては、可能な限り配慮すべきである。

　具体例のように、LINEやメールでのやりとりが問題となるケースでは、ヒアリングに先立ち、関連するやり取りのコピーやデータを提出してもらうか、少なくともヒアリング中に問題となるメッセージそのものを確認できるよう、関連資料一切を持参するようヒアリング対象者に伝える等の事前準備

も必要になる。

　なお、ハラスメントに関する調査を行うに当たり、懲戒処分としての出勤停止とは別に、調査の円滑な遂行のため、行為者について、**出勤停止や自宅待機**を命じる必要があると考えられるケースも多い。このような出勤停止・自宅待機について、労働者には就労請求権がないことから、使用者が賃金を支払い、かつ、かかる出勤停止・自宅待機を命じることにつき相当な事由がある場合には、使用者は、たとえ就業規則における明示の根拠がない場合であっても、業務命令として出勤停止・自宅待機を命じることが可能と解されている（ただし、業務命令権の濫用に当たる場合には無効とされ得る。ネッスル事件・東京高判平成2年11月28日労民41巻6号980頁〔27809132〕、星電社事件・神戸地判平成3年3月14日労働関係民事裁判例集584号61頁〔27810327〕等）。出勤停止・自宅待機期間中に賃金を支払わない措置については、裁判例上、当該労働者を就労させないことにつき、不正行為の再発、証拠隠滅のおそれなどの緊急かつ合理的な理由が必要とされているため（日通名古屋製鉄事件・名古屋地判平成3年7月22日労判608号59頁〔27810721〕等）、大半のケースでは、賃金を支払ったうえで出勤停止・自宅待機とするのが穏当といえる。

（2）事実認定に関する留意事項

　特にセクシュアルハラスメントの事案においては、被害者と行為者の供述が一致せず、行為者は申し立てられた事実の全部又は一部を否認しており、当該事実の有無につき客観的な証拠も存在しない、というケースもあり得、そのようなケースでは、被害者、行為者双方の供述の信用性を検討し、事実認定を行うことになる。

　例えば、青森セクハラ（バス運送業）事件（青森地判平成16年12月24日労判889号19頁〔28100948〕）は、原告が主張するセクハラ行為を行為者が全面的に否認しており、これに関する客観証拠も存在しなかった事案であり、事実認定の手法として参考になる。この裁判例では、出張時に宿泊した旅館において、行為者が原告の部屋に入り込み、原告を布団に押し倒し、下着を脱がせたり、乳房を触ったり、抱擁する等したという原告の事実主張について、行為者は全面的に否認していた。裁判所は、原告の供述について、供述内容が一貫していること、その内容が具体的で臨場感に満ちていること、

被害の申告が遅れたことについても行為者と原告の立場、従前の経緯等を踏まえれば不自然ではないこと、その内容に不自然、不合理な点もうかがわれず、原告が虚偽の供述をする必要性も特にうかがわれない等としてその信用性は高いと認定し、一方で、行為者の供述については、その供述内容や態度は全体として弁解に終始するものと評価せざるを得ず、これを信用することはできないとして、双方の供述の信用性を比較したうえで、原告主張の事実の存在を認定している。その他、セクシュアルハラスメントの事案で、被害者の供述の信用性について詳細に判断している裁判例として、秋田県立農業短期大学事件（仙台高秋田支判平成10年12月10日判タ1046号191頁〔28040972〕）、日本HP本社セクハラ解雇事件（東京地判平成17年1月31日判タ1185号214頁〔28101279〕）等もあり、参考にされたい。

　また、加害者とされた労働者から、被害者から拒否の姿勢を示されたことはなかった、被害者も自分に好意を抱いていると認識していたなどの弁明がなされることも考えられる。この点に関連して、**海遊館（L館）事件**（最判平成27年2月26日判タ1413号88頁〔28230774〕）は、「職場におけるセクハラ行為については、被害者が内心でこれに著しい不快感や嫌悪感等を抱きながらも、職場の人間関係の悪化等を懸念して、加害者に対する抗議や抵抗ないし会社に対する被害の申告を差し控えたりちゅうちょしたりすることが少なくないと考えられる」として、被害者から行為者に対し明白な拒否の姿勢が示されていなかったとしても、それをもって行為者に有利にしんしゃくすることは相当でないと判示している。また、熊本地判平成9年6月25日判時1638号135頁〔28031933〕においては、被害者と行為者の間に一定期間性的関係が継続していた事案において、被害者の合意を否定し、不法行為の成立を認めており、ワカホ事件（東京地判平成24年6月13日労経速2153号3頁〔28182394〕）では、不倫関係にあったとの行為者の反論が認められず、セクハラ行為を理由とする損害賠償請求が認容されている。これらの裁判例に鑑みると、上記のような行為者の弁明については安易にこれを信用すべきではなく、被害者と行為者との関係性等も考慮のうえ、その信用性を慎重に判断すべきといえる。

3. 懲戒処分

　ハラスメントに対する事後の適切な措置には、使用者が、認定された行為に対し、適切に**懲戒処分**を実施することも含まれる。まず、懲戒処分を実施する場合、弁明の機会の付与、懲戒委員会の開催等、就業規則等社内規程に則した手続を踏む必要がある（懲戒処分発令時の留意点については、第11章も参照されたい）。また、懲戒処分を行うに当たっては、調査の結果認定された事実の懲戒事由該当性及び相当性の検討が必要となるところ（労契法15条）、相当性判断に当たっては、行為者の地位・役職、行為者の態度（反省の有無等）、行為者への過去の指導や懲戒処分歴、当該使用者が過去にハラスメント事案への懲戒処分を行ったことがある場合にはその内容、当該使用者におけるハラスメント防止に向けた過去の取組状況、同種事案に関し懲戒処分の有効性が争われた裁判例がある場合には裁判例と具体的な事案との比較検討等が必要となる。

4. 人事異動

　ハラスメントの事案で、懲戒処分とは別途人事上の必要性に基づき行う**人事異動**については、二重処罰には該当しないと考えられている。セクハラ防止指針、パワハラ防止指針上の措置義務の1つである事後の迅速かつ適切な対応の一例としても、被害者と行為者を引き離すための配置転換が挙げられており、裁判例上も、例えば、さいたま市（環境局職員）事件（東京高判平成29年10月26日労判1172号26頁〔28254563〕）においては、「安全配慮義務のひとつである職場環境調整義務として、良好な職場環境を保持するため、職場におけるパワハラ……を防止する義務を負い、パワハラの訴えがあったときには、その事実関係を調査し、調査の結果に基づき、加害者に対する指導、配置換え等を含む人事管理上の適切な措置を講じるべき義務を負う」との判断が示されている。被害者と行為者を引き離すための配置転換については、被害者から特に自らが異動したいとの要望がない限り、被害者ではなく、行為者の異動を検討すべきケースが多く、被害者の希望を踏まえて被害者の側を異動させる場合でも、後に不利益取扱いとの主張がなされないよう、被害者の真意を慎重に確認のうえ、被害者の同意を得たうえでの措置で

あることのエビデンスを残しておく必要がある。

　なお、人事異動については、判例上、「業務上の必要性が存しない場合又は業務上の必要性が存する場合であっても、……他の不当な動機・目的をもつてなされたものであるとき若しくは労働者に対し通常甘受すべき程度を著しく超える不利益を負わせるものである」ときには、権利濫用により無効とされるリスクがある（東亜ペイント事件・最判昭和61年7月14日判タ606号30頁〔27613417〕等）ため、異動後の業務内容や勤務先等については、かかる基準も念頭に検討する必要がある（人事異動に関する留意点については、第8章も参照されたい）。また、会社の規模等により人事異動が困難である場合であっても、使用者として職場環境配慮義務ないし安全配慮義務を尽くしたと認められるためには、レポートラインの変更、座席替え、担当業務の変更等により、加害者と被害者の業務上の接点をなくす等、**会社の規模等に応じ合理的な措置をとる必要がある**（N商会事件・東京地判平成31年4月19日労経速2394号3頁〔28274551〕等）。

5. 再発防止策の重要性

　ハラスメント案件へのアドバイスにおいては、個別具体的な事案への対応にとどまらず、**再発防止策**の提言も重要になる。再発防止策として、人事規程の見直しやハラスメントの相談窓口・通報制度が適切に機能しているかの検証は最低限行う必要があると考えられるが、調査によりハラスメント発生の原因となった背景事情が明らかになった場合には（例えば、ハラスメントの背景に、不適切な業界慣行や企業風土の問題が潜んでいることは少なくない）、その内容を踏まえ、外部の弁護士や社労士による、個別具体的な業界・企業事情を踏まえてカスタマイズされたハラスメント研修を実施すること等も検討に値する。

　パワーハラスメントに関しては、ハラスメント防止の必要性がある一方で、ハラスメントの申立てを恐れるあまり、管理職が過度に委縮し、部下に対し本来必要な業務上の注意・指導を行うことまで躊躇してしまうとのリスクもある。そのため、部下の指導を行うポジションにある従業員を対象に、ロールプレイやグループディスカッションを取り入れた管理職研修を実施し、部下とのコミュニケーションのとり方を再考する機会を設けること

や、部下への指導の際に特に留意すべき点や避けるべき言動を具体的に意識付けすること等も有用である。

> **COLUMN**
>
> ## 弁護士による相談窓口担当者研修の実施を
> （井寄奈美 特定社会保険労務士 執筆）
>
> 　企業実務において、ハラスメント相談窓口での初期対応は企業の人事担当者が行うことが多い。人事担当者は、相談窓口での対応スキルを修得する場がなく困っているとの声を聞く。
>
> 　一般的に企業では、相談は広く受け付け、相談ごとに、「ハラスメント該当が疑わしい『苦情』事案（『上司から自分だけ声をかけてもらえない気がする』など）」なのか、「調査が必要なハラスメント該当が疑われる事案」であるのか仕訳を行っている。まずこの段階での「仕訳」で頭を悩ませている。
>
> 　さらに、調査対象事案とした場合に、担当者は両当事者からヒアリングを行うこととなるが、時系列での事実関係の整理に慣れていないこと、被害者・加害者の意見が食い違った場合の対応、第三者からの調査の範囲などにも苦慮しているようである。
>
> 　顧問弁護士がいる場合は助言を得たり、実際にヒアリングに立ち会ってもらうことになろうが、顧問弁護士がおらず、労使の対立が深まってから弁護士に対応を依頼した場合に初期対応のまずさが露見することになり得る。
>
> 　ハラスメント事案については、初期対応が重要である。相談対応や、事実関係及び論点整理に長けた弁護士に相談窓口担当者向けの研修を実施していただきたいと考える。
>
> （参考　企業担当者向けの相談マニュアルとして
> 山浦美紀＝大浦綾子『実務家・企業担当者のためのハラスメント対応マニュアル』新日本法規（2020年））

〈参考文献〉

菅野和夫＝山川隆一『労働法〈第13版〉』弘文堂（2024年）

中井智子編著『ハラスメント対応の法律相談』青林書院（2023年）

弁護士法人ロア・ユナイテッド法律事務所編『ハラスメント対応の実務必携Ｑ＆Ａ
　多様なハラスメントの法規制から紛争解決まで』民事法研究会（2023年）

東京弁護士会弁護士研修センター運営委員会編『弁護士専門研修講座　働き方改革
実現のための　企業労務の重要ポイント〜労働時間管理・ハラスメント・同一労働
同一賃金』ぎょうせい（2020年）

白石哲編著『労働関係訴訟の実務〈第２版〉』商事法務（2018年）

　　　　　　　　　　　　　　　　　　　川田由貴（かわた　ゆき）　弁護士

第**18**章	労災と企業責任

具体例

　相談者Ｘは、父が勤務中に心臓発作を起こして死亡した原因は発症前の過酷な勤務が原因であるとして、労災での適切な認定を受けることを希望するとともに、勤務先であるＹ社の責任追及をしたいと考えてＡ弁護士に相談した。Ｘの父の死亡に労災が適用されるのはどのような場合か、また労災が認められた場合、Ｙ社に対してどのような責任追及が可能か。Ａ弁護士はＸに対してどのような助言や支援をすべきか。

検討事項

　上記の具体例はいわゆる「過労死」事案における労災保険制度と使用者の責任の問題である。労災の中でも長時間労働に起因する脳・心臓疾患や精神疾患に関する労災認定については厚労省の認定基準が定められており、多くの場合には認定基準に沿った判断がなされているが、訴訟によって労災非該当とした労基署の判断が覆される事案も存在する。

　労災事案において適切な認定を得るためには労災申請段階から法律家が支援をすることが必要である。そこで、本章では特に問題となるケースの多い脳・心臓疾患と精神疾患を中心に労災と企業責任の概要を説明し、各手続における認定要件や裁判例の概要、弁護士が関与する場合の留意点を説明する。なお、前提となる労災保険制度の概要については第19章を参照されたい。

基本情報

1. 労働災害

（1）労働災害の発生状況

　厚労省によると2023（令和５）年の労働災害での休業４日以上の死傷者数は16万9,008人であり、うち死亡者数が759人と過去最小であった。なお新型

コロナウイルス感染症へのり患による労働災害の死傷者数は3万3,637人（うち死亡4人）であり、前年より12万2,352人減と大幅な減少になっている。

死亡事故は墜落・転落事故が最も多く、はさまれ・巻き込まれ事故も多い。負傷者も含んだ事故類型では転倒が最も多く、腰痛等の動作の反動・無理な動作による事故も多い。また、業種別の死傷者数は製造業（特に食料品製造業）での事故が最も多く、以下、商業、保健衛生業、陸上貨物運送業の順番で多い。

このように、労災はあらゆる業種で発生する危険があるため、企業に関与する弁護士においても最低限の知識を身につけておく必要がある。労災保険制度の詳細や求められる労災防止措置については第19章で詳述するが、本章では特に法的紛争が生じがちな「長時間労働」及び「精神疾患」について弁護士の視点からの解説を行う。

（2）長時間労働に起因する労災

ア　脳・心臓疾患と労災

長時間労働により疲労や心理的負荷が過度に蓄積すると、労働者の心身の健康を損なう危険があることは周知のところであり（電通事件・最判平成12年3月24日民集54巻3号1155頁〔28050603〕）、これにより脳・心臓疾患や精神疾患を発症して最悪の場合には死に至るいわゆる「過労死・過労疾病」が問題となっている。

脳・心臓疾患の労災認定については、厚労省の通達（平成13年12月12日基発1063号）において、①発症直前から前日までの間に、発症状態を時間的・場所的に明確にできる異常な事態に遭遇した場合、②発症に近接した時期（おおむね1週間）に特に過重な業務に従事した場合、③**発症前1か月におおむね100時間、又は発症前2か月ないし6か月にわたって、1か月当たりおおむね80時間を超える時間外労働**や著しい疲労の蓄積をもたらす特に過重な業務に従事したことが認められる場合には、労働による過重負荷により発症した脳・心臓疾患を業務上の疾病として取り扱うこととされている。「過重な業務」や「著しい疲労の蓄積をもたらす特に過重な業務」かどうかの判断に当たっては、労働時間のほか、不規則な業務、拘束時間の長い業務、出張が多い業務、交代制勤務・深夜勤務、作業環境、精神的緊張を伴う業務の要素を考慮し総合的に判断される。また、時間外労働時間がおおむね月45時

間を超えて長くなるほど業務と発症との関連性が徐々に強まると評価できることが基準に明記されている。労働者の健康状態等には個人差があるが、上記通達では「当該労働者と同程度の年齢、経験等を有する健康な状態にある者のほか、基礎疾患を有していたとしても日常業務を支障なく遂行できる者」を基準とするとしている点にも留意が必要である。

　なお、2021（令和3）年9月14日付で基準の改定がなされ、長時間の過重業務の評価に当たり労働時間と労働時間以外の負荷要因を総合評価して労災認定することが明確化されたほか、過重業務の労働時間以外の負荷要因の見直し、短時間の過剰業務や異常な出来事の業務と発症との関連性が強いと判断できる場合の明確化、対象疾病への「重篤な心不全」の追加がなされている。

イ　精神疾患と労災

　うつ病などの精神疾患の労災認定については従来から「心理的負荷による精神障害の認定基準について」に基づき判断がなされていたが、精神障害の労災認定の基準に関する専門委員会報告書（令和5年7月）を踏まえ、2023（令和5）年9月に認定基準の改定がなされている（令和5年基発0901第2号）。

　基準では**心理的負荷の程度**を「弱」「中」「強」に区分し、心理的負荷の程度について「強」に相当すると評価できるような具体的出来事が認められる場合には原則として当該疾病は業務上の疾病に当たるとする。具体的には、基準別表1に記載された「特別な出来事」に該当する具体的事実が認められる場合には心理的負荷が「強」と判断される。「特別な出来事」が存在しない場合には、別表1の「具体的出来事」の類型や具体例、心理的負荷の総合評価という判断枠組みに原因となる出来事をあてはめて心理的負荷の強度が判断される。例えばハラスメントであれば「⑤対人関係」の類型の「（ひどい）嫌がらせ、いじめ、または暴行を受けた」という出来事の判断枠組みを用い、具体的なハラスメント行為が人格や人間性の否定に及び、かつこれが執拗に行われた場合であれば、具体例の「強」に当てはまるため心理的負荷は「強」と判断される。また、具体例に合致しない場合には、総合評価の視点である「嫌がらせ、いじめ、暴行の内容、程度等」や「継続する状況」を考慮し個別判断される。なお、長時間労働については①特別な出来事として

の極度の長時間労働（発症直前の1か月間におおむね160時間以上、又は発症直前の3週間におおむね120時間以上の時間外労働を行った場合）や、②心理的負荷が「強」となる出来事としての長時間労働（発症直前の2か月間連続して1月当たりおおむね120時間以上、又は発症直前の3か月間連続して1月当たりおおむね100時間以上）、③他の出来事と関連した長時間労働（転勤して新たな業務に従事し、その後月100時間程度の時間外労働を行った）が明記されている。

対象となる期間は**発症前おおむね6か月が評価の対象**となるが、いじめやセクシュアルハラスメントのように出来事が繰り返されるものについては特例が設けられている。

出来事が複数ある場合については、相互に関連性がある場合には全体を1つの出来事として評価される。関連しない出来事が複数生じた場合、個々の心理的負荷の強度を判定したうえで、出来事の数やそれぞれの出来事の内容、時間的な近接の程度を考慮して全体の評価がされる。そのため、個々の出来事についての心理的負荷が「中」であっても、総合判断の結果心理的負荷の程度が「強」とされることもある。

対象となる精神疾患は「国際疾病分類第10回修正版（ICD-10）」第Ⅴ章「精神及び行動の障害」に分類されるものである。ただし、認定基準では対象疾病のうち業務に関連して発病する可能性のある精神障害は主としてICD-10のF2～F4に分類されるものとされている。また、認定においては対象疾病の発症時期がどこになるかが認定要件との関係で極めて重要である。

精神疾患における最も深刻な結果は労働者の自殺である。本来、自殺は本人の意思が介在するものであり、「労働者の故意による死亡」として労災保険給付の対象とはならないことが原則であるが、発症した精神疾患により労働者が正常な認識、判断力を持ち得なくなった結果である場合には、業務上の死亡と認定される。

(3) ハラスメントと労災

ハラスメントにより精神疾患を発症した場合の労災の取扱いについては、セクシュアルハラスメントに関しては2011（平成23）年12月改定の精神障害の労災認定基準において既に要件が明示されていたが、2020（令和2）年6

月に施行された改正労働施策総合推進法においてパワーハラスメントの定義が法律上規定されたことを踏まえ、基準にもパワーハラスメントが明記された。

また、近時では社内でのハラスメントのみならず、顧客等の社外者によるハラスメント（カスタマーハラスメント）が社会問題となっているが、精神障害の労災認定基準でもこのような社会情勢の変化等に鑑み、2023（令和5）年9月の改定において具体的出来事として「顧客や取引先、施設利用者等から著しい迷惑行為を受けた」（いわゆるカスタマーハラスメント）が追加されている。なお、改定ではハラスメントを含む具体的出来事について心理的負荷の強度の判断における具体例が詳細に記載され、どのような場合に労災となり得るかが一層明確になった。

(4) 結果と業務との関連性（業務起因性）

労災に関し労使間で特に争いが生じるのは、当該事故（結果）が業務に起因して発生したか否か（業務起因性）である。業務起因性が認められない場合、当該結果は労災保険の対象とならず、また後述する安全配慮義務違反における因果関係を否定する方向に働く可能性が高い。

労災保険制度における業務起因性に関する詳細情報は第19章で解説されているので、そちらを参照されたい。また、業務起因性の争い方については本章3．で詳述する。

2. 労災事故における企業責任の内容

(1) 民事責任

ア　安全配慮義務

労働契約上の使用者は「労働契約に伴い、労働者がその生命、身体等の安全を確保しつつ労働することができるよう、必要な配慮をする」義務がある（労契法5条）。労契法の成立前より安全配慮義務については判例法理として認められていた（最判昭和50年2月25日民集29巻2号143頁〔27000387〕、最判昭和59年4月10日民集38巻6号557頁〔27000021〕）。労契法5条はかかる判例法理を成文化したものである。

安全配慮義務は使用者に課せられる結果予見義務及び結果回避義務であるが、その具体的内容は一義的に定められるものではなく、**使用者の業種、当該労働者の業務、損害が生じた際の状況等により個別具体的に考える**必要がある。使用者側に当該労働者の業務量を適切に配分するという安全配慮義務が課されているとする判例（前掲電通事件判決）もある。また、請負事業等で直接には雇用関係のない下請労働者であっても、元請企業の管理する設備工具等を用い、事実上元請企業の指揮監督を受けて稼働し、その作業内容も元請企業の従業員とほとんど同じである等の事情がある場合には、元請事業者が下請労働者に対して安全配慮義務を負うこともある（三菱重工（三菱難聴一、二次訴訟）事件・最判平成３年４月11日判時1391号３頁〔27811185〕）。

　労契法５条の規定は抽象的なものであり、実際の義務については個別具体的な場面ごとに判断される。使用者に労働関係法令違反の事実があったとしても、直ちに安全配慮義務違反が認められるわけではない。逆に労働基準監督署から労働関係法令違反の指摘を受けていない点は安全配慮義務違反がないことの理由にならない（大阪地判昭和56年５月25日判タ449号153頁〔27405533〕）。

　安全配慮義務違反について企業に故意又は過失がない場合には義務違反による責任は発生しないが、安全配慮義務違反の事実が認められる場合、当該事実の発生を予見できた、又は回避すべきであったと判断される可能性は高く、**無過失による免責は極めて限定的な場合になる**と考えられる。そのため、実務上は安全配慮義務違反の有無が主要な争点となる場合が多い。また、相当因果関係（業務起因性）の有無が争点となる場合もある。これらの判断は労災における判断とは必ずしも一致しないものであるが、労災認定における判断が相当程度影響する傾向はある。

　なお、労災と企業の民事賠償責任の関係に関する裁判官の論考としては、大島眞一＝戸取謙治「いわゆる過労死及び過労自殺における使用者の損害賠償責任」判例タイムズ1348号（2011年）37頁、1349号（2011年）38頁、石村智「労災民事訴訟に関する諸問題」判例タイムズ1425号（2016年）30頁が詳しい。

COLUMN

テレワークと安全配慮義務

　新型コロナ禍において導入が進んだテレワークは働き方の1つとして定着したといえる。他方、急激に導入が進んだこともあり、必要な規定の整備やテレワークでの労務管理にはまだ不十分な点も残されている。特に直接の労働時間の管理が困難というテレワークの性質上、長時間労働に陥りやすいという点には注意すべきである。テレワークで精神疾患発症前2か月の時間外労働が月100時間超になっていた事案で労災認定がなされた例もある。

　厚労省では「テレワークの適切な導入及び実施の推進のためのガイドライン」（2021年3月）、「テレワークにおけるメンタルヘルス対策のための手引き」（2022年3月）を公表し、テレワークにおけるメンタルヘルス対策の留意点やポイントを提示している。これらを参考に、テレワークに適合した労働時間管理体制の構築や労働者のメンタルヘルス対策を社労士とも連携して構築する必要がある。

イ　不法行為責任

　使用者が被災労働者に対して負う不法行為責任は、一般不法行為のほか、使用者責任や土地工作物責任がある。

　安全配慮義務違反による債務不履行責任との関係では、要件・効果を異にする別個の請求権として請求権競合の関係に立つ。もっとも、他の従業員の故意又は過失による加害行為があるような例外的な場合を除き多くの労災事故では不法行為責任における故意・過失は安全配慮義務違反と重なる部分が多く、**安全配慮義務違反の内容及び義務違反の事実は原告に主張立証責任がある**とするのが判例（航空自衛隊芦屋分遣隊事件・最判昭和56年2月16日民集35巻1号56頁〔27000152〕）であるので、要件について両者に実質的な差異はない。因果関係も債務不履行責任・不法行為責任のいずれにおいても相当因果関係を必要とするのが判例であり、その主張立証責任はいずれも原告にあるため、この点の差異もない。安全配慮義務違反に基づく賠償請求にか

かる弁護士費用相当額についても損害とするのが判例（最判平成24年2月24日判夕1368号63頁〔28180579〕）であって、この点にも相違はない。過去には消滅時効期間に差異があったが、債権法改正により生命・身体の侵害による不法行為の損害賠償請求権の消滅時効期間が権利を行使できることを知った時（債務不履行責任）又は損害及び加害者を知った時（不法行為責任）から5年、及び損害発生から20年（民法167、724条の2）とされたため、この点でも両者を区別する実益は乏しくなった。

差異がある点は、**遺族固有の慰謝料**が認められるか否か（債務不履行責任では否定、最判昭和55年12月18日民集34巻7号888頁〔27000158〕）と、**遅延損害金の起算点**（不法行為時か請求時か）である。

ウ　労災保険制度

労働者に業務上の負傷、疾病、死亡という事象が生じた場合の補償として、労基法上の災害補償、及び労災保険法上の災害補償制度が存在する。このうち、労基法上の災害補償制度が実務上問題となることは稀であり、多くは労災保険法上の災害補償制度による補償がなされる。労災保険の詳細については第19章を参照されたい。

労災保険法による保障は行政政策の一環としての保険給付であり、**契約責任である使用者の安全配慮義務とはその性質を異にする。**また、その判断基準や判断者も異なるため、労災と認められた場合に必ず安全配慮義務違反があるという関係には立たない。通常は社会保障である労災保険給付のほうが安全配慮義務より認められる範囲が広いと考えられる。もっとも、労災認定は使用者の安全配慮義務違反の有無の認定においても重要な判断材料とされることも多い。企業責任との関係で重要なのは、**労災補償では被災労働者に生じた損害全てが保障されるわけではなく**（慰謝料や積極損害の一部はてん補されない）、使用者側に労災補償でてん補されなかった部分についての賠償責任が生じることである。

エ　過失相殺・損益相殺

損害の発生につき労働者に過失がある場合には賠償額の算定に当たり過失相殺がなされるが、安全配慮義務違反の場面においては厳密な意味での過失のほか、労働者に基礎疾患がありそれが損害の発生や拡大に寄与した場合な

ど損害発生に労働者側の要因が寄与した場合にも過失相殺的な処理がなされることがある。なお精神疾患の事案において労働者の性格（うつ病親和性）が過失相殺事由として主張されることもあるが、個人の個性の多様さは使用者において当然想定したうえで労務管理を行うべきものであり、通常想定される範囲内の性格傾向を理由に過失相殺をすることは認められないと理解されている。

　労働者が労災補償を受けている場合には、**既に支払われた保険給付に相当する金額（療養補償、休業補償等）は損益相殺の対象となる**。ただし、年金として支給される障害補償給付・遺族補償給付のうちいまだ受領していない部分については損益相殺の対象とならない（三共自動車事件・最判昭和52年10月25日民集31巻6号836頁〔27000271〕）ことに留意が必要である。そのほか、**異なる費目についての損益相殺はできない**（東都観光バス事件・最判昭和58年4月19日民集37巻3号321頁〔27000048〕）ことや、**特別支給金は損益相殺の対象とはならない**（コック食品事件・最判平成8年2月23日民集50巻2号249頁〔28010234〕）点にも留意すべきである。また、労災保険法64条1項1号は使用者に対し労災保険法所定の前払一時金相当額の支払猶予の抗弁権を認めている。なお、同条による支払猶予の対象について判示した裁判例として東京地判平成24年3月7日判タ1388号183頁〔28212107〕がある。

オ　取締役・従業員の個人責任

　安全配慮義務は原則として使用者が負担する義務であり、安全配慮義務違反が認められる場合であっても必ずしも取締役や従業員の個人責任が生じるわけではない。

　もっとも、取締役には職務上の善管注意義務として企業の安全配慮義務の履行体制を構築すべき義務があり、これらの義務に違反した場合には取締役としての責任が生じることがある。裁判例でも過労死事案やハラスメント事案において取締役の責任が認められた例がある（大庄ほか事件・大阪高判平成23年5月25日労判1033号24頁〔28174954〕、池一菜果園ほか事件・高松高判令和2年12月24日判時2509号63頁〔28290187〕）。また、特定の従業員の故意・過失行為（ハラスメント等）により労災事故が発生した場合には当該個人に対しても不法行為責任（民法709条）が成立する。

（2）刑事責任

　労災事故が発生した場合、事故発生に対し過失がある者は業務上過失致死傷罪（刑法211条）による刑事処罰の対象となる。また労働安全衛生法（労安法）において定める危険防止措置義務違反が認められた場合、当該措置義務を履行すべき権限と責任を有していた実行行為者とともに、両罰規定により企業も刑事処罰の対象となる（労安法117条〜120、122条）。なお、労安法では労働災害の惹起が要件とはされていないが、実務上は重大労災事故の発生を端緒として処分がなされる場合が多い。その他にも労基法36条6項に違反する長時間労働がなされた場合に刑事責任（労基法119条1号、121条）が問われることもある。

3. 労災事件への弁護士の関与

（1）被災労働者側の代理人として

ア　労災申請手続

　労災で被災した労働者から相談を受けた場合、まずは**労災認定の判断を先行**させることが便宜である。前述したとおり、労災認定の判断は必ずしも安全配慮義務違反の有無と一致するものではないが、労災が認められない場合は安全配慮義務違反（又は相当因果関係）が認められる可能性も低くなるため、まずは労災認定を得ることに注力すべきである。特に脳・心臓疾患については時間外労働時間の認定のほか、いわゆる「過労死ライン」に至らない水準であってもこれに近い時間外労働がある場合に業務起因性が認められる場合もあること、精神疾患についても具体的出来事の評価や複数の出来事をどう評価するなど、当てはめ次第では結論が変わり得る要素がある。代理人としては認定基準を踏まえたうえで被災労働者や関係者からの聴き取り等により事実関係を十分把握することが必要である。また、当事者が重要と考えていない事実関係でも認定基準への当てはめの仕方によっては結論を左右することもあるため、関連しそうな事実については幅広く確認することが望ましい。そのうえで、認定手続の時点で代理人意見書を労基署に提出し、労災基準に該当することを主張しておくべきである。

労災への申請は多くの場合使用者側が自ら又は社労士に依頼して行うが、特に過労死事案やハラスメント事案では使用者側が労災の申請を拒む場合があり、その場合には被災労働者側で申請手続を行う必要がある。申請手続の概要については第19章で解説するが、本章で特に説明すべき点として事業主証明書欄への記入について触れておく。労災申請にあたっては傷病の年月日・時刻、災害の原因及び発生状況等について事業主が証明を行う部分があるが、事業主において申請に非協力的な場合、証明を求めても拒絶されることが珍しくない。このような場合、申請者において「会社から事業主証明書欄への記載を拒否された」旨の報告書と会社への依頼書の写しを添付して申請することで証明なしでも手続が行える。

イ　不認定の場合
（ア）　審査請求
　労働基準監督署長による不支給処分等の決定（原処分）に不服がある場合、審査請求を行うことができる。審査請求は決定を行った原処分庁の労働基準監督署長を管轄する都道府県労働局に置かれている労働者災害補償保険審査官に対し行う。審査請求ができるのは原処分があったことを知った日の翌日から3か月以内（労働保険審査官及び労働保険審査会法（労保審法）8条1項）である。審査請求は口頭又は文書で直接審査官に対して行うことができるほか、審査請求人の住所を管轄する監督署長や原処分をした監督署長を経由してすることもできる。審査（再審査）請求書の書式や記載例については厚労省のホームページで公開されている。
　なお、支給処分決定に対しても、例えば後遺症の認定等級に不服があるような場合には審査請求・再審査請求が可能である。審査請求に対しては不利益変更の禁止が法律上規定されている（行政不服審査法48条、66条1項）。
　審査請求があると担当審査官は審査請求人からの聴取を行うとともに原処分庁に対しても意見を聞き（通常は意見書の提出を求めることが多い）、また独自に資料を収集する等して、原処分を取り消すかどうかの判断がなされる。また、審査請求人は提出された文書その他の物件の謄写や写しの交付を求めることができ（労保審法16条の3）、原処分庁である労働基準監督署長に対して質問を行い、審査官に対して意見を述べる機会を求めることができる（同法13条の3）。

第18章　労災と企業責任

審査官からの聴取に対しては、申立人が原処分の不当性について説得的な意見を述べる必要がある。もっとも、原決定の決定通知書には1〜2行程度の理由しか書かれていないため、通知書では十分な理由の把握ができない。そこで、個人情報の保護に関する法律に基づく情報開示請求を行い、労基署が調査・収集した記録を入手する必要がある。情報開示請求では関係者の個人情報に関わる部分がマスキングされるという限界はあるが、調査復命書の一部が開示されるため、原処分庁がどのような枠組みや証拠により判断をしたのかを推定する手がかりとしては十分である。

（イ）再審査請求

審査官の決定に不服がある場合、又は審査請求後3か月を経過しても審査官による決定がない場合には、労働保険審査会に対して再審査請求をすることができる。再審査請求は審査会に対して文書で行うほか、再審査請求人の住所を管轄する監督署長や原処分をした監督署長若しくは審査官を経由してすることもできる。再審査請求における不服申立期間は審査請求の決定書謄本が送付された日の翌日から2か月以内（労保審法38条1項）である。当事者の意見陳述権（同法45条）や再審査請求人による文書その他の物件の閲覧謄写権（同法50条、16条の3）は審査請求と同様に認められている。

再審査請求においては、原処分庁から審査請求時に提出された一件記録の写しがマスキングされずに請求人に交付される（ただし争点に関係ないとして一部省略されることもある）。審査請求段階での情報開示請求では関係者の個人情報がマスキングされることは前述のとおりであるが、行政訴訟提起後の送付嘱託によっても同様にマスキングがされる可能性があるため、再審査請求によってマスキングのない記録が入手できることは後の行政訴訟を見据えても極めて重要であり、そのために再審査請求を行う価値は十分ある。

（ウ）　行政訴訟

審査請求や再審査請求によっても結論が是正されない場合、当該処分の取消しを求めて行政訴訟を提起することができる。出訴期間は審査官が作成した決定書の謄本が審査請求人に送付された日又は労働保険審査会が作成した裁決書の謄本が請求人に送達された日の翌日から6か月以内である。なお、処分取消訴訟において取消しを求めるのは原処分である労働基準監督署長に

よる不支給（支給）決定であり、審査請求に対する審査官の決定や再審査請求に対する労働保険審査会の裁決ではない。

処分取消請求訴訟においては原告側で当該給付請求権を発生・成立させる要件事実についての主張立証責任がある。具体的には訴訟要件のほか、支給要件として①労働者性、②受傷・発症・死亡の結果及びその業務起因性、③業務遂行性、④その他各給付に固有の支給要件の充足などがある。どの要件が争点となるかは事案によって異なり、例えば過労死事案やハラスメント労災事案では業務起因性が争われることが多い。原告側では前述した情報開示請求で入手した資料や再審査請求時に交付された一件記録のほか、独自に収集した証拠等を用いて認定要件を充足することを主張立証する必要がある。**また、裁判所は行政機関が策定した基準に拘束されない**（国・半田労基署長事件・名古屋高判平成29年3月16日労判1162号28頁〔28251204〕）ので、特に脳・心臓疾患や精神疾患の事案において労災基準に該当しない場合であっても具体的事情に照らして業務との因果関係が認められることを説得的に主張することが重要である。

行政訴訟と再審査請求は同時並行で行うこともできるため、審査請求が棄却された場合、主戦場を行政訴訟としつつ一件記録の写しの入手のために再審査請求も同時に行うこともある。

ウ　使用者に対する損害賠償請求

使用者に責任があると考える場合、使用者に対して安全配慮義務違反又は不法行為に基づく損害賠償を請求することになる。その際に争点となる部分は事案によって相違があるが、災害性労災事故の場合には安全配慮義務の存在・内容や義務違反の有無が争われることが多く、過労死や精神疾患の場合には業務起因性が争点となることが多い。また、ハラスメントによる精神疾患の場合にはハラスメント行為の有無が争点となる傾向がある。**いずれの争点についても原告側に主張立証責任がある**ため、訴訟提起に当たっては十分な証拠を確保することが必要であり、必要に応じて証拠保全手続等も検討すべきである。

損害賠償請求と労災申請は別手続ではあるが、労災申請手続や審査請求・再審査請求の過程で入手できる資料が極めて重要となることや、前述のとおり労災認定と使用者責任の有無の判断は必ずしも一致しないとはいえ、労災

認定がなされていれば使用者の責任が認められやすいことなど、相互に密接に関連する。労働者側代理人としては、使用者に対する請求段階で関与するだけではなく、確実に労災認定を勝ち取るために労災申請段階から労働者を支援していくことも重要である。

（2）使用者側の代理人として

ア　労災手続における関与

　使用者側は労働者の保険請求に関し協力する義務及び保険給付を行う義務がある。労働者から労災申請手続を求められた場合に使用者が拒否するケースも散見されるが、前述のとおり使用者が事業主証明書欄への記載を拒否したとしても労災申請は可能である。むしろ使用者が非協力的な態度をとった場合、労働者の感情を逆なでする結果となる。また労災隠しをした場合は刑事罰（労安法120条3号、労安則97条）の対象となるので、使用者としては要求があれば積極的に協力することが望ましい。その後は労基署の調査に応じることになるが、ここでも適切に行動する必要があることはいうまでもない。使用者側での具体的な関与のあり方については第19章を参照されたい。

　労災が認定された場合、労働保険の保険料の徴収等に関する法律12条3項に基づくメリット制の適用を受ける特定事業主である使用者は労働保険料の料率が増大する不利益を受ける。そのため使用者に**労災支給処分決定の取消しを求める法律上の利益**（行政事件訴訟法9条1項）があるかが問題となったが、一般財団法人あんしん財団事件（最判令和6年7月4日労経速2559号3頁〔28322117〕）はこれを**否定**した。判決では、使用者が労災支給処分を争うことができるとすると、被災労働者等の迅速かつ公正な保護という労災保険の目的実現のために労災保険給付に係る法律関係を早期に確定するという労災保険法の趣旨が損なわれること、使用者は保険料認定処分に対して不服申立てや取消訴訟で争うことができるので手続保障に欠けることはないと判示している。2023年に**使用者が労災保険料の決定に対して不服を申し立てることができる制度**が導入されており、使用者において労災判断に不服がある場合にはこの制度に基づき争うことができるが、不服申立ての場面において使用者の主張が容れられた場合に使用者の労働者に対する賠償責任がどうなるかなど、今後なお検討が必要な課題は残されている。

イ　損害賠償請求を受けた場合の対応

　労働者から損害賠償請求を受けた場合には、使用者側に安全配慮義務違反又は不法行為の成立が認められるか、責任が生じるとして労働者の請求内容が妥当か、ということを検討することとなる。責任の有無の主張立証については本章２．を参照されたい。また過失相殺や損益相殺が争点となることも多い。損害論については交通事故等の人身損害に対する賠償請求と類似の構造をとるため、「赤い本」などの資料を基に検討をされたい。

ウ　労災事故発生防止のための施策の必要性

　労働者の生命・身体に被害が生じる事故が発生した場合、使用者の賠償責任は多大なものとなることが多い。そのため、労災事故発生の予防は現在の企業経営にとって最大の課題である。一般的な事故発生の施策を講じることはもとより、過重労働やハラスメントによる労働者の健康被害の防止を図ることが経営上求められており、弁護士や社労士においてもこの点は十分に意識して平素から業務に臨む必要がある。使用者の災害防止義務や近時問題となっているメンタルヘルス対策については第19章に詳しい。また、ハラスメント対応では二次被害の防止にも留意が必要である。ハラスメント対応・防止策については第３章及び第17章、労働時間の管理については第５章及び第６章を参照されたい。

　使用者に責任が生じる場合、賠償額は極めて高額となり企業の存亡に関わる事態も生じるほか、使用者に支払能力がない場合には労働者が十分な賠償を受けられない結果も生じ、労使双方にとって不幸な結果となってしまう。そのため、特に財政基盤が弱い中小企業においては、万一の場合に備えて**使用者賠償責任保険**（労災上乗せ保険）に加入することも必要である。

　労災の場面では主に社労士が平時の制度設計や防止対策を行い、弁護士が事故発生時の紛争対応を行っているが、既に述べたとおり両者は緊密に関連するものであるので、社労士・弁護士が日常から相互に連携して平時の制度設計や有事の対応に当たることが労災事故発生防止の観点からも有効と考える。特に弁護士には自身の経験や裁判例を基に同種事例の発生を防止し、又は不幸にして事故が発生した場合に企業の責任を最小限度にとどめるための提案を積極的に行うことが期待される。また、社労士も弁護士の知見を基に有事対応が可能な制度設計や平時対応を行うことが望ましい。

第18章　労災と企業責任

〈参考文献〉

安西愈監修・木村恵子編著『安全配慮義務の実務と対応　今、企業に求められる安全配慮とは』労働調査会（2023年）

大阪過労死問題連絡会編『過労死・過労自殺の救済Q＆A〈第3版〉』民事法研究会（2022年）

岡芹健夫『労働法実務　使用者側の実践知〈第2版〉』有斐閣（2022年）

新潟県弁護士会編『労働災害の法律実務』ぎょうせい（2022年）

佐々木宗啓ほか編著『類型別　労働関係訴訟の実務Ⅰ〈改訂版〉』青林書院（2021年）

白石哲編著『労働関係訴訟の実務〈第2版〉』商事法務（2018年）

古川拓『労災事件救済の手引〈第2版〉』青林書院（2018年）

半田望（はんだ　のぞむ）　弁護士

第**19**章	労災保険制度と企業の災害防止措置 ―精神障害事案における検討

具体例

　Y社で就労する労働者Xについて、無断欠勤が続き、Y社の人事担当者が連絡をとったところ、Xから精神科医による診断書が郵送されてきた。病名は「適応障害」とあり「1か月程度要加療」との診断であったため、Xに対し、就業規則による休職制度について案内したところ、「上司Bのパワーハラスメント（以下、「パワハラ」という）によって精神的なダメージを受けて発症した。労災申請を希望する」とのことであった。

　Y社の人事担当者が、B及び職場のメンバーに確認したところ、Xは従前から些細なミスが多い、集中力に欠ける、指示の意図を把握できないなどの問題があったとのことであった。Bは、丁寧に指導を続けていたが、その態様は「パワハラ」ととらえられるようなものではないとの見解で一致していた。

　Y社としては、Xの適応障害の発症原因が職場環境であるのかどうか確信が持てない中、Xの希望に添って労災申請すべきかどうか思案している。

検討事項

　労災保険法による労災保険制度が適用となる「**業務災害**」とは、「**業務に内在する危険が現実化したことにより発生した労働者の負傷、疾病、障害又は死亡**」とされる。一般的には建設現場での足場からの落下事故などの「災害事故」を原因とする負傷を思い浮かべることが多いかもしれないが、労災保険制度では、災害性の事故を原因とする負傷・疾病のみならず、職業に内在する有害作用その他の長期間の作用・影響により発症する非災害性の疾病も保険給付の対象としている。

　ただし、災害性の事故による負傷と異なり、疾病の発症には個体的要因が影響することも多く、その原因が業務であるのかどうかの判断が困難な場合が多い。そのため、労災保険制度の適用対象となる疾病は、いわゆる「**職業病リスト**」（**労基則35条・別表第1の2**）に限定列挙されており、行政機関はその発症の原因が業務上であるのかどうか、行政通達である「認定基準」

に沿って判断している。

具体例における X が発症した「適応障害」は、「職業病リスト」第 9 号に記載されている「人の生命にかかわる事故への遭遇その他心理的に過度の負担を与える事象を伴う業務による精神及び行動の障害又はこれに付随する疾病」に該当するかどうかが、行政機関（事業所を管轄する労働基準監督署（以下、「労基署」という））によって判断されることとなる。

本章では、労災保険制度の概要を概観したうえで、業務上決定により使用者が負担する不利益とその救済措置について検討する。最後に精神障害に係る労災申請がなされた場合の使用者の対応及び、労基署での業務上外認定までの過程を確認する。そのうえで、「業務による心理的負荷評価表」を用いた「災害防止措置」について検討する。

基本情報

1. 労災保険制度の概要

(1) 制度の内容

労災保険制度とは、国が保険者となり、業務上の事由による災害（以下、「業務災害」という）、事業主が同一ではなく 2 以上の事業の業務を要因とする事由による災害（以下、「複数業務要因災害」という）、通勤による災害（以下、「通勤災害」という）による労働者の負傷、疾病、障害、死亡等に対する保険給付及び被災労働者の社会復帰支援事業等を行う制度である（労災保険法 1 、 2 、 7 条）。

(2) 適用単位

労災保険制度は、事業単位（本社、支店、工場など）での適用となる。労働者を 1 人でも雇用している事業は、国の直営事業及び官公庁の事業、個人経営の農林水産の事業等を除き、すべて**強制適用**となる（労災保険法 3 条）。

ただし、建設の事業においては、数次の請負で行われる場合には、その事業を 1 事業とみなし、元請負人のみが当該事業の事業主となる（労働保険の保険料の徴収等に関する法律（以下、「徴収法」という） 8 条）。

これらの事業における労働者は、正社員、アルバイトなどの**雇用形態**にか

かわらず、すべて労災保険制度による給付請求をすることができる。

　また、労働者ではない働き方をする者についても、労災保険に**特別加入**（労災保険法33～37条）し、自ら保険料を負担することにより、労災保険制度による給付請求をすることが可能となる。

　特別加入できる者として、中小企業事業主、ひとり親方、ITフリーランス等雇用類似の働き方をする個人事業主などがある。昨今、アプリで仕事を請け負い、Uber EatsやAmazonの配達員として働くギグワーカーが増加している。彼らは労基法上の労働者ではないが、それに準じた保護が必要という政策上の観点から、労災保険制度においては、特別加入の適用対象としており、その**加入対象となる職種は拡大傾向**にある。

　2024（令和6）年11月1日以降、特定受託事業者に係る取引の適正化等に関する法律2条1項に規定する、企業等の業務委託の相手方である特定受託事業者であって、従業員を使用しないものは、「特定フリーランス」として、特定フリーランス事業の特別加入団体を通じて、労災保険制度に特別加入できることとなった（令和6年厚労省令22号改正後の労災保険法施行規則46条の17第12号。行政通達として、令和6年4月26日基発0426第2号「労働者災害補償保険法施行規則及び労働保険の保険料の徴収等に関する法律施行規則の一部を改正する省令の施行等について」）。

（3）保険料負担

　労災保険制度は、他の社会保険制度と異なり、「被保険者」概念は用いられておらず、保険給付の対象となる労働者は、保険料を負担していない。国庫負担もほとんどなく、**使用者が拠出する保険料のみで運営**されている。

　労災保険料は、年度ごとの賃金総額に保険料率をかけて計算し、納付する。保険料率は、厚労省令で定める事業の種類ごとに、過去3年間に発生した業務災害、複数業務要因災害及び通勤災害にかかる災害率並びに二次健康診断等給付に要した費用の額、社会復帰促進等事業にかかる費用等を考慮して定められている（徴収法12条2項、徴収法施行令）。

　さらに、一定規模以上の事業に対しては、個々の事業の連続する3保険年度の間における「業務災害」に対する保険給付の額に応じて、業種ごとの保険料率を一定の範囲で引上げ、若しくは引下げを行う手法である「**メリット制**」が導入されている（徴収法12条3項）。

（4）労災保険制度と他の社会保険制度との給付の差異

　労働者の負傷、疾病に対する治療費や休業時の所得補填については、業務上以外の事由による場合は健康保険制度によるものとなり、業務上の場合は労災保険制度によるものとなる。

　労働者に障害が残った場合や死亡に対する補償は、厚生年金保険制度及び国民年金制度による年金給付があり、業務上の場合は、それらの給付に加えて、労災保険制度からの保険給付がなされる（ただし併給調整あり）。

　給付内容は健康保険制度（厚生年金保険制度を含む）よりも**労災保険制度による方が労働者にとって手厚い**ものとなっている。また、給付対象についても健康保険制度（厚生年金保険制度を含む）は、労働時間数などの加入要件などを満たさない労働者は対象とはならないが、労災保険制度はアルバイトを含む**すべての労働者を対象**としていることも大きな違いである。

ア　治療費の負担

　健康保険制度の場合、労働者は治療費の３割負担が生じるが、**労災保険制度の場合、労働者の治療費負担は生じない**。また労災保険制度の場合、一定の要件を満たす場合は、通院にかかる費用を**移送費**として請求することが可能である。

　さらに労災保険制度においては社会復帰促進等事業により20傷病（せき髄損傷、精神障害等）を対象として、医療機関での診察等に要した費用やアフターケアのための通院に要する費用の支給も行っている。

イ　休業時の補償

　休業期間中、医師が労務不能と診断し、給料の支払がない場合、健康保険制度の場合、傷病手当金の請求が可能であるが、**給付期間の上限（支給開始から通算１年６か月）**があり、休業１日当たりの給付額は過去12か月の標準報酬月額平均額の30分の１のおおよそ67％である。

　労災保険制度の場合は、**給付期間の上限はなく**、休業１日当たりの給付額は、休業開始前３か月の平均賃金の80％（特別支給金20％を含む）である。

ウ　障害補償の範囲

　業務上・業務外いずれの場合も、負傷・疾病が症状固定した場合、厚生年金保険制度、国民年金制度による障害年金の支給対象となり得る。ただし、業務上の場合に限り適用される労災保険制度においては、障害補償給付（年金若しくは一時金）の対象となる障害の等級が広く設定されているため、給付を得られる可能性が高まる。

　さらに労災保険制度においては社会復帰促進等事業による労働災害等による傷病が治ゆ（症状固定）した後の再手術等、外科後処置に要した経費の支給が行われている。

エ　遺族補償の範囲

　業務上・業務外いずれの場合も、労働者が死亡した場合、遺族は厚生年金保険制度、国民年金制度による遺族年金の対象となり得る。ただし、業務上の場合のみ適用される労災保険制度においては、遺族補償の対象となる遺族の範囲が広く設定されており（兄弟姉妹も対象）、上位の受給権者が死亡等により失権した場合は次の順位者に転給される仕組みになっているため、遺族が給付を得られる可能性が高まる。

　さらに労災保険制度においては、社会復帰促進等事業により、遺族に未就学児童がおり、学資等の支弁が困難であると認められる場合は、労災就学援護費の請求をすることができる。

（5）労災保険給付と使用者の災害補償責任及び災害防止義務

ア　労基法による災害補償責任と解雇制限

　労働者が業務上負傷し、又が疾病にかかった場合等について、**使用者は労基法75～80条によって労働者への災害補償責任が課せられている**。労基法による災害補償責任は使用者の過失の有無を問わず課せられるもの（**無過失責任**）である。ただし、労災保険制度から被災労働者に対し保険給付が行われた場合には免責される（労基法84条１項）。

　また、使用者は労働者が業務上負傷し、又は疾病にかかり療養するために休業する期間及びその後30日については、労基法19条１項により、当該労働者に対する解雇制限を受けることとなる。

　なお、保険給付の決定の要因となる「業務上外」の判断について、判例（和

歌山労基署長事件・最判平成 5 年 2 月16日民集47巻 2 号473頁〔27814473〕）等及び行政解釈では、労災保険法12条の 8 第 2 項を根拠とし、「労災保険法による業務災害と労基法の災害補償事由は同一である」とされている。

　そのため、使用者が労基法19条 1 項による解雇制限を受ける期間は、労災保険制度において、「業務上」と認定されて休業する期間及びその後30日間となる。

イ　労安法による災害防止義務と「労働者死傷病報告」

　使用者は労安法により安全管理体制の構築他、災害防止措置をとることが義務付けられている。

　労働者が業務中に負傷し、又は中毒や疾病にかかったことにより、休業もしくは死亡した場合、使用者は、事業場を管轄する労基署に対し遅滞なく「労働者死傷病報告」（労安則様式第23号）を提出することが義務付けられている。（労安法100条、労安則97条）

　死亡事故等の重大災害が発生した場合は、当該事業場に対し**労基署による災害調査**が行われ、労安法違反があった場合は、行政機関による是正勧告のみならず、**送検され刑事罰が科せられる**ことにもなり得る。

ウ　建設業の下請会社における災害補償責任等

　上記 1 .（ 2 ）の建設業における下請会社の場合、労災事故が発生したときの労災保険給付の請求は元請会社の労働保険番号を使うこととなる。ただし、労働者に対する労基法による災害補償責任は自社が負うことになるため、労基法19条 1 項の解雇制限の適用を受ける。また、労災事故により当該労働者が休業、死亡に至った場合には、工事現場を管轄する労基署への「労働者死傷病報告」の提出義務が生じる。

2. 「業務起因性」判断をめぐる労使の利害関係の対立

(1)「業務起因性」の判断基準

ア　「業務起因性」判断における行政解釈と司法解釈

　労災保険制度における「業務災害」とは、労災保険法 7 条 1 項 1 号による

「労働者の業務上の負傷、疾病、障害又は死亡」を意味する。「業務上」の定義は労災保険法にも、労基法にも明記されていないが、行政解釈では、「業務と傷病等の間に一定の因果関係がある場合をいう」とされ、その因果関係を「業務起因性」としている。

　判例では、業務起因性の判断基準として、傷病等と業務との間には相当因果関係があることが必要（熊本地裁八代支部事件・最判昭和51年11月12日判時837号34頁〔27670825〕）、傷病等が業務に内在した危険が現実化して発症したものであることが必要（地公災愛知県支部長事件・最判平成8年3月5日判時1564号137頁〔28010252〕）等とされている。

イ　「事故性の傷病等」と「非災害性疾病」の「業務起因性」判断要件

　労災事故が発生した場合の「業務起因性」を判断する過程において、行政解釈においては、発生状況が時間的・場所的に明確ないわゆる事故が介在する「事故性の傷病等」と、事故が介在しない「非災害性疾病」（いわゆる職業病）とその要件を区別している。

　「事故性の傷病等」については、行政解釈では、事故の業務起因性を認める前提として「業務遂行性」が認められる必要があり、そのうえで「業務起因性」の判断をする2段階で判断するとされている。

　「非災害性疾病」については、行政解釈では、「業務起因性とは、業務と発症原因との間及び発症原因と疾病との間に二重に有する因果関係を意味し、それぞれの因果関係は単なる条件関係ないしは関与ではなく、**業務が発症原因の形成**に、また、**発症原因が疾病形成にそれぞれ有力な役割**を果たしたと医学的に認められることが必要となる。」としている。

　ただし個別の判断は困難であるため、業務に伴う有害作用と、それとの間に因果関係が確立していると認められた疾病の組合せを定めた職業病リスト（労基則35条・別表第1の2）が示されている。

　職業病リストに示された、例示疾病（同別表第10号により指定される疾病を含む）は、一定のばく露条件や症状等を満たす場合には、特段の反証のない限りその疾病は業務に起因するものとして取り扱われる。例示疾病として掲げられていない疾病については、請求人（労働者）がこれらの疾病と業務との相当因果関係を立証しない場合には保険給付の対象とならない、とされる（昭和53年3月30日基発186号、現行は平成31年4月10日基発0410第1号）。

（2）「業務上外」決定をめぐる労使間の利害関係の対立

　労働者の素因や基礎疾患と業務による出来事が相まって発症する脳・心臓疾患や精神疾患等、「業務起因性」が必ずしも明らかではないケースにおいて、制度上、労使の利害関係の対立が生じ得る構造となっている。

　労働者にとっては、「業務上」と認定がされ、労災保険給付の対象となる方が有利である（上記1.（4））。保険料負担をしている使用者にとっても、労働者保護につながることもあり、できれば労災保険給付の対象となる方がよいとの考えになろう。

　ただし、制度上、「業務上」と認定され、労災保険の支給決定がなされることにより、使用者は、「メリット制」の適用を受け保険料負担が上がる可能性があること（上記1.（3））、対象労働者に休業が発生した場合に、就業規則による私傷病休職（第9章参照）の対象とはならず、労基法による解雇制限を受け、長期間の休業を受け入れざるを得なくなること（上記1.（5））など、不利益を負担することになる。

　加えて、労働者の疾病の業務起因性に労使で見解の相違がある場合等においては、労災認定により、労働者からの民事賠償責任の追及につながる可能性があること（第18章参照）、業務上決定において、使用者の過失の存在は要件とされていないにもかかわらず、「労災認定＝会社の責任」という内容の報道発表がなされ、使用者はレピュテーションリスクを負うことにつながる。

　労働者の傷病等の業務起因性が明らかである場合は、労基法による災害補償責任を負っていることもあり、使用者はそれらの不利益は当然に受け入れるべきであるが、業務起因性が明らかではない場合は、労災請求を積極的にサポートすべきか使用者が躊躇するケースが生じ得る。

（3）「業務上外」決定に対する使用者の関与の限界と使用者に対する救済制度の不備

　労災保険制度において、労災保険法の目的条文（1条）に、「使用者」若しくは「事業主」という言葉は含まれておらず、使用者は、保険料負担をしているものの保険関係の当事者ではない。**当事者は保険給付の決定を行う「国」と、保険給付の請求を行う「労働者」である。**

「業務上外」決定は、使用者にとっても少なくない影響がある（上記
（２））。それにもかかわらず、使用者は、業務上外決定の審査の過程におい
て関与できる場面は限定的であり、支給決定に対する不服申立ては認められ
ておらず、事実上「当事者外」の扱いとなっている。

　ただし、メリット制適用事業主については、保険料認定処分に対する不服
申立て又は取消訴訟において、当該労災保険給付が客観的に支給要件を満た
さないことを事業主が立証した場合、当該保険給付決定はメリット率の計算
には影響を及ぼさないという判断が最高裁で示された（あんしん財団事件・
最判令和６年７月４日労経速2559号３頁〔28322117〕）（下記ウ（イ））。

　最高裁判決により、メリット制適用事業主は、業務起因性に争いがある場
合に、本来負担しなくともよい保険料の増額部分の相当性について争う機会
が与えられたと考えられるが、実効性を有するものかどうか、労災給付決定
による使用者の不利益の緩和措置として十分であるかどうかは検討が必要で
ある（下記ウ（ウ））。

ア　「業務上外」決定の過程における使用者の関与

　認定業務の過程（下記３.（２））において、使用者は、労働者災害補償保
険法施行規則（以下、「労災保険則」という）23条において労働者の保険請
求に関し助力義務及び、保険給付を受けるための証明の義務が定められてお
り、一般的には労災請求の書類作成及び提出は会社が行うことが多い。

　ただし、労働者の疾病の「業務起因性」について、労使の見解の相違が生
じる場合は、労働者が直接労基署（若しくは弁護士等）に相談に出向き書類
作成したうえで、使用者にその証明を求めるケースもある。

　なお、書類に使用者の証明がなくとも、労災保険給付の請求権者は労働者
であるため書類の受理はなされる。その後、労基署から使用者に書類の記載
内容についての確認が求められることになるため、労働者が労災申請をした
ことは、本人からの申出がなくとも把握はできる。他方、労災保険の支給決
定がなされたかどうかについては労働者のみに通知され（労災保険則19条）、
使用者には通知されない。

　使用者は、意見書制度（労災保険則23条の２第１項）が利用できるとされ
ているが、周知されていない。制度導入時の通達（昭和62年３月30日労働省
発労徴23号・基発174号「労働者災害補償保険法及び労働保険の保険料の徴

収等に関する法律の一部を改正する法律の施行（第二次分）等について」において「事業主から意見の申出のあった保険給付の請求について決定を行った後、意見書を提出した事業主から照会があった場合には、当該決定の結果について説明を行うものとする」とされている。ただし、行政関係者に個人の立場で確認したところ、「個人情報保護法が施行されて以降、事業主への結果についての回答は差し控える運用となっており、意見書制度の存在自体も、リーフレット等には記載されておらず、積極的な周知は行われていない」とのことであった。労災認定の過程において使用者からの意見の申出自体は可能であろう（下記3.（2）イ）が、結果の説明を行政機関から得ることは困難であると考えざるを得ない。

イ　「業務上外」決定に対する使用者の不服申立ての可否

　保険給付に関する決定に対し審査請求（労災保険法38条1項）のできる者（請求人適格を有する者）は、労働基準監督署長の行った違法又は不法な決定により直接に自己の権利又は利益を侵害された者であり、行政解釈では、保険給付を受けるべき労働者、その遺族とされ、使用者は不服申立てをすることができないとされる。

　労働者は、不服申立てを経て、「裁決の取消しの訴え」を提起することができる（行政事件訴訟法3条3項）が、使用者はいずれも認められないとされてきた（檜文商店労災保険支給決定取消事件・東京地判昭和36年11月21日判時285号29頁〔27660822〕）。

　労災認定後に労働者（若しくは遺族）から提訴された民事賠償請求において、業務と労働者の傷病の発症との因果関係が認められなかった裁判例（ケー・アイ・エス事件・東京高判平成28年11月30日労判1189号148頁〔28251865〕、家電量販店Y社事件・前橋地高崎支判平成28年5月19日労判1141号5頁〔28242435〕、日本政策金融公庫（旧農林漁業金融公庫）事件・大阪高判平成26年7月17日判時2235号27頁〔28223190〕など）もみられるが、このような場合においても、労災保険の支給決定は取消しにはならないため、メリット制適用事業主はメリット制適用（上記1.(3)）による、増額された保険料の負担が生じていた。

　メリット制適用によって増額された労働保険料認定処分の原因となった労災保険給付決定処分の違法を主張し、労働保険料認定処分の取消しを求めた

裁判例として、医療法人社団総生会事件（東京高判平成29年9月21日労判
1203号76頁〔28254106〕）がある。同事案は原告である医療法人（Ｘ）の労
働者Ａに発症した脳出血に対し労災認定を受けた後、Ｘに対する損害賠償請
求をした別件判決（東京地判平成27年4月17日平成22年（ワ）17708号公刊
物未登載〔29022580〕）において、Ａの脳出血発症と業務との相当因果関係
が認められなかったケースである。Ｘは国に対し、メリット制適用となった
労働保険料認定処分の前提となったＡに対する労災保険給付の支給処分の違
法を主張し、保険料認定処分の取消しを求めた。裁判所はメリット制適用事
業主であるＸは、労災保険給付の支給決定処分の違法を労働保険料認定処分
の取消事由として主張することは許されないとの判断を示していた。

ウ　メリット制適用事業主に対する保険給付決定による不利益救済措置
　メリット制適用事業主については、保険給付の決定により不利益を受ける
立場（レンゴー事件・最決平成13年2月22日裁判集民201号201頁〔28060354〕）
とされながらも、㋐労災保険給付支給決定に関する争いの当事者になる資格
がない、㋑労働保険料認定決定の適否を争う際に、労災保険給付決定の要件
該当性に関する主張はできない、という状態が続いていた。

（ア）令和6年最高裁判決（あんしん財団事件上告審〔28322117〕）に至る
　　経緯
2017（平成29）年以降、メリット制適用事業主について、㋑を前提として
㋐について原告適格を認める裁判例（医療法人社団総生会事件・東京地判平
成29年1月31日判時2371号14頁〔28251662〕、東京高判平成29年9月21日労
判1203号76頁〔28254106〕、あんしん財団事件（東京高判令和4年11月29日
労判1285号30頁〔28310673〕）、㋐を前提として㋑について先行処分の違法性
を主張できるとする裁判例（あんしん財団事件・東京地判令和4年4月15日
労判1285号39頁〔28302031〕）などが続いた。
　厚労省は、2022（令和4）年10月に「労働保険徴収法第12条第3項の適用
事業主の不服の取扱いに関する検討会」を開催し、メリット制適用事業主が
保険料認定処分の不服申立て及び取消訴訟において、労災支給処分の支給要
件非該当性を主張することを認める余地がないかどうかを検討し、検討内容
をまとめた「報告書」が同年12月に示された。

報告書が示されたあと、厚労省は、2023（令和5）年1月に「メリット制の対象となる特定事業主の労働保険料に関する訴訟における今後の対応について」（令和5年1月31日基発0131第2号）とする行政通達を発出した。

行政通達においては、①メリット制適用事業主について、労働保険料認定決定取消等請求訴訟において、労災支給処分の支給要件非該当性を主張することが可能であり、支給要件非該当性を理由として労働保険料認定決定を取り消す判決が確定し得ること、②労災支給処分の支給要件非該当性が認められた場合は、労働保険料の再計算を行う、とし、メリット制適用事業主の不利益解消手段を確保した一方で、③労働者に対しては、それを理由として労災支給決定を取り消すことはしない、とした。

（イ）令和6年最高裁判決が示したメリット制適用事業主に対する救済措置

令和6年最高裁判決（あんしん財団事件・上告審）では、裁判所は、メリット制適用事業主が労災支給処分の取消訴訟の原告適格を有することは明確に否定したが、保険給付が反映されたメリット収支率が適用された保険料認定処分についての不服申立て又はその取消訴訟において、当該保険料認定処分自体の違法事由として、客観的に支給要件を満たさない労災保険給付の額が基礎とされたことにより労働保険料が増額されたことは主張できるとした。

本判決は、メリット制適用事業主について、保険料決定に対する不服申立てはできるもの、違法性の承継の問題、すなわち、労災支給処分が行政行為とされるため、当該処分に瑕疵がある場合も、後行の労働保険料認定処分に対する取消訴訟において先行の労災支給処分の違法を労働保険料認定処分の取消原因とすることはできない、とする裁判例（前掲医療法人社団総生会事件・東京高判、前掲あんしん財団事件・東京高判）、行政不服審査会の判断（平成29年度答申27号）に対し、労災保険給付（労災保険法）と労災保険料の徴収（徴収法）は、別の法関係を規律しており、一方処分に認められる瑕疵を理由に他方の処分を取り消しても、当該一方処分の目的は害されないとする考えを示し、違法性の承継の問題は生じないとしたものである。つまり、労災保険法による労働者への保険給付の決定と、徴収法による保険料算定における計算は別として、保険料算定における計算の際に「客観的に支給

要件を満たさない労災保険給付」を除外することを示したものであり、その部分においてはあんしん財団事件・東京地判及び2022（令和4）年12月に示された前掲「報告書」に沿ったものとなっている。

（ウ）メリット制適用事業主に対する救済措置の実効性

メリット増減後の保険料率は、メリット収支率算定期間の最後の保険年度の翌々年度の労災保険料率に適用されることとなる。つまり保険給付が決定してからおおよそ2年後にならないと、メリット増減後の労災保険料率は、確定しないため、使用者が「支給要件非該当性」を主張できるのは、相当な時間的経過の後となることがあり、不利益回避措置として使われる場面は相当限定的になると考える。

現状、使用者に対し保険給付の決定は通知されない（労災保険則19条）ことから、㋐いつの時点のメリット収支率の決定について争うことができるのか使用者は把握できない、㋑「客観的に支給要件を満たさない労災保険給付の額」について、対象となる労災保険給付の範囲が明らかではないという問題がある。後者㋑について、業務上外決定の要件非該当性のみならず、業務上決定は要件を満たすが、休業補償給付の支給期間、障害補償給付の等級の決定、平均賃金額、遺族の範囲などに疑義が生じる場合についても、支給要件非該当性を争うことができるのかできないのか、できるとすればその経過を使用者はどのようにして把握することができるのか、明らかではない。

最も大きな問題は、徴収法による不服申立てについて、「支給要件非該当性」の審査をどの機関で行うこととなるのか明らかにされていない点である。労災保険の支給決定については、審査に当たり専門的かつ技術的な知識が必要となるため、専門的な体制の下での審査が求められることから、労災保険審査官や労災保険審査会という仕組みが準備されている。徴収法による不服申立てには現状、そのような仕組みは準備されていない。2023（令和5）年に発出された行政通達（上記（ア）参照）においても、取消訴訟に対する対応のみが示されている。

使用者の不利益に対する救済制度が整わない限り、業務との因果関係が明らかではない疾病等に対する労災申請に際しての労使間の対立構造は解消しない。

第19章 労災保険制度と企業の災害防止措置—精神障害事案における検討

3. 労災保険給付の請求手順—精神障害の場合

業務起因性の判断が困難とされる精神障害について、労基署における業務上外判断の手順、及び労働者から労災申請の希望があった場合の使用者の対応について示す。

(1) 精神障害に関する労災認定基準と業務上外決定

労働者の発症した精神障害が業務上として認定されるためには、労基則35条・別表第1の2第9号による「**人の生命にかかわる事故への遭遇その他心理的に過度の負担を与える事象を伴う業務による精神及び行動の障害又はこれに付随する疾病**」に該当すると判断される必要がある。

現在、この判断は、行政通達である「心理的負荷による精神障害の認定基準について」(令和5年9月1日基発0901第2号。以下、「認定基準」という)に基づいてなされている。

業務上認定のための要件として、①認定基準の対象となる精神障害を発症していること、②認定基準の対象となる精神障害の発病前おおむね6か月の間に、業務による強い心理的負荷が認められること、③業務以外の心理的負荷や個体的要因により発病したとは認められないこと、の3要件が示されている。

①については「ICD–10 精神及び行動の障害臨床記述と診断ガイドライン」に基づき、主治医の意見書や診療録等の関係資料、請求人や関係者からの聴取内容、その他の情報から得られた認定事実により、医学的に判断がなされる。

②における発病時期の特定についても「ICD–10 精神及び行動の障害臨床記述と診断ガイドライン」に基づき判断がなされる。「業務による強い心理的負荷」が認められるかどうか、すなわち「人の生命にかかわる事故への遭遇その他心理的に過度の負担を与える事象を伴う業務」に従事していたのかどうかについては、認定基準に示される「業務による心理的負荷評価表」を用いて、当該労働者に生じた発症前の具体的出来事を当てはめ、その心理的負荷が「強」であると判断される場合に限り業務上認定がなされる。

③については、労災請求事案において、業務による強い心理的負荷が認められたにもかかわらず、業務以外の心理的負荷又は個体的要因により発病し

269

たとして業務外と判断されたものはほとんどないため、現在は審査の迅速化・請求人の負担軽減のために、それらの調査は簡略化されている。

(2) 労災保険給付の請求手順

ア 労基署への給付請求書の提出

労働者が業務に起因して精神障害に罹患したことを主張する場合、労働者は事業場を管轄する労基署に対し、労災保険法13条による療養補償給付（様式第5号若しくは第7号）、休業を要する場合は労災保険法14条による休業補償給付（様式第8号）の請求を行うことができる。なお、労働者死亡の場合は、遺族が請求者となる。

請求のための書式には、事業主の証明欄があり、例えば、療養補償給付であれば、請求者（労働者若しくは遺族）は、記載事項のうち「負傷又は発病の年月日」及び「災害の原因及び発生状況」について事業主の証明を受けなければならない（労災保険則12条）。使用者に対しては給付請求に関する手続の助力義務及び証明義務が課されている（同則23条）。

ただし、労働者の疾病が業務に起因したものであるのか労使間で見解の合致に至らず、使用者が事業主証明を拒否した場合であっても、労働者は労災請求を行うことが可能である。

使用者は、労働者から、労災申請の打診があった時点で、認定基準による「業務による心理的負荷評価表」に記載された、労働者に心理的負荷を与えるとされる業務上の出来事が、職場であったのかどうかについて速やかに事実関係を調査する必要がある。業務起因性を否定するのであれば、具体的な根拠となる事実を明らかにする必要がある。

イ 請求書提出後の労基署からの調査対応

労働者から、精神障害発症に対する労災請求が労基署にされたあと、使用者の証明の有無にかかわらず、労基署から使用者に対し、「報告書」の提出が求められることとなる。「報告書」の記載事項としては、①事業の概要、②請求者の労働条件、③担当業務の内容、④勤怠状況（労働時間数の報告）、⑤本人が精神的不調となった原因に関連する会社での出来事などである。

労基署による調査は原則として、請求人である労働者の主張に基づいて行われる。労働者が長時間労働を精神障害の発症の理由としている場合は、タ

イムカードや出勤簿の記録などがその根拠とされる。ハラスメントなど職場での出来事を理由としている場合は、使用者のみならず、職場の関係者からの聞き取りを要請される場合もある。

　使用者としては、労基署の正しい判断を促すためには、事実関係を正確に伝える必要がある。労働者が主張する精神障害発症と業務との因果関係に疑義がある場合は、その具体的根拠を示す必要がある。

　なお、労基署が、使用者からの意見を聴く機会は限られているため、「報告書」は、労基署指定のフォーマットにこだわらず、事業所として把握している事実関係（産業医の面談記録や意見を含む）を時系列に整理したうえで、事業所の考えをしっかり書き込むべきであるといえる。労働者が主張する「出来事」前後の、会社や同僚、上司のフォロー体制、具体的には業務分担のあり方、平均的労働者が担当する業務量と比較した当該労働者の業務量なども伝えるべきである。

ウ　業務上決定までの労基署の動き

　精神障害の場合、業務上外決定までは平均8.5か月を要するとされる（2021（令和3）年12月7日開催　第1回「精神障害の労災認定基準に関する専門検討会」議事録）。

　労働者から請求書が提出されると、労基署では、調査方針を検討したうえで、請求人や事業主、主治医などからの資料の収集、あるいは聴取といった調査を行う。ある程度調査結果がそろった時点で、内容を分析し、必要な場合には追加調査を行ったうえで、最終的には署内で結果をとりまとめることとなる。

　労基署は調査の過程で主治医から疾患名、発病時期、主治医の考える発病原因及びそれらの判断の根拠についての意見を求める。そのうえで、①主治医が対象疾病を発病したと診断している、②労基署が認定した業務による心理的負荷に係る事実と主治医の診断の前提となっている事実が対象疾病の発病時期やその原因に関して合致している、③その事実に係る心理的負荷の評価が「強」に該当することが明らかである、④業務以外の心理的負荷や個体側要因に顕著なものが認められないの4つの要件を満たす場合には、認定要件を満たすものと判断がなされる。

　労災保険の支給決定がなされたかどうかについては労働者のみに通知され

（労災保険則19条）、使用者には通知されない。

4. 「業務による心理的負荷評価表」を用いた職場環境整備

　昨今、職場において、メンタルヘルス問題を抱える労働者が日常的に存在する状況になっている。労災認定の基準を満たすかどうかは別として、1日の大半を過ごす職場での出来事や人間関係によるストレス（心理的負荷）が、労働者のメンタルヘルスの悪化に何らかの影響を及ぼしていることは明らかである。

　職場は、異なる価値観を持つ労働者が集まって仕事をする場所であることから、一定のストレスは生じる。ストレスの受け止め方には個人差があり、すべての労働者に対応して、ストレス要因をなくすことは不可能であるが、会社が対応を講じることで、ストレス要因を縮減することは可能である。

　認定基準に示された「業務による心理的負荷評価表」は、精神科医、心理学者、法学者など専門家による検討会を経て作成されたものであることから、裁判所も業務による心理的負荷の強度を測る際に参照しているものである。

　「業務による心理的負荷評価表」に、労働者に心理的負荷を与える具体的出来事として示されている「長時間労働」「2週間以上の連続勤務」「パワーハラスメント」「同僚等からの暴力行為」など違法性が疑われる出来事については、法規制を意識すべきであろう。「長時間労働対策」としては労基法36条4、5項に規定される時間外労働の上限を厳守したうえでの労働時間管理の徹底が求められる。「パワハラ対策」としては労働施策総合推進法30条の2に規定されるパワハラ防止のための雇用管理上の措置を講じることが必要である。

　「過大なノルマ」「配置転換」「仕事上のミス」など、業務上起こり得る出来事については、事前に当該労働者の適性に合わせた業務分担であるのかを検討する必要があり、出来事後の会社のフォローを徹底すべきであるといえよう。

　防止措置を講じても発生してしまうのが「災害」であるが、防止できるものは防止するという意識を持つことにより、職場環境が整い、作業効率が上がり、離職率が下がるという好循環を生み出すこととなる。

精神障害については、他人から精神の状態はみることができないため、どのような出来事が当該労働者の心理的負荷の原因となっているのか読みきれないケースもある。特に管理職は、「これくらいは大丈夫」は自分の基準でしかないことを認識し、他人（特に部下）の様子の変化に心を配る必要があるといえる。

〈参考文献〉

荒木尚志ほか編『注釈労働基準法・労働契約法　第3巻』有斐閣（2024年）

労務行政研究所編『労働保険徴収法〈改訂15版〉』労務行政（2024年）

太田匡彦「労災保険給付支給処分取消訴訟における事業主の原告適格—東京高裁令和4年11月29日判決（令和4年（行コ）第130号）について〈判例詳解〉」ジュリスト1585号（2023年）90頁

厚生労働省「心理的負荷による精神障害の認定基準について」（令和5（2023）年9月1日基発0901第2号）

https://www.mhlw.go.jp/content/11201000/001140929.pdf〈2024年5月2日確認〉

労務行政研究所編『労働者災害補償保険法』労務行政（2023年）

厚生労働省「労働保険徴収法第12条第3項の適用事業主の不服の取扱いに関する検討会報告書」（2022（令和4）年12月）

髙橋健『職場のうつと労災認定の仕組み〈改訂版〉』日本法令（2019年）

西村健一郎『社会保障法』有斐閣（2003年）

井寄奈美（いより　なみ）　特定社会保険労務士

第**20**章　会社分割・事業譲渡と労働契約

具体例

　Ｙ社が、経営状態の不安定なＺ社に、事業の重要な一部を切り出そうとしている。その場合、①切り離す事業部門に従事していた労働者Ｘは、当然Ｚ社に移籍することになるのか。②Ｙ社からＺ社に移籍を強要されそうな労働者Ｘは、訴訟に備えてどのような主張を検討すべきか。③会社分割と事業譲渡とで理論面と具体面でどのように異なるか。

　訴訟に発展するのを防止するには、④Ｙ社は事業の切り離しの必要性と合理性を労働者に、事前にどこまで説明すべきか。⑤事業譲渡に伴う労働者の移動をめぐって、実務で検討すべき事項は具体的に何か。労働条件の維持は現実的に可能なのか。

検討事項

　会社法では従業員も会社債権者と同列に扱われ、会社法に労働者保護の規定はないが、民法625条が労働者の承諾を求めている。ただし、「会社分割」であれば、原則として労働者の同意を要しないとする**労働契約承継法**があり、2016（平成28）年９月、同法施行規則及び同法８条に基づく指針の改正等が実現し施行された。しかし、移転を拒む労働者保護の観点からは、労働契約承継法が労働者保護に資するかどうかは実務上も議論となる。Ｙ社やＺ社の経営状況によっては、労働関係の移転の是非をめぐる評価も左右される。実際にＹ社の経営状況が悪化しているのであれば、労働者は移籍に応じるのが利益となる場合もあるが、移籍先の状況との比較検討で判断することになる。

　なお、会社分割と「事業譲渡」の区別も曖昧なところがあり、両者を都合良く使い分けているとみられる事例（例えば、後に検討するが、日本 IBM 事件最高裁判決）もある。なお、近年、会社分割と事業譲渡の接近化を進める法改正が目立つ傾向にあるが、同時にそれぞれには独自性もみられる。

第20章　会社分割・事業譲渡と労働契約

当事者の主張

　労働者側が移籍を拒む理由としては、①本件は「事業譲渡」であると主張立証することで、労働者の承諾がないことを根拠にするか、②仮に「会社分割」であっても、**5条協議**あるいは（及び）**7条措置**が形式的にすぎず実質的に不十分であることを主張立証して、それを移籍拒否の根拠とする。

　会社側としては、①本件は「会社分割」であり、法的に労働者の同意は不要であることを根拠とし、②法の要請する協議や措置も繰り返し行われていると主張し、③Y社の経営状態が深刻で、移籍しないまま事業を継続すれば、やがて経営は行き詰まり全員解雇せざるを得なくなることは明らかで、「移籍に応じるのが労働者の利益」になると主張することが考えられる。

基本情報

1. 会社分割と労働契約の承継―日本IBM事件最高裁判決

　会社分割に伴って、労働契約が承継されることが必ずしも労働者の保護とならない場合もある。日本IBM事件（最判平成22年7月12日民集64巻5号1333頁〔28161874〕）がそれである。本件は、一部の労働者Xらが承継の効果を否定するため、もとの分割会社Yに対し労働契約上の権利を有することの確認を求めた最初の事案である（最高裁については、成田史子「判批」『労働判例百選〈第10版〉』（2022年）136頁、その原審については、山下眞弘「判批」金融・商事判例1348号（2010年）2頁）。

（1）5条協議と7条措置

　労働者の同意を要件としない会社分割においては、分割計画書や分割契約書での記載が決定的であるため、分割会社の労働者を保護するために特則が置かれている。まず、「商法等の一部を改正する法律附則」（平成12年法律90号）5条1項により、承継される事業に従事している労働者との事前協議（**5条協議**）が必要とされるが、その違反の効果や違反の有無の判断基準について明文を欠いている。しかも、5条協議はどの程度の協議がなされれば足りるかについても不明である。この5条協議と併せて、労働契約承継法7条に定める労働者の理解と協力を得るよう努めること（**7条措置**）も求められ、労働契約承継法指針（以下、「指針」という）も出ているが、結局、協

275

議や説明が何度も繰り返されれば上記の要件が充足されたという判断がされやすくなる。

（2） 日本IBM事件は会社分割なのか

5条協議及び7条措置の手続に違法な瑕疵があったか。本件については、第1審から上告審まで「会社分割」の事案と位置付けられているが、「事業譲渡」の事案に分類できる事例とみることもできる。事業譲渡であれば労働者の意思が尊重されるが（民法625条）、会社分割と位置付ければ労働契約承継法によって当事会社に都合のよい解決を導くことが可能となり、労働者が犠牲となる危険性が少なくない。

（3） 日本IBM事件の判旨

ア　5条協議が全く行われなかったときには、当該労働者は労働契約承継法3条の定める労働契約承継の効力を争うことができる。また、5条協議が行われた場合であっても、分割会社からの説明や協議の内容が著しく不十分で、5条協議を求めた趣旨に反することが明らかな場合には、5条協議義務の違反があったと評価してよく、当該労働者は労働契約承継法3条の定める労働契約承継の効力を争うことができる。

イ　7条措置は、分割会社に対して努力義務を課したものと解され、十分な情報提供等がなされなかったため5条協議がその実質を欠くことになったといった特段の事情がある場合に、5条協議義務違反の有無を判断する一事情として7条措置いかんが問題になるにとどまる。

ウ　指針は、7条措置において労働者の理解と協力を得るべき事項として、会社の分割の背景及び理由並びに労働者が承継される営業に主として従事するか否かの判断基準等を挙げ、また5条協議においては、承継される営業に従事する労働者に対して、当該分割後に当該労働者が勤務する会社の概要や当該労働者が上記営業に主として従事する労働者に該当するか否かを説明し、その希望を聴取したうえで、当該労働者に係る労働契約の承継の有無や就業形態等につき協議をすべきものと定めている。

以上の点を本件についてみれば、本件の分割会社は、7条措置及び5条協議ともに指針の趣旨にかなう説明を行っているものと判断できる。

第20章　会社分割・事業譲渡と労働契約

（4）日本IBM事件の問題点

　会社分割無効の訴え（会社法828条 1 項 9 、10号）には、「無効原因」の定めがなく、「提訴権者」も株主等、破産管財人若しくは分割否承認債権者に限定されており（同条 2 項 9 、10号）、提訴権者の中に労働者は含まれていない。仮に労働者保護の規定違反が認定され、それが分割無効原因とされても、会社法上は**労働者に会社分割無効の提訴資格はない**。

　提訴資格がなくても、解決できるのであれば、強いて労働者に会社分割無効の訴え提起資格を認める必要はない。 5 条協議義務違反に遭遇した労働者について、労働契約の承継が否定されるのであれば労働者保護の実現が可能となる。

　なお、本判決は 5 条協議義務違反がないとしたが、この結論には議論があり、労働法学からの批判が目立ち、分割会社は労働者と誠実に 5 条協議を行う義務があると指摘される。この点を労働者側は強調すべきである。会社側は、形式的に説明を重ねるだけでは十分とはいえず、会社分割を媒介に、労働者保護の法理が実質上潜脱されることのないよう、慎重に対応すべきである。問題は、実質的に十分な説明がなされたと認定される基準は何かである。

参考判例

日本 IBM 事件類似のエイボン事件（東京地判平成29年 3 月28日労判1164号71頁〔28251686〕）

　本件は、会社分割に伴って新会社に転籍となった後に解雇された元従業員の男性が転籍の無効と地位確認、未払賃金支払を求めていた訴訟で、東京地裁は転籍の無効を認める判決を言い渡した。本件は、労組法 7 条違反の問題でもあり、会社が元従業員の組合脱退を求めた「支配介入」事案でもある。事実関係は、以下のとおりである。

　元従業員で原告の男性（54）は化粧品会社「エイボン・プロダクツ」（東京）の厚木工場で勤務していたところ、同社は2012（平成24）年 7 月に会社分割の手続によって同工場を同社の100％子会社として分社化した。その際に原告も労働条件に変更はないと伝えられ、エイボン社所属から同子会社に移籍となった。その後、2014（平成26）年 1 月に同社は同子会社を解散し、

工場も閉鎖し、それに伴い原告ら従業員も合意退職を求められ多くの従業員はこれに応じたところ、原告が応じず労働組合に加入し、エイボンに雇用を求めたが新会社から解雇された。そこで、原告はエイボンが会社分割の際に労働者と十分に協議を行っていなかったとして転籍は無効であるとし、エイボンでの雇用を求め地位確認と未払賃金分の支払を求め提訴した。

東京地裁は、「会社は会社分割の大まかな説明をしたが、個別の話合いは不十分だった」とし、転籍は無効であるとした。基本的には日本 IBM 事件最高裁の判断枠組みに沿ったものといえるが、同最高裁は、従業員からの新会社の経営見通し等の質問や出向扱いにして欲しい等の要望に応じていない点を認めたうえで、なお「著しく不十分」とはいえないとして棄却しており、協議不足によって無効となる場合というのは相当限定的である。支配介入を含む本件事案を直視すれば、地裁判決の結論は維持されるべきといえる（本件控訴審で和解が成立）。

2. 事業譲渡と労働契約の承継

(1) 合併・会社分割との対比

合併に関しては，すべて包括的に存続会社又は新設会社に承継されるため（会社法750条 1 項、754条 1 項）、労働契約も当然承継されることになる（**包括承継**）。先にみた会社分割については労働契約承継法の適用がある。これに対して、そのような規定のない事業譲渡については、譲渡会社に雇用されていた労働者の引継ぎはどうなるかが問題となる。

事業譲渡は包括承継を生じる組織的な行為ではなく、譲渡当事者間の債権契約にすぎない。これを前提とすれば、労働契約が当然承継されると解することは困難で、事業譲渡契約の当事者間で労働契約の承継を排除することもできそうである。また、民法625条 1 項に定める労働者の同意の要否についても、特別の規定がない限り例外を認めることはできず、労働者は譲受会社への移籍を拒み得ると解される。そして、不当労働行為があれば、労働法の問題として解決されることになる。労働契約の承継を事業譲渡の絶対要件とすると、事業譲渡が不可能となる場合も生じ、労働契約の承継をいかに強調しても、譲渡会社での整理解雇が有効要件を満たせば事前に解雇され、絶対

的当然承継説にも限界がある。

(2) 解決策の一案

解決策として、例えば、事業の全部譲渡と一部譲渡とを分け、①全部譲渡の場合は、実質的に合併と同様に解して、労働者は原則一体として移転するものとし、移転に異議のある労働者の意思を尊重する。ただし、その実効性については実務上検討を要する。事業全部の譲渡の結果、譲渡会社は消滅するか、あるいは存続していても大幅な変更を余儀なくされるから、移転先の経営状況さえよければ、労働者は事業の移転先へ移るのが従来の労務内容を維持するうえで有利といえる。これに対して、②事業の一部譲渡については、従来と同様の業務内容を有する部門が残存している場合は、残っている部門への配置転換を可能な限り実施することで労働者保護を図る。一部譲渡の場合は移転先へ移ることが常に労働者の保護になるとは限らない。不当な労働者排除については、不当労働行為等によって解決する。

(3) 移転先の採算性と労働者保護

移転されるのが労働者にとって有利かどうか。移転が職場を失わない点で労働者保護になるかといえば、不採算部門への移転であれば労働者にとって有利とは限らない。会社が事業を譲渡する場合には、採算部門を切り出して解散し承継先で活路を見いだす場合もあれば、逆に不採算部門を切り捨てて、そこに労働者を移転させることで生き残りを図る場合もあり得る。事業譲渡の対象となる部門の状況を具体的にみなければ、労働者処遇の有利・不利は判断できない。

労働契約関係は、単なる債権関係と同一視できない。労働契約を承継する場合に労働者の同意を要するかは、労働契約の移転に関する原則論とは別に考察すべきで、民法625条1項の例外は、特別の規定や合理的理由がある場合に限定して認められるべきである。事業譲渡に伴い労働契約が承継された結果、労働者が不利な立場に追いやられることも考えられるので、労働者の同意を要件とすることは労働者にとって大きな意味がある。このことは、会社分割についても基本的に当てはまる。

参考判例

タジマヤ事件（大阪地判平成11年12月 8 日労判777号25頁〔28051034〕）

　A社が経営悪化のため従業員を全員解雇し解散手続をとった後、その親会社Y社に主要資産のほぼ全部を売却したという事実が実質上の事業譲渡とされ、A社の従業員がY社に承継されたと認められた。A社解散前に解雇されていたXが、Y社とA社は実質的に同一であり、事業譲渡によって雇用関係も承継されると主張したのが本件である。本件では従業員の労働契約も譲渡内容に含むと判示されたが、その根拠の説明が不十分ではないかと筆者は考える。

東京日新学園事件（東京高判平成17年 7 月13日労判899号19頁〔28101933〕）

　経営破綻したA学園が解散し、その後新設のXがAの教育施設の同一性を保持する形で運営を承継したが、従業員についてはAX間の譲渡覚書において、Aが全員解雇しXが新規採用する旨を定めた。そこで、Aを解雇されXで不採用となったYらが不当労働行為として地労委に救済申立てをしたのに対し、XがYらとの雇用関係不存在の確認を求め、Yらが反訴提起。原審（さいたま地判平成16年12月22日労判888号13頁〔28100876〕）は、Xの不採用には客観的、合理的な理由がないとして、XY間の雇用関係の存在を認めた。X控訴。本件控訴審の判旨は、特段の事情がない限り、Xに採用の自由があるとした。以上を通じていえることは、地裁は雇用関係を認める傾向にあるが、高裁は厳格に判断しているようにみえる。

3. 会社法と労働法の交錯

（1）会社法における労働者の位置付け

　会社法には**使用人**概念はみられるものの、労働法が対象とする**労働者**は規定されておらず、賃金債権等を有する**債権者**として登場するだけである。会社法の使用人規制（会社法11、13〜15条）の主目的が取引安全にあり、代理権を有する使用人の代理権を規制対象としており、雇用関係は対象外とされる。したがって、労働者が詐害的会社分割において残存債権者として保護されるのも、債権者として保護されるのであり雇用が対象とはならず、ここに労働者保護の限界がある。会社法の目的は会社関係者の利益調整にあるが、

そこでは**株主利益の最大化**が基本とされている。

（2）労働法学からの批判

会社にとって労働者は不可欠の存在で、重要な**ステークホルダー**である労働者の登場を会社法学が無視するのは疑問とし、会社法が「会社の法人性に関する基本法」であるのなら、多様なステークホルダーを視野に入れるべきで、労働者を単に債権者として登場させるのは不十分との主張で、労働者利益も含む企業概念の提起でもある。

（3）会社分割における労働者保護

合併の場合に労働契約の**包括承継**が認められる根拠について、合併においては承継を拒否しても残るための法人がなく、法人全体が承継されるため労働者間に不平等問題も生じないので、民法625条1項の適用を排除する強行的な承継効果が会社法に定められた。このように解したうえで、会社分割と労働者の**異議申出権**について、民法625条1項が憲法22条1項や13条に基礎を置くものと理解し、当該事業に主として従事している労働者に異議申出権を認めない労働契約承継法3条ないし4条は憲法に抵触するとの主張があるが、異議申出権のない労働者に新たな救済措置を講じるには、憲法論議まで持ち出さなくても、事業譲渡と比較しながら異議申出権の付与に合理性があるかどうか検討すれば足りる。

（4）事業譲渡と労働契約承継法類推適用の当否

近時、会社分割と事業譲渡の本質的類似性に着目して、労働契約承継法を事業譲渡に類推適用するという見解が現れた。この見解に対しては、類推適用のもととなる労働契約承継法が多くの問題を抱えており、これをどのように克服するかが課題となる。

（5）倒産時の事業譲渡と承継される労働者

事業譲渡は会社倒産時に活用されるのが実情である点に着目する指摘がある（金久保茂『企業買収と労働者保護法理』信山社出版（2012年）431頁）。すなわち、倒産時の事業譲渡については、破産手続に関して破産法に労働者保護に関する諸規定があり（破産法36条、78条2項3号）、民事再生法や会

社更生法にも保護手続規定がある（民事再生法42条1～3項、会社更生法46条2項、3項3号）。事業譲渡には譲受会社について責任限定機能、つまり現時点では債務が確定していないが、過去に起きた取引に関連して将来何らかの事象が生じたら確定する債務（**偶発債務**）を遮断する機能があり、これが企業再建に有益な機能を果たし、移転対象を選別し債務の承継をしないという選択の可能性もある。それゆえ承継会社は「労働契約の承継」も強制されないし、労働契約の移転には労働者の同意が必要と理解されることとなる。よって労働者には「承継される不利益」はないと結論する。

　この論者は、事業譲渡に対し会社分割のような立法的措置をすることを批判する。すなわち、①労働者引継ぎを強制すると事業譲受がなされない可能性があり、その結果として事業破綻と全員解雇が待ち受けている。②事業譲渡においては、労働者を保護すべき場面は例外で、健全な企業は労働契約を承継するのが通例で、問題のある事例には不当労働行為で対処が可能である。③要件や適用範囲を明確に立法化することは困難である。そして、④このような立法は、採用の自由に対する重大な制限となることも危惧される。「労使協議の場」を設定する手続的アプローチや解雇の場合の「金銭補償」の立法化などを提言される。

4. 労働契約承継法に係る規則・指針改正の影響

（1）労働契約承継法に係る規則・指針

　会社分割に関する労働契約承継法に係る規則及び同法指針が改正され、事業譲渡及び合併に伴う労働関係上の取扱いに係る事業譲渡等指針も新設し施行され、特に新設された**事業譲渡等指針**が注目される。民法625条1項によって、労働者の個別合意が必要とされる事業譲渡については、労働者の意に反して労働契約の承継が強制されることはない建前となっているが、現実は弱い立場にある労働者が不本意な同意をせざるを得ない場合もある。そこで、労働者保護の見地から新たな指針が設けられ、事業の譲渡会社は会社分割の場合と同様の手続（7条措置、5条協議）を行うのが適当とされた。

（2）施行規則・指針改正後の実務対応

　現行の会社法で**会社分割の対象**が「事業に関して有する**権利義務**」に変更されたが、労働契約承継法2条1項1号では従来どおり、（単なる権利義務ではない）「**事業性**」（事業譲渡における**事業のイメージ**）を維持した。その結果、会社分割について5条協議を要する対象が従来の者に加え、承継される「**不従事労働者**」（承継される事業に全く従事していない労働者）にまで拡大された。また、同協議で説明すべき事項にも「**債務の履行の見込み**」が追加された。そして、5条協議義務違反は会社分割の無効原因とされていたが、個別に効果を争う可能性を認めた。

　有機的一体として機能する組織的財産である事業の譲渡についても、新たに事業譲渡等指針が制定されたため、譲渡会社は会社分割の場合と同様の手続（7条措置、5条協議）をとることが「適当」とされたが、事前協議違反の効果については明確にされず、その違反だけでは承継の効果が否定されるわけでもなさそうである。ただし、上記指針制定の趣旨に照らせば、将来起こり得る争いに備えて実務上は手続を履践するのが適正であろう。

COLUMN

労働契約承継法の現場（佐藤有美 弁護士 執筆）

（1）使用者の会社分割において会社法や労働契約承継法上の労働者保護の制度があり、一定の手続が求められることは、本文の説明のとおりである。合併や事業譲渡など他のM&A手法においても、労働契約承継法が直接適用されることはないものの、労働者にとっては、労働契約の相手方となる使用者が変更になる点で、現実に起こる事象や労働者の懸念は似たものになるだろう。

　事業譲渡や合併については、厚労省から「**事業譲渡又は合併を行うに当たって会社等が留意すべき事項に関する指針**」（平成28年厚労告318号）が発出されており、事業譲渡における労

働契約の承継に必要な労働者の承諾の実質性を担保し、併せて労働者及び使用者との間での納得性を高めることが求められ、そのために会社等が留意すべき事項について記載されている。

　ただ、こういった規制や、留意事項が定められてはいるものの、そもそも、会社分割や事業譲渡といったM&Aの局面において、結局、労働者への説明、協議により理解と協力を得られなければM&A自体が成功することはないのではないか。使用者が変更する（あるいは変更しないで分割会社・譲渡会社との契約を継続する）という場面で、M&Aの前後で同じように働くことができるか、同じパフォーマンスを発揮できるか、離職を招くことはないか、ということは、人材・技術・情報という企業価値そのものにかかわる事項である。この点は、使用者会社の株式譲渡によりオーナーが変更になる場合のM&A手法（使用者である法人は同一である）においても同様である。この意味で、法的な規制・手続を遵守、履践することはもちろんとしても、労働者の困惑、不安を避け、納得のできる説明をして円滑な事業承継を進められるように、というところは常に気に掛けたい点である。

（２）他方、逆に、M&Aの前後において使用者が実質的に同一で、使用者にとっても労働者にとっても実態があまり変わらないケースもある。**同一グループ内の組織再編のスキームとして会社分割の制度を利用する場合**、例えば、グループ会社の持株会社（ホールディングスカンパニー）を設立し、会社分割によって持株会社やグループ子会社間で事業部門を移動するような事例がある。

　このような場合、労働契約承継法の定めほど厳格な手続が必要か、労使双方から疑問を持たれることがある。労働契約承継法の手続は、５条協議、７条措置のいずれも、同法によって求められる協議や説明の程度が必ずしも明らかではない。労働者にとって影響が少ないM&Aであること自体、労働者の理解と

協力を得ることが容易な事情とはなりうるだろうと思われるものの、それでも協議や説明など手続の履践自体、労使双方にとって負担は小さくない。

実態にかかわらず法律上求められる手続であること、また、労働契約承継法上の手続違反は会社分割そのものが違法無効となるリスクもあることなどを説明し、必要な手続を履践するよう求めることになる（「労働契約承継に関する指針」においては5条協議を行われなかった、又は実質的にこれと同視し得る場合には、会社分割の無効原因となり得るとされている）。

〈参考文献〉

山下眞弘『事業譲渡および会社分割の法理と法務　円滑な事業承継をめざして』信山社（2023年）

山下眞弘編著『企業の悩みから理解する　弁護士として知っておきたい中小企業法務の現在』第一法規（2021年）

山下眞弘『会社事業承継の実務と理論　会社法・相続法・租税法・労働法・信託法の交錯』法律文化社（2017年）

野川忍＝土田道夫＝水島郁子編『企業変動における労働法の課題』有斐閣（2016年）

山下眞弘（やました　まさひろ）　弁護士

第**21**章	労働審判手続の活用と対応策

具体例

　XはY社から不当に解雇されたと主張し、解雇の効力を争いたいが解決に時間をかけることは希望せず、早期に会社に復帰できないのであれば金銭解決もやむを得ないとの考えでA弁護士に相談した。A弁護士はXの主張や希望から労働審判を利用することを考えているが、どのような点に注意すべきか。また、Xから労働審判が申し立てられた場合、Y社側から相談を受けた弁護士はどのような対応をすべきか。

検討事項

　2006（平成18）年4月に開始された労働審判制度は、2024年4月で制度開始から18年が経過した。新受件数は2009年までは増加傾向にあったが、2010年以降は年間約3,400～4,000件（2021年は3,609件）で推移しており、ほぼ横ばいである。労働審判制度は労使紛争の解決手段として有効な側面があるが、手続上の負担も多いためいまだ十分に活用されているとは言い難い。そこで本章では労働審判制度を概説し、特に労働者側の立場からの活用方法を検討する。

基本情報

1. 労働審判制度の概要

　労働審判手続は裁判官である労働審判官1名と、労働関係に関する専門的な知識や経験を持つ労働審判員2名で構成する労働審判委員会が行う。労働審判員は労働組合と使用者団体から推薦される者が1名ずつ選ばれるのが実際である。

　審理は原則3回までであり（労審法15条2項）、審理ではまず調停の成立に努め、調停が成立しない場合に審判を行う（同法20条）ことで、話合いによる柔軟な解決を迅速に実現することを企図している。平均審理日数は約2か月半である。約70％の事件が調停で終了しており、第1回期日や第2回期

日で調停が成立することも珍しくない。審判に対する異議申立てがなく確定した事件を併せると80％弱が労働審判手続によって終局的な解決をしており、迅速かつ妥当な紛争解決のための実効性がある手続といえよう。

　紛争の迅速な解決を実現するためには手続の初期の段階から効率的に審理を進めることが必要であり、そのために労働審判規則に種々の定めが置かれている。一例として、当事者には第１回期日までにあらかじめ主張、証拠の申出、証拠調べに必要な準備をすべきことが求められている（労審則15条）ほか、期日においても相手方主張への反論は原則として口頭で行われ（同則17条１項、ただし口頭での主張を補充する補充書面を提出することは可能である）、第１回期日から「第１回期日において行うことが可能な証拠調べ」が実施される（同則21条１項）。実際の手続でも双方の主張や書証の提出は第１回期日までにひととおり完了させ、第１回期日に人証調べが行われた後、調停に入っていくことが多い。

　手続内で調停が成立した場合の取扱いは通常の民事訴訟と同様である。また、審判がなされた場合、これに対して２週間以内に異議が出なければ裁判上の和解と同じ効力が発生する（労審法21条４項）。他方、異議が出された場合には審判の効力は失効し（同法21条３項）、労働審判申立て時点で地方裁判所に訴えの提起があったものとみなされ、通常訴訟として地裁に係属することとなる（同法22条１、２項）。

2. 労働審判の審理

（1）対象事件

ア　個別労働関係民事紛争

　労働審判の対象は「労働契約の存否その他の労働関係に関する事項について個々の労働者と事業主との間に生じた民事に関する紛争」（個別労働関係民事紛争）である（労審法１条）。「労働関係」とは狭い意味での労働契約関係に限定されず、**事実上の使用従属関係から生じる労働者と事業主との関係**を含み、例えば派遣労働者と派遣先企業の紛争も含まれる。「一人親方」等の請負契約に基づく紛争は原則として労働審判の対象ではないが、事実上の使用従属関係にあることが一応の根拠により明らかにされた場合には労働審

判の対象となるとした裁判例（大阪高決平成26年7月8日判時2252号107頁〔28231774〕）がある。労働契約成立前の紛争は原則として労働審判の対象とはならないが、採用内定等により労働契約が成立したことを前提とした権利主張がなされている場合には例外的に対象となる。

他方、労働者相互の紛争、労働関係とは無関係な労働者と事業主の紛争、集団的労使紛争は対象とならない。ベースアップ要求等の利益紛争、権利義務関係の判定によって解決がなされない紛争も対象外である。また、公務員の懲戒処分の取消しや労災保険給付の不支給決定の取消しを求める紛争などの行政事件訴訟も対象外である。

申立てが個別労働関係民事紛争に該当しない場合は申立てを却下する決定がなされる（労審法6条）。この場合、後述する労審法24条1項による終了と異なり通常訴訟への移行はなされない。

イ　労審法24条に該当しないこと

労審法24条1項は「事案の性質に照らし、労働審判手続を行うことが紛争の迅速かつ適正な解決のために適当でない」と労働審判委員会が認めた場合には労働審判事件を終了させることができる（いわゆる「24条終了」）と定める。直近の統計では約4～5％の事件が24条終了となっている。24条終了に該当すると労働審判委員会が判断した場合には審理が打ち切られて通常訴訟に移行する（同条2項）ため、24条終了が予想される事件では当初から労働審判ではなく訴訟手続を選択すべきである。

24条終了がなされる可能性がある事件は以下のようなものがある。

①　整理解雇事件

典型的な整理解雇事件では整理解雇の4要件（要素）の判断に当たり多数の事情を考慮する必要があるほか当事者も多数に及ぶことが多く、原則3回での解決は困難であり労働審判に適さないと判断される可能性がある。もっとも、明らかに整理解雇の要件を満たさないものや当事者が少ない事案では労働審判によって解決することが相当とされる場合もある。

②　労働条件の不利益変更事件

就業規則等の変更による労働条件の不利益変更の効力が争われる場合、有効要件となる「高度の必要性に基づく合理性」の判断に当たっては会社の経営状況の分析等の複雑な情報を含む様々な要素を考慮する必要があるため、

労働審判に適さないと判断される可能性がある。他方、使用者が一方的に不利益変更を行ったようなケースや、労働者の同意の有無が問題となるケースについては上記が妥当しないため、労働審判での審理が可能である。

③　過労死等の損害賠償事件

過労死等の長時間労働に起因する疾病に対する損害賠償請求では長時間労働の有無や医学的知見に基づく因果関係の判断などが争点となり、これを短期間で審理することは不可能である。そのため、一般的には労働審判に適さない事案である。他方、使用者側が責任を認めている等、争点が損害額のみの場合には労働審判でも審理が可能である。また、一般の労働災害で業務と災害の因果関係が明瞭な場合も同様と考えられる。

(2) 審理の進行と実情

ア　審理手続の概要

労働審判の申立てがなされると、労働審判官が期日を定めて関係人の呼出しを行う（労審法14条）。特別な事情がある場合を除き、第1回期日は申立ての日から40日以内に指定される（労審則13条）。

労働審判委員会は期日において速やかに当事者の陳述を聴いて証拠の整理を行い（労審法15条1項）、特別の事情のある場合を除き、3回以内の期日において審理を終結しなければならない（同条2項）。審理においては、委員会が職権で事実の調査をし、かつ、申立てにより又は職権で必要な証拠調べを行うことができる（労審法17条）。

手続は原則として非公開であるが、委員会は必要と認める者の傍聴を許すことができる（労審法16条）。また、テレビ会議システム等の利用も可能である（同法29条1項、非訟事件手続法47条）。

管轄は相手方の住所、居所、営業所若しくは事務所の所在地を管轄する地方裁判所、労働者が現に就業し若しくは最後に就業した事務所の所在地を管轄する地方裁判所である（労審法2条1項）。原則として地裁本庁で実施され、支部で労働審判を実施しているのは、2024（令和6）年4月現在では、東京地裁立川支部、静岡地裁浜松支部、長野地裁松本支部、広島地裁福山支部、福岡地裁小倉支部のみである。

イ　申立書及び答弁書

　申立書には形式事項（労審法5条3項1号、非訟事件手続規則1条1項）を記載し、①申立ての趣旨、②申立ての理由（労審法5条3項2号）を記載するほか、③予想される争点及び争点に関連する重要な事実、④予想される争点ごとの証拠、⑤当事者間においてされた交渉その他の申立てに至る経緯の概要（労審則9条1項）を記載する必要がある。労働審判手続では準備書面のやりとりは予定されていないため、**申立書において間接事実や申立人の主張に関する必要な事項を全て記載するとともに、予想される抗弁に対する反論も記載すべきである。**また、必要な書証も申立書に添付して提出する必要がある（同条3項）。

　答弁書の作成に当たっても、申立書と同様、第1回期日で審理を終えることを前提に**予想される争点についての主張を含めすべて記載する必要がある**（労審則16条1項）。また、必要な証拠も答弁書に添付して提出する（同条2項）。答弁書の提出期限は申立人が答弁書に記載された事項について第1回期日までに準備をするのに必要な期間をおいて定められる（労審則14条2項、通常は期日の10日～1週間前が期限となることが多い）。提出期限を徒過する例も散見されるようであるが、第1回期日での充実した審理の実現のためには厳守されるべきである。筆者も労働審判手続を十分に理解しない相手方代理人が答弁書の直前提出や必要事項の記載が不十分な答弁書の提出をし、期日において労働審判官から厳しく叱責された事案を複数回経験している。

　申立書や答弁書の記載については、法律の専門家ではない労働審判員にも理解が容易になるよう、**要点を押さえた簡潔なものが望ましい。**また、分量についても同様である。なお規則制定の過程では標準的な分量として5頁から10頁程度であり、これを超えるような場合は適切な分量の書面ではないとの意見も出されていた。

　申立書と答弁書は労働審判員に事前に送付されるが、**書証は送付されない場合が多い。**そのため、労働審判員が期日に書証をみてすぐに理解できるよう証拠を厳選するとともに、証拠の重要部分にラインマーカーで印を付ける等の工夫をすることも必要である。また、審判員の手元に届くよう、証拠の重要部分を申立書（答弁書）で引用したり、別紙として添付するという工夫例も提示されている。

ウ　第1回期日

　第1回期日では、申立書と答弁書、補充書面の記載を前提に、当事者の陳述を聴いたうえで必要な証拠調べを実施する（労審則21条1項）。実際の手続では当日の出頭者の確認を行い、当事者双方の提出書類及び提出証拠を確認し、争点を確認したうえですぐに証拠調べに入ることが多い。反論や意見陳述の機会も与えられるが、口頭で行うことが原則である。

　第1回期日では書証だけではなく人証調べも行われる。人証調べは通常訴訟とは異なり審尋（労審法17条2項、民訴法187条）の形式がとられることが多く、まず審判官が証人に対して発問し、その後必要に応じて審判員、当事者による質問がなされるのが通常である。また、審判官の質問は対質の形で行われることが多い。

　実際上の運用では事案や裁判所によって差異はあり得るが、**第1回期日において証拠調べを完了させ、審判委員会で合議を行って心証を形成したうえで調停の試みがなされる**ことが多い。第1回期日で調停が成立することも稀ではない。

　第1回期日の変更に関し、労審法29条が準用する非訟事件手続法34条3項は、「顕著な事由がある場合に限り」期日変更ができると定めており、民訴法93条3項ただし書のような規定はない。実務上は労働審判員との日程の再調整が困難である等の事情もあり原則として期日変更を認めない運用をする裁判所が多い。なお、期日の変更の結果第1回期日が申立日より40日以上後になる場合には「特別の事由」（労審則13条）も必要となる。

エ　第2回期日以降

　第1回期日で調停が成立しない場合には、第2回目の期日が指定されることとなる。第2回期日では補充が必要な場合には証拠調べも行われるが、多くの場合は調停が中心となっている。

　第2回期日でも調停が成立しない場合には第3回目の期日が指定されるが、これが最終の期日であり、第3回期日で調停が成立しない場合には審理を終結する。第3回期日において口頭で審判の告知がなされることも多い。

オ　審理進行の留意点

　労働審判手続においては第1回期日で必要な審理の大部分を終えることが

多く、また期日においては口頭でのやりとりや事情聴取が大きな役割を果たしている。このような審理が可能なのは申立書及び答弁書から第1回期日の段階で当事者の主張の詳細が明らかになっていることが前提であり、当事者も第1回期日に向けて有効な申立書・答弁書の作成や証拠書類の提出、審理に向けての周到な準備が必要である。

（3）証明の程度

　労働審判手続は第1回期日で証拠調べを終えることが通常であるため、第1回期日への準備に当たり自己の主張を認めさせるためにどの程度の証明を要するかを理解しておく必要がある。もっとも、要求される証明の程度についての解釈は定まっておらず、証明が必要とする見解、疎明で足りるとする見解があるほか、いわゆる割合的認定と同様に、心証の度合いを審判内容に反映させることができるとの見解も示されている。その根拠としては労働審判手続の構造が実体法上の要件・効果という判断構造を必ずしも前提としない手続であるとすれば、心証の度合いの審判内容への反映という作用も事実認定というよりも裁量的判断による形成作用としての性格を帯びるため、割合的認定と同様の取扱いも可能であると考えられるというものである。筆者の経験としても、労働審判手続においては事案の妥当な解決の観点から、証拠の証明力や証明の程度は訴訟の場合と同レベルまでの水準を要求しておらず、心証の程度や割合を踏まえて審判がなされる傾向があると感じることはある。

（4）調停及び審判

ア　調停

　労働審判委員会は、審理の終結に至るまで、労働審判手続の期日において調停を行うことができる。労働審判事件の**約7割が調停により解決**しており、労働審判において調停による解決は極めて大きな比重を占めている。

イ　審判

　調停で合意に至らない場合、期日において審理終結の宣言（労審法19条）がなされ、審判が告知される。審判は、審理の結果、当事者間の権利関係及び手続の経過を踏まえて、当事者間の権利関係を確認すること、金銭の支

払や物の引渡等を命ずること、その他紛争解決のために相当な内容を定める（労審法20条1、2項）こととされており、訴訟と異なり自由度がかなり高い。審判主文は委員会が当事者双方に提案した調停案に即した内容となる場合が多いといわれている。

労働審判は主文及び理由の要旨を記載した審判書を作成して行うのが原則であるが（労審法20条3項）、相当と認めるときは、審判書の作成に代えて、すべての当事者が出頭する労働審判手続の期日において労働審判の主文及び理由の要旨を**口頭で告知する方法**により行うこともできる（同条6、7項）。実際上は手続の迅速な進行の見地から審判内容が口頭告知されることが多い。**口頭告知の場合、審判の効力は告知時点で生じる**（同条6項）ため、異議申立て期間の関係で留意が必要である。また、審判が口頭告知された場合、審判書に代わる調書（同条7項）は当然に送達されない（同条4項参照）ので、強制執行を行うためには改めて調書の正本送達申請を行う必要がある。

ウ　審判内容の限界

労働審判は紛争解決のために相当な内容を定めることができるが、一定の限界もある。例として、①申立人が解雇無効を主張し職場復帰を求める事案において、解雇無効と判断するが職場復帰を前提としない金銭解決を内容とする審判をすることができるか、②審判において口外禁止条項を付すことができるか、という問題を取り上げる。

まず、①の点については解雇が無効であり労働契約上の地位が認められるという実体法上のルールを修正して金銭補償という効果を与えるものであり、手続の経過に照らして相当な内容であれば紛争解決手段として有益であるとして肯定する見解が多い。他方、労働者側の立場からは当事者の意思を無視するものであり問題があるとの指摘もある。なお、解雇有効としつつ金銭支払を命じる審判を出すこともできるが、これには柔軟な解決の一例といえよう。

また、②の点については、口外禁止条項は特に使用者側において解決内容が公にされることによるレピュテーションリスクを防止する必要などから要求することが多く、申立人においてもこれを受け入れられるのであれば、事案の解決のために相当性を持ち得る事項と考えることもできる。他

方、労働者側では今後の労働環境の改善や労働運動のために口外禁止条項を付すことを拒否する場合も少なくない。この問題については、労働者側で明示的に拒否している場合に口外禁止条項を付すことが労審法20条1、2項違反となるとした裁判例がある（長崎地判令和2年12月1日労判1240号35頁〔28290075〕、ただし国賠法上の違法性は否定している）。当事者が明示的に反対をしていない場合でも、事案の性質や労働者側の態度を踏まえると口外禁止条項を付すことが不適切となる場合もあると考えられる。

（5）通常訴訟への移行

　労働審判の内容に不服がある場合、労働審判所の送達又は口頭による告知を受けた日から2週間以内に異議の申立てをすることができる（労審法21条1項）。代理人が異議申立てを行う場合には**個別の授権が必要**であるので、委任状にその旨が明記されている必要がある。

　適法な異議申立てがなされた場合、労働審判はその効力を失い（労審法21条3項）、手続は通常訴訟に移行する（同法22条1項）。いわゆる24条終了の場合も同様である。ちなみに、直近の統計では審判による終了のうち52.1%に対して異議申立てがなされている。

　訴訟移行がなされた場合、労働審判の申立書は訴状とみなされる（労審則32条）ため、申立人において改めて訴状を提出する必要はない。ただし、実際の運用では別途**「訴状にかわる準備書面」**の提出を求められることが多い。この場合、申立書の「申立人」を「原告」に変更するなどしたうえで申立書と同一内容の書面を出すか、審判内容等を踏まえて適宜加筆することも考えられる。また、答弁書等の申立書以外の主張書面や証拠資料は移行後の裁判所に引き継がれないため、各当事者は移行後の訴訟手続において再度必要な主張書面や証拠を提出する必要がある。

3. 労働者側の対応

（1）どのような場合に労働審判を利用するか

　申立人（労働者）側で、事件処理の方針を決めるうえで労働審判手続を利用するかどうかを判断するに当たっては、当該事件の性質や想定される解決

水準及び内容、依頼者の意向を踏まえる必要がある。労働審判は迅速かつ事案に即した解決が可能である反面、調停での解決では申立人側も一定の譲歩が必要であり、申立人が主張する権利関係が認められた場合でも必ずしも申立人の要求どおりの審判がなされるとは限らないという不確定要素が存在する。また、異議申立てがなされた場合の長期化のリスクも視野に入れる必要がある。

　以上の特性を踏まえると、**労働審判に適する事件**としては①労働者が高い解決水準よりも早期解決を求める事件、②事前の交渉等を踏まえると相手方との間で調停が可能、又は審判に異議が出される可能性が低いと見込まれる事件となる。具体的には解雇や雇止めの効力が争われる事件で早期の金銭解決を希望する場合や、未払賃金（残業代）の請求で一定の譲歩が可能な場合が典型例である。統計上も地位確認事件と賃金請求が労働審判事件の大部分を占めている。また、立証のハードルも通常訴訟と比して柔軟であることから、③証拠関係に不安がある事件でも労働審判の活用は可能であろう。解雇における地位確認請求の訴額が労働審判の場合にはバックペイ＋３か月分の賃金となるので（訴訟の場合はバックペイ＋１年分の賃金）、④申立手数料の節約が必要な事件も適するといえる。これ以外の視点として、管轄が地裁本庁及び一部の支部に限られることや、通常訴訟に移行した場合にも同一管轄裁判所による審理がなされることから、技巧的ではあるが、⑤訴訟移行が見込まれる場合の管轄の選択のためにあえて労働審判を選択する場合も考えられる。

　労働審判に適さない事件としては、（ア）解雇事件において労働者が職場復帰を強く希望するが、使用者が頑強に職場復帰を拒んでいる場合など、相手方との対立が激しく審判に対しても異議が出されることが予想される事件については労働審判に適さない。（イ）争点が複雑で24条終了が見込まれる事件も同様である。また、労働審判では未払賃金に対して付加金の支払を命じない運用がなされていることや、解雇事件におけるバックペイも訴訟と比して低額となること、その他にも調停での解決には一定の譲歩が必要となることから、（ウ）依頼者が高い解決水準を求める事件については労働審判では依頼者の希望を実現できないこととなる。労働審判対象事件（労審法１条）に該当しない場合には審理が打ち切られてしまうため（同法６条）、（エ）労働者性が争点となる事件では打切りのリスクを考慮して労働審判手続によ

る解決を求めるかどうかの検討が必要である。

(2) 申立てまでの留意点

ア　1労働者1申立ての運用

　実務運用上、迅速な進行の実現のために申立ては労働者ごとに行うことが相当とされている。ただし、争点が共通する場合等複数の労働者について一括して手続を行っても迅速な進行を害さない場合や、各労働者について統一的解決が必要な場合には手続の併合や事実上同一期日での進行を求めるべきであり、そのような運用もなされている。

イ　申立書作成の留意点

　既に述べたとおり、申立書には申立ての趣旨及び理由のほかに想定される抗弁に対する反論等、争点となり得る事項をすべて記載する必要があり、**申立書の作成が労働審判手続の利用に当たっての最大の負担であり難所である**。他方、相手方の場合と異なり、申立人側には申立書作成に当たっては比較的時間に余裕があることが多いため、**申立書の内容をどれだけ充実させられるかが労働審判の帰趨を決する**。そのため、申立人代理人としては、事前の申立人からの聴き取りや証拠関係の精査を徹底的に行ったうえで申立書の作成に全力を注ぐ必要がある。労働審判官・労働審判員に対し、申立書で申立人の主張に理由があり、相手方の抗弁に理由がないという心証を持たせるためには予想される抗弁事項に対する反論を積極的に行うなど「攻め」の姿勢で臨むことが肝要である。また、解雇事件で金銭解決が可能である等、解決水準についての見解を記載することもある。

　相手方との事前交渉については、調停・審判での解決可能性を探ることや予想される抗弁の把握において有益であるが、必須ではない。相手方との事前交渉がない場合、労審則9条1項3号との関係では申立書に事前交渉がない旨を記載することでよいとされる。

ウ　証拠提出

　立証の程度はさておき、申立人の主張が証拠によって裏付けられる必要があることは本訴と同様であるため、特に争いがないと思われる部分についても申立ての理由を基礎付ける部分については証拠提出をすべきである。ま

た、前述したとおり、労働審判員には事前に証拠の写しが提供されず、第1回期日当日にはじめて証拠を見るという運用を前提として証拠の準備や工夫を行う必要がある。法律の専門家ではない労働審判員に短時間で証拠を理解してもらう方策としては前述した工夫のほか、証拠説明書や申立書で当該証拠の主張における位置付けを明記する、重要部分のページ数を示す、証拠の記述を引用するなどの工夫も考えられる。

　第1回期日になされる人証調べにおいて申立人以外の第三者を請求する場合には、当該人物の人証調べの必要性を労働審判委員会に理解してもらうために陳述書を活用することも有効である。他方、申立人本人については申立書に詳細な主張が記載されているため、申立書と内容が重複する陳述書を作成する意味はない。

（3）期日進行のポイント

ア　第1回期日への準備

　第1回期日には申立人本人の出席が必ず必要であるため、期日調整においてもこの点は厳守しなければならない。また、実質審理は第1回期日で終了することが多いため、答弁書への反論も第1回期日までに準備する必要がある。答弁書の提出までの時間も考慮すると、申立後は短期間で相当量の作業が必要となるため、**あらかじめ第1回期日前の依頼者との打合せや反論の準備の時間を確保しておくことが望ましい**。また、第1回期日で調停案の提示がなされることを想定し、**受諾できる水準や条件についてもあらかじめ依頼者と打合せを行い確定させておく必要がある**。答弁書への反論として補充書面や追加書証の提出が必要と考える場合、第1回期日までに提出をしておくべきであるが、十分な準備時間が確保できない場合には、第1回期日での口頭での反論のための資料として反論の要旨や答弁書の問題点を指摘する書面を出し、詳細は期日において口頭で行うということも考えられる。

イ　第1回期日

　第1回期日は通常2～3時間程度の時間を要する。

　期日においては申立人本人に対し労働審判委員会から質問がなされるので、これに対していかに的確な回答をすることができるかが重要となる。そのため、質問内容を想定した事前準備が不可欠となる。申立人が十分な回答

をできなかった場合、代理人が補充的に質問や説明をすることもできるが、できる限り申立人本人が十分な回答をできるよう準備すべきである。

ウ　第2回期日以降

第2回期日では補充的な事情聴取が行われることもあるが、通常は調停手続がメインである。そのため、第1回期日で課題となった事項について検討し、その結果を踏まえて期日に臨むことになる。主張・立証の提出もやむを得ない事情がある場合を除き第2回期日の終了までに行うこととされている（労審則27条）ので、追加主張があればここまでに完了させる必要がある。

COLUMN

労働者側代理人を経験して（山下眞弘 弁護士 執筆）

労働審判手続は、3回の審理で終わることになっているが、労働審判官（裁判官）と労働審判員の力量によって、進行具合や結果が左右される場合があるといわざるを得ない。労働審判員も雇用関係の実情や労使慣行等に関する詳しい知識と豊富な経験を持つ者の中から任命され、中立かつ公正な立場で審理・判断に加わるが、その知識や経験にも個人差があるため、人選の運不運という偶然に結果が左右される余地のあることは否定できないであろう。

そこで、審判官や審判員に主張内容を十分理解してもらい、当方の味方に付ける意味でも、第1回期日までに提出する労働審判手続申立書での主張は、審判担当者の心証形成のうえで特に重要である。申立書の主張内容は説得的か、信頼に足る証拠はあるか等が判断される。申立書の内容で基本的には結論の方向が決まるといっても過言ではないであろう。その意味でも、労働審判手続申立書の記載は全力で慎重に取り組むべきであるが、これは労働審判に限ったことではない。

そして、第3回期日になって審判担当者が当事者を説得し納得させる可能性を判断する段階で、こちら側が仮に不利な状況であって

第21章　労働審判手続の活用と対応策

も諦めず、主張の正当性や合理性につき理解を得る努力を続けることが肝要である。必ず3回の審理で決着させるという意気込みで臨むべきである。筆者は労働委員会の公益委員としての経験を生かし、たとえ裁判官が最終期日での解決に消極的であっても、労働審判の制度趣旨を強調し、3回で解決できるか否かは審判官や審判員の力量次第であると檄を飛ばして、相手方を説得するよう促した経験がある。このことは、労使双方いずれの代理人についても当てはまることである。

4. 使用者側の対応

(1) 労働審判の申立てを受けた場合の対応

ア　基本的姿勢

　使用者から労働審判を申し立てることもできるが、通常は相手方となるため、使用者側では往々にして受け身の姿勢がみられる。

　しかし、労働審判の申立て後、相手方に対して申立書の送達がなされてから第1回期日までの期間は送達等の事情にもよるが1か月程度しかなく、答弁書の提出期限はそれよりもさらに短いため、使用者側は**極めて短時間で準備を整える必要がある**。労働審判における使用者側の負担、特に第1回期日までの準備の負担は極めて大きいため、事件に対して受け身の姿勢で臨むのではなく、紛争発生時から労働審判の申立てがなされる可能性を考慮して行動することが望ましい。受任する弁護士においても短期で集中的な作業が必要になることを理解し、あらかじめ十分なスケジュール調整を行う必要がある。

　また、前述のとおり第1回期日の変更には顕著な事由が必要であるため、通常は第1回期日の変更は難しいと考えておく必要もある。

イ　答弁書の提出

　既に述べたとおり、**労働審判では第1回期日で心証を固めてしまうことが**

299

多いため、充実した答弁書を作成し提出することが何より重要である。また、労働審判委員会の事前評議がなされることも踏まえ、**答弁書の提出期限は厳守しなければならない。**実際にも答弁書が提出期限を徒過した場合、労働審判員から強い指摘がなされることが多い。答弁書の期限徒過に対しては経験豊富な審判員から「答弁書の提出が遅いと双方の主張や疑問点を最終的に整理できないため、これらがよくわからず、結局、相手方（使用者）に対する心証があまりよくないという状況で期日に臨むことになる」旨の指摘がなされていることも肝に銘じなければならない。

（2）期日進行における留意点

ア　決定権限を有する者の出席

　労働審判期日（特に第1回期日）に代表者や人事部長等の責任者が出席しない例が散見される。第1回期日の変更が事実上認められない運用の下、責任者の日程確保が困難という点は理解できるが、前述したとおり第1回期日で心証を固め和解協議も行うという運用からは、第1回期日に責任者が出席せず期日で実質的な議論ができないということは望ましくない。実際にも代理人のみが出席したケースや紛争解決に対する権限を有しない従業員のみが出席したケースにおいて、労働審判委員から相手方に対し紛争解決に対し真摯に取り組む姿勢が感じられないとの指摘がなされることもある。そのため、可能な限り**紛争解決に対して権限を有する者が期日に出席すべきである。**やむを得ず出席できない場合でも事前に方針や解決水準について十分な打合せを行い期日を空転させることだけは避けるべきである。

イ　第1回期日での対応

　実質審理は第1回期日で終了するということを意識して準備しなければならない。時折第1回期日で相手方より「検討のうえ追って反論書を提出する」という対応がなされることがあるが、このような対応では労働審判制度を理解していないとの疑念を裁判所や申立人から持たれてもやむを得ない。使用者側代理人においても第1回期日の重要性を強く意識し、答弁書で必要な主張・証拠をすべて提出したうえ、第1回期日では労働審判員からの質問に的確に答えられるよう準備をする必要がある。

ウ　柔軟な解決への調整

　労働審判制度は事案の実情に即した柔軟な解決を実現するための手続であり、この点を十分理解して手続に臨む必要がある。特に調停条項の作成に当たっては事案の解決のために必要と思われる条項を盛り込むことが多いため、使用者側でもこの点を意識し、どうしても譲れない点以外では柔軟な対応を行うことが求められる。

〈参考文献〉

　水町勇一郎『詳解労働法〈第3版〉』東京大学出版会（2023年）

　山川隆一『労働紛争処理法〈第2版〉』弘文堂（2023年）

　佐々木宗啓ほか編著『類型別労働関係訴訟の実務Ⅱ〈改訂版〉』青林書院（2021年）

　西谷敏『労働法〈第3版〉』日本評論社（2020年）

　君和田伸仁『労働法実務　労働者側の実践知』有斐閣（2019年）

　白石哲編著『労働関係訴訟の実務〈第2版〉』商事法務（2018年）

　山川隆一ほか「座談会・現場から見た労働審判の10年」ジュリスト1480号（2015年）43頁以下

　石嵜信憲編著『個別労働紛争解決の法律実務』中央経済社（2011年）

　菅野和夫ほか『労働審判制度－基本趣旨と法令解説〈第2版〉』弘文堂（2007年）

　定塚誠「労働審判と要件事実」伊藤滋夫企画委員代表『要件事実の現在を考える』商事法務（2006年）138頁

半田望（はんだ　のぞむ）　弁護士

| | 第**22**章 | 労働委員会の役割—不当労働行為を中心に |

具体例

　労組法 7 条 2 号は、使用者が「正当な理由」なく団交を拒否することを禁じている。ところが、団交に応じない使用者は「解決済み」あるいは「受け入れる義務がない」と回答するのみで、組合側の要求内容を検討する姿勢をみせず、その具体的な理由も説明しない。

　これは「誠実交渉義務違反」ではないか。このような場合は、交渉に応じるよう求めて労働委員会に救済申立てができるのではないか。そして、労委は基本的に救済命令を発すべきではないか。また、この種の「紛争を防止」するには、労使双方はどうすればよかったか。顧問弁護士として、どのようにアドバイスすべきか。

検討事項

　本事例のモデルとして「**誠実交渉義務**」に関する東京地判平成元年 9 月22日労判548号64頁〔27805240〕がある。それによれば、救済申立てを受けた労働委員会は、「誠実に団交に応じること等」を命じたところ、会社側は命令を不服として、その取消しを求めたが、東京地裁は「会社の対応は合理性を欠く」として労働者側の主張を認めた。なお、救済命令の内容の違法性が問題となった別の事案について、下級審が労働委員会の発した命令が裁量権を超えたとしたのに対し、最高裁がこれを覆し労働委員会の命令を適法とした注目すべき判決がある（最判令和 4 年 3 月18日労判1264号20頁〔28300647〕）。使用者の**団交応諾義務**は憲法28条及び労組法 7 条 2 号から導かれるところ、誠実交渉義務を定める明文の規定はない。そこで微妙に判断が分かれる。

　なお、**不当労働行為**は、①最初に「都道府県労働委員会」に申し立てて（労組令27条）、②使用者が都道府県労働委員会の救済命令等に対して、中央労働委員会に再審査の申立てをしないとき、又は中労委が救済命令等を発したときは、使用者は救済命令等の交付の日から30日以内に救済命令等の「取消しの訴え」を提起することができる（労組法27条の19第 1 項）。そこで、本章では「労働委員会の役割」について、詳しくみていくこととする。

基本情報

　日本の労働委員会は、1945（昭和20）年に旧労働組合法のもと創設され、翌年業務を開始している。その後、1949（昭和24）年から現行労働組合法が施行され、現在の労働委員会になった。このように労働委員会の歴史は長い。労働委員会では、主として「不当労働行為」事件の審査と労働争議の調整を行っている。この不当労働行為制度は米国を母法として立法されたという経緯があり、日本の労働委員会は米国のNLRB（全国労使関係局）に相当するが、組織と運営の両面で両法制度は基本的に異なっている。ただし、注目すべきは、NLRBでは「和解」が強く勧められ、8割以上が和解で処理されているようであり、この点は日本の労働委員会も参考とすべきであり、筆者も公益委員を務めていた当時、和解による解決の重要性を強く認識し、和解を実践してきたところである。

　本章では、公益委員の経験を踏まえ、「大阪府労働委員会ホームページ」及び同委員会事務局作成の「令和4年調整事件・審査事件統計表」も参照しながら解説していく。

1. 労働委員会

　労働委員会は、労使関係の中でも集団的労使関係を対象とした労使紛争の解決を援助することを目指した独立した行政機関（行政委員会）であり、国（中央労働委員会）と都道府県（都道府県労働委員会）に設けられている（労組法19条以下）。

　業務は、労働組合法、労働関係調整法をはじめ関係法令に基づいて行われ、その内容は、以下のとおりである。

　ア　労働争議の調整（調整機能）

　　　委員会における労働争議の調整（あっせん・調停・仲裁）を通じて、争議の円満な解決の援助を行うこと

　イ　不当労働行為の審査（判定機能）

　　　簡易、迅速な手続によって、実質的に団結権を保障するべく、不当労働行為の事実の存否を判断し、原状回復のための救済措置を行うこと

　ウ　公益事業の争議行為の予告通知に関すること

　エ　労働争議の実情を調査すること

オ　労働組合の資格審査に関すること

カ　地方公営企業等における非組合員の範囲の認定に関すること

キ　労働協約の地域的拘束力を決議すること

　労働委員会はこのような仕事を通じて、集団的な労使関係の円滑化を図る役割を担っている（労組法20条）。

2. 労働争議の調整

（1）調整事項

　労使間に生じた紛争は、ほとんどが調整の対象となるが、主な調整事項を示すと次のようなものである。

　　ア　賃金等に関する事項　…………………賃上げ、一時金、退職金、賃金体系など

　　イ　賃金以外の労働条件に関する事項…労働時間、休日休暇、定年制など

　　ウ　人事等に関する事項　…………………配転、解雇、人員整理など

　　エ　組合活動等に関する事項　…………組合員の範囲、ショップ制など

　　オ　協約締結及び改定　…………………労働協約の変更など

　　カ　団交促進　……………………………団体交渉に相手が応じない場合など

（2）調整方法

　労働委員会が行う調整の方法は、**あっせん・調停・仲裁**の３つに分かれているが、多くの場合、あっせんの方法が利用されている。

第22章　労働委員会の役割—不当労働行為を中心に

調整方法の種類別相違点

区　分	あっせん	調　停	仲　裁
調整者	あっせん員 通常、公益・労働者・使用者各側1名の三者構成	調停委員会（労・使委員は同数） 　公益委員 　労働者委員 　使用者委員	仲裁委員会 　公益委員　3名以上 　　　　　（奇数） （労働者・使用者委員は意見を述べることができる）
開　始	①労使双方の申請 ②労使いずれか一方の申請 ③労働委員会会長の職権	①労使双方の申請 ②労使いずれか一方の申請 　・労働協約に定めがある場合 　・公益事業の場合 ③労働委員会会長の職権 ④知事の請求　　他	①労使双方の申請 ②労働協約の定めによる労使双方又は一方の申請 　　　　　　　　　他
当事者の対応	あっせん応諾は被申請者の意思による。	関係当事者の出頭を求め、意見を徴さなければならない。	
方　法 ・ 効　果	争議解決への援助あっせん案を提示することもある。	調停案を示して労使双方に受諾を勧告する。 調停案を受諾するかどうかは自由で、法的に拘束されない。	仲裁裁定を行い、仲裁裁定書を交付する。 当事者は、この裁定に従わなければならず、その効力は、労働協約と同一である。

出典：大阪府労働委員会「労働委員会のごあんない」2頁

3. 不当労働行為

（1）労組法7条

　労使関係にとっては、労使が「対等の立場」で話し合って労働条件を決めるということが重要である。そこで、労組法は、労働者の正当な権利として、労働者が団結して自由に労働組合をつくり、使用者と交渉することを保

305

障している。つまり、使用者がこの権利を認めて「労使の話合い」でお互い
の関係をつくっていくことが、労使関係の最も基本的なルールである。その
ため、このルールに反した使用者による行為は、労組法7条により、「不当
労働行為」として禁止されている。不当労働行為がなされ、当事者による解
決が困難になったときは、労働組合又は労働者は、労働委員会に対して救済
を申し立てることができる。このように、**使用者による不当労働行為**」の
みが禁止されているのが日本の制度の特色といえる。

（2）不当労働行為の審査手続

ア　申立て

　救済手続は、労働組合・労働者が、使用者から不当労働行為を受け、労働
委員会に対して、その救済を求める旨の申立てをすることから始まる。

イ　審査

　申立てを受け付けると、当事者に調査開始通知書を送付し、第1回の調査
期日を通知するとともに、被申立人（使用者）に**答弁書**（申立てに対する使
用者の主張）の提出を求める。審査には、調査と審問の2段階がある。

ウ　合議・判定

　結審すると、当該申立てを担当した審査委員を含む公益委員が、公益委員
会議において、使用者の行為が不当労働行為に当たるか否かを合議し、判定
する。

エ　和解と取下げ

　当事者は、命令書（決定書）の写しを受け取るまでは、労働委員会の関与
によって、又は自主的に**和解**することができる。また、申立人は、申立ての
全部又は一部を取り下げることができる。和解や取下げがあれば、事件は終
結する。

オ　審査の実効確保の措置

　当事者は、申立てから命令書（決定書）の写しを受け取るまでの間、当事
者・証人の出頭が妨害された場合や、解雇された労働者が社宅の明渡しを求

第22章　労働委員会の役割―不当労働行為を中心に

められた場合のように、そのまま放置すれば、審査の実効が失われるような
事態が生じたときは、労働委員会から相手方当事者に対して審査の実効確保
の措置の勧告を行うよう求める申立てをすることができる。

カ　命令・決定に不服がある場合
　労働委員会の判定に不服がある場合、次のいずれかの方法により不服を申
し立てることができる。ただし、救済命令は、行政訴訟の確定判決又は再審
査によって取り消されるまでは有効なものとして取り扱われる。

COLUMN

労委による誠実交渉命令と裁量権の範囲

　冒頭で紹介した最判令和4年3月18日労判1264号20頁〔28300647〕
の事案の概要は、以下のとおりである。X法人が、55歳を超える者
の賃金引下げ等を伴う給与制度の変更について、Z組合に団交を申
し入れ、複数回の交渉の結果、Z組合の同意が得られないまま就業
規則を変更し賃金引下げ等を実施した。そこで、Z組合は本件制度
の実施後ほどなく、Y労委に対し団交時のX法人が不誠実で不当労
働行為に該当するとして救済申立てを行った。約4年後、Y労委は
申立てを認容し救済命令を発した。そこで、X法人は本件救済命令
の取消しを求めて提訴した。
　下級審はいずれも、4年前後経過した時点で改めて団交をして
も、合意が成立することは事実上不可能であると推認することがで
きるため、本件命令はY労委の裁量権の範囲を逸脱したものと判断
した。これに対し、最高裁は、誠実交渉命令を発することは、一般
に、労働委員会の裁量権の行使として、救済命令制度の趣旨、目的
に照らして、是認される範囲を超え、又は著しく不合理であって濫
用にわたるものではないとした。そのうえで、合意の成立する見込
みがないと認められる場合であっても、使用者が誠実交渉義務を尽
くしていないときは、その後誠実に団体交渉に応ずるに至れば、労

307

働組合は当該団体交渉に関して使用者から十分な説明や資料の提供を受けることができるようになるとともに、組合活動一般についても労働組合の交渉力の回復や労使間のコミュニケーションの正常化が図られるとした。以上、最高裁は、実現可能性のない団交事項であっても誠実交渉命令は効果を持つとしている。現実的な違いが実際に生じるかどうかはともかく、実務界も最高裁の基本的な姿勢は是認できよう。なお、本件については、季刊労働法280号（2023年）74頁以下に特集「今後の誠実交渉義務—山形大学事件を契機に」がある。

4. 元公益委員からの提言

　最後に、大阪府労働委員会で公益委員を務めた筆者の経験からは、主として以下のことがいえそうである。

（1）どの段階で心証が形成されるか

　公益委員の心証形成は、書面による**調査**の段階で、ほぼ大きな方向が決まると認識してよい。**審問**の段階では、提出された書面の内容確認が行われ、そこで補足すべき点があれば充分に説明しておくべきである。公益委員の顔色を覗う当事者が目立ったような印象を受けたが、その気持ちはわかるが、公益委員としては内心を表情に出さないようにしており、書面に記載された内容を補う発言でもない限り、審問での感情的な発言は期待したほど意味をなさないと認識しておくべきである。したがって、申立書や答弁書など各種の書面の記載内容が重要な意味を持つものと理解し、まず書面の作成に力点を置くべきである。説明の不十分な書面や不備のある書面は、公益委員の心証を悪くするだけであり、手続の遅延を招く。裁判についても同じことがいえるであろう。なお、最終判断は「公益委員会議」の慎重な合議によって決まるのであり、徹底した合議の結果、中には原案が覆される例もあった。

（2）書面提出の遅延は致命的である

　書面の重要性は理解できても提出の遅延は場合によっては命取りになると心得るべきである。**申立書**が提出されると、第1回の調査期日を通知するとともに、被申立人（使用者）に**答弁書**の提出を求める。これが出ないと手続が進まず、調査期日も先送りとなり、すべての手続が滞ることになる。調査ができなければ、審問も遅滞することとなり、審査委員（公益委員）の心証にも少なからず悪影響が生じる。これは肝に銘じておくべきである。これは答弁書だけの問題ではない。必要に応じて**準備書面**や**書証**の提出も求められる。**求釈明**がスムーズに進まなければ、審査委員としては争点整理もできない。その結果、最悪の場合は、争わぬまま敗退という運命にもなりかねない。これは裁判でも同じであろう。

（3）和解による解決が合理的である

　結審に至るまでに、早期の和解による解決が当事者双方にとって得策であるといえる。審査の途中でも、労働委員会は当事者に和解を勧めることができる（労組法27条の14第1項）。結審してからでもよいが、できれば結論がみえてくれば、審問の段階であっても和解による解決が労使双方にとってメリットが大きい。労使のいずれかが有利な状況であっても、命令による解決には相当な期間を要し、命令によると当事者に不満が残る。その結果、中労委に再審査を申し立てたり、地裁に行政訴訟を提起するという争いに双方が巻き込まれる不幸な結果となる。再審査や訴訟によっても、都道府県の労働委員会でみられるような不満が残る可能性が高いといわざるを得ない。労働紛争は長年にわたる労使の感情の縺れの側面もあり、すっきり解決することが難しい争いということもでき、命令や判決になじみにくい。そういうわけで、筆者としては参与委員の協力も得て、多くの紛争を和解に導いた事例が少なからずあったと記憶している。

　なお、参考までに、大阪府労働委員会事務局「令和4年調整事件・審査事件統計表」によれば、同委員会「不当労働行為事件関係」の**命令決定事件処理日数**（令和2年〜同4年）の平均は、およそ600日前後とされている。これでも以前の状況に比べれば短縮されてきたと評価できる。筆者の経験からも、実務に習熟した優秀な事務局が最大限に活動した結果ということができ

よう。命令による解決は、2年に近い期間を費やしても、どうしても不満が残るもので、これは労働紛争の特異性によるといえよう。

(4) 労働紛争を未然に防ぐための具体策

団交応諾義務違反（不当労働行為）を理由として労働委員会に提出された申立書を精査すると、会社側弁護士にも原因があるのではないかと見受けられるケースも珍しくない。つまり、労働組合を嫌悪した団交拒否である。数回でも団交に応じて組合側の言い分に耳を傾けておれば、労働紛争が回避できたと思われる事案もなくはない。また、労働者側弁護士に問題があると見受けられるケースとしては、深夜に至る過酷な交渉である。使用者を悪として戦う姿勢に徹すると団交拒否を招く。労使双方の代理人が紛争解決の姿勢で交渉に臨むことが求められる。

そのためには、労使双方の代理人同士による**事前協議**が重要で、戦う姿勢に徹するのを改めるのが得策であり、労使双方の弁護士相互間の信頼構築が大前提となる。勝敗にこだわるのではなく、労使双方の利益を最優先する姿勢が求められる。相互の信頼構築には相互理解が不可欠で、対立関係にある弁護士相互間での研究会（意見交換）も有益である。

そして、何よりも重要なことは、労使間の信頼関係である。紛争の種を生まない環境づくりが根本である。労働条件をめぐる対立を生まないためには、労働条件を明確にすることである。そのうえで、後日になって生じる経営悪化などの労働環境の変化にも対応できる体制を整えておく必要がある。そこで、以下に具体的な提案をしておきたい。

ア　労働条件を書面で明示

労働紛争の多くは、労働条件を書面で明示しておけば、未然に防止することが期待できる。使用者が労働者に対して示すべき労働条件について、具体的には労基則5条1項に規定されている以下の事項を明示する必要がある。

①労働契約の期間に関する事項、②有期労働契約を更新する場合の基準（有期労働契約の通算期間又は更新回数の上限を含む）、③就業の場所及び従事すべき業務に関する事項（就業の場所・業務の変更の範囲を含む）、④始業及び終業の時刻、所定労働時間を超える労働の有無、休憩時間、休日、休暇並びに労働者を2組以上に分けて就業させる場合における就業時転換に関

第22章　労働委員会の役割─不当労働行為を中心に

する事項、⑤賃金（退職手当及び同項5号に規定する賃金を除く。以下この号において同じ。）の決定、計算及び支払の方法、賃金の締切り及び支払の時期並びに昇給に関する事項、⑥退職に関する事項（解雇の事由を含む）、⑦退職手当の定めが適用される労働者の範囲、退職手当の決定、計算及び支払の方法並びに退職手当の支払の時期に関する事項、⑧臨時に支払われる賃金（退職手当を除く）、賞与及び同則8条各号に掲げる賃金並びに最低賃金額に関する事項、⑨労働者に負担させるべき食費、作業用品その他に関する事項、⑩安全及び衛生に関する事項、⑪職業訓練に関する事項、⑫災害補償及び業務外の傷病扶助に関する事項、⑬表彰及び制裁に関する事項、そして、⑭休職に関する事項が列挙されている。

イ　具体的に記載された就業規則

　労働条件を書面で明示するのは相当な分量になるので、従業員に共通する労働条件については「**就業規則**」を作成し明示することで足りる。労基法では、就業規則の作成及び届出の義務があるのは、常時10人以上の労働者を使用する事業場であるが、常時10人以下の事業場でも、紛争防止のため就業規則を作成し明示することが推奨される。就業規則には、絶対的必要記載事項、相対的必要記載事項を記載する必要がある。

　就業規則を作成する場合、又は改定する場合には、一般的抽象的ではなく具体的に表現することが重要である。就業規則は、労働基準監督署に届け出るために作成するものではなく、使用者と従業員のために作成するルールブックであって、労働裁判などでは、就業規則の記載内容が重視される傾向があり、就業規則に基づいて具体的にどのような労務管理をしていたかが問題とされる。なお、「**労働条件通知書**」又は「労働（雇用）契約書」を作成し、就業規則と併せて労働条件を明示し確認すれば、労働紛争の防止に資する。

ウ　適正な就業規則の作成と活用

　雇用継続中に、経営環境の変化などに伴い労働条件を変えざるを得ない場面もある。その場合に適切な対応をとれば、労働紛争の発生を防止することもできる。そのためには、就業規則を十分に活用したい。日常的な労務管理の中では、就業規則に定めのない事案も生じるため、想定外の事案に対し

311

て、どのように就業規則を解釈し適用していくのかが重要となる。したがって、就業規則が使用者の実態に合っていることが前提条件となり、それが労働紛争の予防にも役立つといえる。

(5) 労働委員会による行政救済制度の見直し

　労働委員会の救済命令は、その判断が確定するまで長期を要する覚悟が求められるが、これは改善の余地がないものか。都道府県労働委員会の命令が出たあと、中労委、地裁、高裁、そして最高裁まで多くの段階を待って判断が確定するわけで、最長で5審制となっている。前述したとおり紛争の早期解決には和解が最善であるが、例えば審級の省略を認めるなど行政救済制度には改善の余地があるのではなかろうか。

　なお、公益委員の構成バランスについては、それぞれの経緯もあろうが、専門性にも配慮されるべきではなかろうか。各都道府県の実態について詳細は不明であるが、弁護士は基本的に適任とされるためか人数枠も大きいが、大学関係者もそれに次いで多く、しかも特定の大学が指定されていたり、各大学でも指定された学部から委員が選出される例が少なくないように見受けられる。運用上これもやむを得ないのかもしれないが、その結果、法律の専門から遠い委員が選出される例も生じ、優秀な事務局の支援を得ながらも、委員によっては、審問の進め方に関わる技術的な側面に加え不当労働行為の専門的な判断に戸惑いもあるように見受けられる。委員の選出については、可能な限り、選出母体や専門性にも配慮するよう改善する余地がありそうである。

5. 労働者側代理人からのコメント（半田望 弁護士 執筆）

(1) 労働者側の立場での労働委員会の活用

　労働委員会での手続に弁護士が労働者側代理人として関与するケースは必ずしも多くない。労働委員会の主要な権限は不当労働行為の審査と救済、及び集団的労使紛争の解決にあるところ、これらの紛争の多くは労働組合が当事者となって、または支援して行われるため、弁護士に委任せずに手続が申し立てられる傾向があったといえよう。また、弁護士も特に集団的労使紛争

312

事件では積極的に手続に関与してこなかったといえる。

　しかし、労働委員会では不当労働行為の救済命令を出すに当たり、裁判ではなし得ないとされている復職命令や団体交渉を誠実に行うよう命令することができ、また陳謝文（ポストノーティス）の掲示、交付などを命じることもできる。そのため、損害賠償のみでは解決方法として不十分な場合には、労働委員会の手続を利用することを検討すべきである。逆に、労働委員会による救済命令は原状回復を目的とするものであるので損害賠償を命じることはできない。損害賠償を求める場合には、別途不当労働行為が不法行為に当たるとして訴訟を提起する必要がある。

　労働委員会での手続でも事実認定や法の解釈・適用が争われる場面があり、また証拠の入手や取捨選択の判断も訴訟と同様である。そのため、弁護士が専門的知見から関与・助言する必要性は訴訟と変わりはない。特に労働委員会の判断を取消訴訟で争う可能性がある場合、労働委員会が物件提出命令をしたにもかかわらず提出しなかった証拠は訴訟で申出ができない（労組法27条の21）という制限があるため、労働委員会でどのような証拠を提出するかの判断においても、訴訟を見据えた弁護士の関与・助言が求められよう。

（2）不当労働行為の類型

ア　不利益取扱いの例

　労組法7条1号で禁止される不利益取扱いには、解雇・配点・出向・昇格・懲戒処分などの人事上の不利益のほか、賃金や一時金などの労働条件や福利厚生に対する不利益、仕事外し、各種催しへの参加をさせない等の嫌がらせも含む。組合役員への配転や組合資格を失わせる昇格など、組合活動上の不利益をもたらす行為も含まれる。有期労働契約の更新拒否は、解雇と同視できるものとして不利益取扱いに当たる。他方、新規採用の拒否については不利益取扱いに当たらないとするのが判例（JR北海道・日本貨物鉄道事件・最判平成15年12月22日民集57巻11号2335頁〔28090325〕）であるが、学説上は批判も多い。事業譲渡に伴う譲渡先からの採用拒否については、裁判例も不当労働行為性を肯定したもの（青山会事件・東京高判平成14年2月27日労判824号17頁〔28071269〕）と否定したもの（静岡フジカラーほか2社事件・東京高判平成17年4月27日労判896号19頁〔28101775〕）の双方がある。

組合に対する妨害以外にも別途理由がある場合の不当労働行為の成否については、争われた不利益取扱いの決定的な要因により判断する（決定的動機説）のが判例（東京燒結金属事件・最判平成10年4月28日労判740号22頁〔28032561〕）である。

イ　団体交渉拒否の例
　不当労働行為制度の適用を受ける労働組合は組織形態や規模を問わない。個人加盟を原則とする合同労組（ユニオン）も労組法の労働組合の要件を満たせば対象となる。
　団交拒否の形態としては、①交渉に応じない場合（形式的団交拒否・窓口拒否）と、②交渉には応じるが誠実に交渉しない（実質的交渉拒否・不誠実団交）がある。①の類型では使用者側に交渉に応じない正当な理由があるかどうかが争点となり、実務上よく問題となるのはそもそも当該使用者が団体交渉の相手方として適切か（使用者性）、及び組合の要求が義務的な団体交渉の対象事項であるか、である。使用者性に関する判例としては朝日放送事件（最判平成7年2月28日労判668号11頁〔27826691〕）がリーディングケースであり、基本的な労働条件等について現実的かつ具体的に支配、決定することができるかどうかがメルクマールとなる。
　義務的団交事項の代表的なものとしては、労働条件のほか、人事考課、配転、懲戒、解雇等の人事に関する基準や手続、ユニオンショップ、組合活動に対する便宜供与、団体交渉や労使協議の手続、争議行為に関するルールがある。経営・生産事項といった使用者の裁量に属する事項であっても雇用を含む労働条件に影響する場合には義務的団交事項となる。また、組合員個人の労働条件、権利も義務的団交事項とされている。他方、非組合員の労働条件については原則として義務的団交事項に当たらないが、例外的に該当する場合もある（国・中労委（根岸病院・初任給引下げ団交拒否）事件・東京高判平成19年7月31日労判946号58頁〔28140179〕）。
　②の類型では、使用者側に誠実団交義務違反があるかどうかが争点となる。誠実交渉義務を尽くしたかどうかは、（ア）団体交渉の日程や時間、回数、人数、参加者などから交渉機会が十分に持たれたといえるか、（イ）回答根拠について具体的かつ十分な理由を示したか、（ウ）交渉の姿勢が適切であったかどうか、といった点から判断される。特に使用者側の出席者が適

314

切かが争われることが多いが、相当の権限がある者が出席し、労働組合に対して具体的に交渉できるか否かで判断するのが裁判例の傾向である。また、説明の相当性についても多数の裁判例がある。

ウ　支配介入の例

支配介入となるのは極めて幅広い。典型的なものとしては、人事考課、配転、解雇といった人事上の行為があるが、使用者の言動が支配介入となる場合もある。組合を非難する社長の発言が支配介入に当たるとした判例（ヤンマーディーゼル事件・最判昭和29年5月28日民集8巻5号990頁〔27003169〕）もある。また、従業員の行為が支配介入に当たるとした判例（中労委（JR東海［新幹線・科長脱退勧奨］）事件・最判平成18年12月8日労判929号5頁〔28112457〕）もある。その他によくみられる例として、使用者施設の利用拒否がある（国労札幌支部事件・最判昭和54年10月30日労判329号12頁〔27000191〕）。

組合弱体化や組合活動妨害などの積極的意図がなくとも、当該行為によって労働組合の組織・運営、活動に支障や影響を及ぼすものであることを認識していれば支配介入が成立する（前掲ヤンマーディーゼル事件、日本IBM事件控訴審・東京高判平成17年2月24日労判892号29頁〔28101296〕）。

（3）不当労働行為に対する労働者側での対応の注意点

労働組合や労働者から相談を受けた場合、使用者側の主張をうのみにせず不当労働行為該当性を検討すべきである。不当労働行為（特に支配介入）が成立する場面は相当広範であるため、裁判例等に照らし使用者側の主張が適切かどうかを判断する必要がある。

また、労使交渉の段階で弁護士が助言をする場合、労働組合が過激な意見を述べていたとしても、法の専門家として冷静かつ節度を保ち、紛争の防止・解決を主眼に置いて当事者が過剰な行為に及ばないように助言をするよう心がけるべきである。

315

6. 使用者側代理人からのコメント（佐藤有美 弁護士 執筆）

（1）使用者側における集団的労使紛争とは

　集団的労使紛争に関与した経験のある弁護士は必ずしも多くない。これは、使用者側弁護士だけではなく、労働者側弁護士にも当てはまるように思う。個別紛争案件に比べて絶対的な件数が少ないという面もあるが、必ずしも弁護士が代理人として関与せずに解決していく場合もあり、また、あえて代理人として関与しない方針としている弁護士もある。

　不当労働行為として禁止された行為は、一般の民事法上で不法行為などとされてきた行為の類型とは毛色が異なる。また、不当労働行為救済手続をはじめとする、労働委員会の手続は、裁判とは異なる行政手続である点でも、勝手が異なる。行政手続である面、ある種**行政裁量**ともいえる範囲の中で、都道府県の労働委員会ごとに調査や審問の進め方が異なる場合もある。その面でも、弁護士にとって最初はハードルがある。あるいは、裁判所における手続と同様と考えて処理してしまうと対応を誤り、大きな失敗につながることさえある。また、必ずしも労働組合嫌悪の発露ではないのに、少しの誤った対応によって代理人弁護士の行為自体が不当労働行為である、とされる事態にさえなりかねない。

（2）不当労働行為救済手続と私法上の司法救済の相違

　労働委員会における**行政救済**と、**私法上の司法救済**では、異なる点が多くある。例えば、労働組合への所属等を理由として解雇された案件などにおいて、当該労働者を解雇前の地位に復帰させる「**原職復帰**」を命じることができるかどうか、という論点がある。不当労働行為救済手続では、労組法7条1号違反が認められる事案では、「原職復帰」が命じられることがある。他方で、私法上の救済としては、就労請求権という権利が認められないことから、「原職復帰」の請求が認容されることはない。

　また、解雇の救済として**バックペイ**（不利益取扱いがなければ得られたであろう賃金相当額の支払）を命じるに当たって、中間収入（解雇から原職復帰までの間に就職して得た収入）をバックペイの額から控除しなければならないか、という点においても扱いが異なる。司法救済の場合、解雇後におけ

る中間収入は、平均賃金の6割を超える遡及賃金の部分から控除される（いずみ福祉会事件最高裁判決・最判平成18年3月28日裁判集民219号1033頁〔28110842〕など）。不当労働行為救済申立ての場合には、労働委員会がその裁量に基づいて支払を命じることができるため、中間収入を控除するかどうかは労働委員会の裁量に基づき判断される（第二鳩タクシー事件・最大判昭和52年2月23日民集31巻1号93頁〔27000292〕）。

（3）複数の交渉や手続が並行する場合

　不当労働行為救済手続が続行中も、手続外で**団体交渉**が継続しているケースは少なくない。救済手続の中で、三者委員から「前回調査期日以降、団体交渉が実施されたか、された場合その内容は」と尋ねられる。この場合、不当労働行為救済手続が進行中にも、手続外の団体交渉において論点が増減し、又は変容することがあり得るし、逆に救済手続における言動や審理内容について団体交渉で話題にされることもある。

　不当労働行為救済手続と裁判所における**訴訟手続**が並行することもある。団体交渉事項に組合員の個別的な権利関係が挙がっている場合には、その権利義務をめぐって民事訴訟が係属し得る（当事者は組合員個人と使用者）。また、都道府県労働委員会で命令・決定が発せられた場合に、当事者から不服申立てがされる場合がある。中央労働委員会への再審査請求（当事者は都道府県労働委員会同様、労働組合と使用者）、地方裁判所への行政訴訟（取消訴訟）の提起（相手方当事者は都道府県労働委員会）という2つの方法があるが、これは、両方同時に申し立てることができ、一方を申し立てた後にさらに他方を申し立てることができる。また、不当労働行為の救済方法そのものとしても、民事訴訟（私法上の司法救済）があり得る。不当労働行為と主張する法律行為の無効や、不法行為に基づく損害賠償、団体交渉拒否（労組法7条2号）の不当労働行為を主張する場合には、団体交渉を求め得る地位の確認ないし仮処分の提起などがあり得る。

　このように、当事者も実施場所も判断者も、そして救済方法における処理（上記2.）も、根本的にすべて異なる複数の手続が、関係各当事者の間で3つ4つと並行して進むことは往々にしてある。多岐にわたる当事者や判断者との間で調整が必要となり、その整理は決して容易ではない。

（4）和解による解決

　あらゆる紛争において判断者の裁定ではなく当事者間の和解による解決が試みられるが、不当労働行為救済申立てでも同様に和解による解決が合理的といえることが多いのは、上記でも指摘のあったところである。公労使の三者委員における、双方当事者への働きかけ（説得）により、互譲による和解の成立による、早期でかつ実質的な紛争解決を目指す。労働委員会は、審査の途中において、いつでも、当事者に和解を勧めることができる（労組法27条の14第１項、労働委員会規則45条の２第１項）ところ、申立てや答弁書の内容において紛争の要点が既に明らかな案件などでは、手続開始するやいなや、三者委員による和解の働きかけが双方当事者に開始することもある。

　不当労働行為の規制が通常の私法の規律と異なる側面があることからも、和解する場合の文言も、おのずから定型文とはいかない。現在の私法上の法律関係の確認や給付条項など現在の**具体的権利関係の整理**に限らず、将来に向かっての**集団的労使関係のあり方**など（例えば、団体交渉の実施方法、交渉事項など）、紛争の実態に合わせてその内容は多岐にわたる。

　また、先に述べたように、複数の交渉や手続が並行する場合に、和解による解決をする場合、全部解決とするか一部解決とするか、全部解決とする場合にどの手続において和解するか、すべての手続を終結し、紛争を収束するための和解文言はどのようなものか、検討事項は多く存在する。例えば、組合員である労働者個人と使用者との間の個別的な権利関係に関する民事訴訟において、不当労働行為救済手続も解決する和解をしようとする場合、労働組合を民事訴訟における和解の利害関係人に加え、利害関係人たる労働組合において中央労働委員会における再審査請求や地方裁判所における行政訴訟（取消訴訟）の申立てを取り下げる、などの文言の追加を検討しなければならないし、各手続の判断者や当事者との間での調整が必要となる。

　ただし、こういった文言の策定、当事者との調整は、示談交渉や司法手続等において数多く交渉、和解に当たっているであろう代理人弁護士にとっては、比較的、工夫を検討しやすい領域ではある。いわゆる一般民事の分野においても私法上の権利義務における和解においても、その合意内容となる文言が定型文で処理できることは少ない。その都度、具体的な実態に合わせて、紛争をよりよい形で収束させて再発させないようにする工夫を文言にこ

らしているものである。やや文言は特徴的とはなるものの、労働組合法令と集団的労使紛争の特質に細心の注意を払い、三者委員との協議を通じてより適切な和解条項を一文字ずつ丁寧に組み立てていく作業は、集団的労使紛争に関与する代理人弁護士の持てる技術と工夫の見せ所ともいえよう。

〈参考文献〉

水町勇一郎『詳解 労働法〈第3版〉』東京大学出版会（2023年）

大阪労働者弁護団『活用しよう労働委員会　理論と実践Q&A』（2007年、補遺2022年）

君和田伸仁『労働法実務 労働者側の実践知』有斐閣（2019年）

中窪裕也『アメリカ労働法〈第2版〉』弘文堂（2010年）

宮里邦雄『問題解決労働法12　不当労働行為と救済　労使関係のルール』旬報社（2009年）

ウイリアム・B・グールド著＝松田保彦訳『新・アメリカ労働法入門』日本労働研究機構（1999年）

千々岩力『アメリカ不当労働行為審査制度の研究　NLRBの審査制度の実態と課題』日本評論社（1996年）

道幸哲也『不当労働行為救済の法理論』有斐閣（1988年）

日本労働法学会編『現代労働法講座　第7巻　不当労働行為I』総合労働研究所（1982年）

山下眞弘（やました　まさひろ）　弁護士

事項索引

あ行

アイシン機工事件‥‥‥‥‥‥‥‥‥36
Amazon の配達員　‥‥‥‥‥‥‥25
アムールほか事件‥‥‥‥‥‥‥‥26
安全配慮義務‥‥‥‥‥‥‥‥‥ 244
育児介護‥‥‥‥‥‥‥‥‥‥‥ 198
　　──と仕事の両立‥‥‥‥‥ 120
育児休業給付金‥‥‥‥‥‥‥‥‥48
育児休業制度‥‥‥‥‥‥‥‥‥‥43
育児時短就業給付‥‥‥‥‥‥‥‥49
意見書制度‥‥‥‥‥‥‥‥‥‥ 264
Uber Japan 不当労働行為審査事件
　‥‥‥‥‥‥‥‥‥‥‥‥‥‥‥25
エイボン事件‥‥‥‥‥‥‥‥‥ 277
NLRB（全国労使関係局）‥‥‥ 303
LGBTq　‥‥‥‥‥‥‥‥‥‥‥‥37
小田急電鉄事件‥‥‥‥‥‥‥‥ 186

か行

外国人雇用‥‥‥‥‥‥‥‥‥ 30, 31
外国人労働者‥‥‥‥‥‥‥‥‥‥30
解雇権濫用‥‥‥‥‥‥‥‥‥‥ 178
解雇制限‥‥‥‥‥‥‥‥‥‥‥ 260
会社分割
　　──と労働契約の承継‥‥‥ 275
　　──の対象‥‥‥‥‥‥‥‥ 283
会社分割無効の訴え‥‥‥‥‥‥ 277
会社法
　　──と労働法‥‥‥‥‥‥‥ 280
　　──における労働者‥‥‥‥ 280
加古川市事件‥‥‥‥‥‥‥‥‥ 186
川中島バス事件‥‥‥‥‥‥‥‥ 181
管理監督者‥‥‥‥‥‥‥‥‥‥‥83
期待保護タイプ‥‥‥‥‥‥‥‥ 214

キャリア形成権‥‥‥‥‥‥‥‥ 126
休職‥‥‥‥‥‥‥‥‥‥‥‥‥ 129
休職期間の延長‥‥‥‥‥‥‥‥ 135
休職制度‥‥‥‥‥‥‥‥‥‥‥ 137
行政救済‥‥‥‥‥‥‥‥‥‥‥ 316
行政救済制度の見直し‥‥‥‥‥ 312
業務起因性‥‥‥‥‥‥‥‥ 244, 262
業務災害‥‥‥‥‥‥‥‥‥‥‥ 256
均衡待遇‥‥‥‥‥‥‥‥‥‥‥ 109
均衡待遇規制‥‥‥‥‥‥‥‥‥‥63
均等待遇‥‥‥‥‥‥‥‥‥ 108, 109
偶発債務‥‥‥‥‥‥‥‥‥‥‥ 282
公文教育研究会事件‥‥‥‥‥‥‥24
経産省事件‥‥‥‥‥‥‥‥‥‥‥37
継続雇用制度‥‥‥‥‥‥‥‥‥ 106
健康情報等に関する取扱規程‥‥ 146
限定正社員‥‥‥‥‥‥‥‥‥‥ 221
公益委員の心証形成‥‥‥‥‥‥ 308
口外禁止条項‥‥‥‥‥‥‥‥‥ 293
降格‥‥‥‥‥‥‥‥‥‥‥‥‥ 164
更新上限‥‥‥‥‥‥‥‥‥‥‥ 218
高年齢者雇用安定法‥‥‥‥‥‥ 105
　　──の改正‥‥‥‥‥‥‥‥ 106
国鉄中国支社事件‥‥‥‥‥‥‥ 183
５条協議と７条措置‥‥‥‥‥‥ 275
固定‥‥‥‥‥‥‥‥‥‥‥‥‥‥85
固定残業代‥‥‥‥‥‥‥‥‥‥‥85
子の看護（等）休暇制度‥‥‥‥‥44
固有権説‥‥‥‥‥‥‥‥‥‥‥ 154

さ行

災害補償責任‥‥‥‥‥‥‥‥‥ 260
裁量労働制‥‥‥‥‥‥‥‥‥‥‥91
残業代‥‥‥‥‥‥‥‥‥‥‥‥‥85

残業代請求訴訟……………………86

事業場外みなし………………………84

事業譲渡

　　　——と労働契約承継法類推適用
　　　……………………………281

　　　——と労働契約の承継………278

事業の一部譲渡………………… 279

仕事と家庭生活の調和への配慮原則

　………………………………42

私傷病休職………………… 130

私生活上の非行………………… 178

自宅待機………………… 234

実質無期労働契約タイプ…………213

私法上の司法救済………………316

自由意思に基づく同意…………193

就業規則………………… 208, 311

宗教上の配慮………………36

住宅手当…………………65

出生後休業支援給付………………49

出生時育児休業…………44

出生時育児休業制度………………43

試用期間………………… 164, 200

傷病手当金…………………144

情報開示請求………………251

職業病リスト………………262

職種限定契約………………… 119

職場環境配慮義務違反……………225

職場限定契約………………… 119

職場限定、職種限定の合意………121

審査請求…………………250

人事異動………………… 119, 236

人事権………………58

人事権行使………………41

心理的負荷による精神障害の認定基
　準………………………242

誠実交渉命令………………307

正社員登用制度………………221

セクシュアルハラスメント………226

説明義務…………………68

SOGI ……………………37

組織的財産である事業……………283

た行

退職勧奨………………… 164

タジマヤ事件………………… 280

試し出勤………………… 134

団交応諾義務違反………………310

短時間労働者………………90

団体交渉………………… 317

担務変更………………… 119

懲戒権濫用法理………………155

懲戒処分………………… 154

治療と仕事の両立………………198

賃金の不利益変更…………………69

定額時間外労働手当…………… 101

定年後の再雇用………………… 109

定年再雇用者………………… 208

定年制の意味………………… 105

定年制の存在理由………………103

テレワーク…………………97

同一労働同一賃金………………30

同一労働同一賃金ガイドライン

　………………………64, 115

東京国際学園事件…………………33

東京日新学園事件………………280

東京メトロ事件………………186

倒産時の事業譲渡………………281

な行

日本 IBM 事件最高裁判決 ………275

日本鋼管事件………………… 183

日本交通公社事件………………181

日本テレビ事件………………186

日本旅行事件………………… 181

321

妊娠出産·································· 198	メンタルヘルス不調··················· 159
年功賃金と定年制····················· 105	問題行動がある労働者··············· 215
脳・心臓疾患·························· 241	
能力不足······························ 163	**や行**
	雇止め······························· 211
は行	雇止め法理·························· 211
パートタイム労働法····················33	山口製糖事件決定·····················33
パート有期法 8 条······················63	有期雇用契約················· 200, 211
パート有期法 9 条····················· 108	有期・フルタイム··················· 108
配転命令···························· 119	横浜ゴム事件························ 183
バックペイ·························· 316	
ハラスメント··········· 161, 225, 243	**ら行**
パワーハラスメント················· 226	リストラ···························· 216
非固有権説（契約説）·············· 154	労契法旧20条··························65
付加金································79	――とパート有期法······ 104
普通解雇···························· 163	労契法10条····························70
不当労働行為························ 305	労災······························· 240
――の審査手続············· 306	労災保険制度······················· 257
扶養手当······························65	労災保険料························· 258
フリーランス··························13	労働委員会························· 303
不利益取扱い··························41	――が行う調整方法の種類··· 305
――の禁止··················46	労働契約承継法に係る規則········ 282
フレックスタイム制····················89	労働時間····························80
変形労働時間制·················· 82, 89	労働時間管理··························89
包括承継···························· 278	労働施策総合推進法····················31
法定労働時間··························76	労働者
法的保護の拡充························41	――の異議申出権·············· 281
	――の同意や承諾············ 191
ま行	労働条件の不利益変更·············8, 70
前橋信用金庫事件···················· 181	労働条件明示······················· 203
みなし労働時間制······················97	労働条件明示義務··················· 154
無期転換権························· 200	労働審判手続······················· 286
無期・フルタイム··················· 108	労働審判の申立て··················· 289
命令決定事件処理日数·············· 309	
メリット制························· 258	**わ行**
メリット制適用事業主·············· 266	割増賃金·······························77

サービス・インフォメーション

――――通話無料――――
① 商品に関するご照会・お申込みのご依頼
TEL 0120 (203) 694／FAX 0120 (302) 640
② ご住所・ご名義等各種変更のご連絡
TEL 0120 (203) 696／FAX 0120 (202) 974
③ 請求・お支払いに関するご照会・ご要望
TEL 0120 (203) 695／FAX 0120 (202) 973

● フリーダイヤル（TEL）の受付時間は、土・日・祝日を除く
9：00～17：30です。
● FAX は24時間受け付けておりますので、あわせてご利用ください。

―社労士との連携で、早期に適切なアドバイスを！―
弁護士として知っておきたい 労働事件予防の実務

2024年12月10日　初版発行

編　著　　山下眞弘　半田望
著　　　大浦綾子　野田雄二朗　佐藤有美
川田由貴　井寄奈美　濱田京子
発行者　　田 中 英 弥
発行所　　第一法規株式会社
〒107-8560　東京都港区南青山2-11-17
ホームページ　https://www.daiichihoki.co.jp/

弁労働事件予防　ISBN 978-4-474-09253-2　C2032（6）